Die Tochter des Imam

HANNAH SHAH

Die Tochter des Imam

Sie will ein normales Leben –
doch ihr droht der Tod

Aus dem Englischen
von Angela Schumitz

Weltbild

Die englische Originalausgabe erschien 2010 unter dem Titel
The Imam's Daughter bei Zondervan Publishing, USA.

Besuchen Sie uns im Internet:
www.weltbild.de

Übersetzung: Angela Schumitz
Redaktion: Verlagsservice Klüter, München
Umschlaggestaltung: Maria Seidel, Atelier Seidel – Verlagsgrafik, Teising
Umschlagmotiv: Supertramp/Proxyminder
Satz: avak Publikationsdesign, München
Druck und Bindung: GGP Media GmbH, Pößneck
Printed in the EU
ISBN 978-3-86800-341-3

2013 2012 2011 2010
Die letzte Jahreszahl gibt die aktuelle Ausgabe an.

Anmerkung der Autorin

Dieses Buch erzählt eine wahre Geschichte, obwohl einige Details aus Sicherheitsgründen geändert wurden. Ich möchte damit auf keinen Fall den Islam an sich in ein schlechtes Licht rücken, sondern schildere nur meine Erfahrungen und die Eindrücke, die ich als Kind und Heranwachsende von seiner Ausübung in meiner unmittelbaren Umgebung hatte.

Für mein kleines Hühnchen

Du bist mein Schatz, und ich liebe dich.
Ich bete darum, dass dein Leben in der Liebe verwurzelt
und auf sie gegründet sein möge. *Epheser 4:17*
H. S.

Und für Mutter
D. L.

Die äußerste Schwäche der Gewalt ist es, dass sie eine Spirale nach unten darstellt und genau das erzeugt, was sie zu zerstören sucht. Anstatt das Übel zu vermindern, vervielfältigt sie es. Du magst durch Gewalt einen Lügner ermorden, aber du kannst damit nicht die Lüge töten und noch weniger der Wahrheit Geltung verschaffen. Durch Gewalt ermordest du den Hassenden, aber nicht den Hass. Das bedeutet, Gewalt vermehrt nur den Hass. Gewalt mit Gewalt zu erwidern vervielfältigt die Gewalt und fügt einer sternlosen Nacht noch tiefere Finsternis zu. Dunkelheit kann keine Dunkelheit vertreiben, nur Licht kann das tun. Hass kann nicht Hass vertreiben: Nur Liebe kann das.
Dr. Martin Luther King Jr.

Für jetzt bleiben Glaube, Hoffnung, Liebe, diese drei; doch am größten unter ihnen ist die Liebe. *1. Korinther, 13:13*

Inhalt

1

Am richtigen Ende der Straße

Aus meiner Kindheit weiß ich nicht mehr viel. Die Bilder sind verschwommen, schemenhaft, ab und zu taucht inmitten der Dunkelheit ein Farbklecks auf.

Nur an eines erinnere ich mich noch deutlich: an meine Straße, die East Street in Bermford, einer Kleinstadt in Nordengland. Sie war gesäumt von zwei Reihen identischer viktorianischer Backsteinhäuser, am Ende lag ein schattiger Park, der aussah wie eine grüne Baumkrone auf einem blutroten Stamm. Die knorrigen Bäume dort kamen mir vor wie mit Fangzähnen bewehrte Ungeheuer. Wir spielten in ihren verschlungenen, unheimlichen Schatten.

Ich huschte verspielt von Haus zu Haus, mit meinen Zöpfchen und in alten, vererbten Kinderschuhen, mit denen ich den endlosen Randstein des rissigen Bürgersteigs entlangtrapste.

Die Türen standen immer offen, Angst vor Einbrechern hatte hier keiner. Ich konnte zu meiner Freundin Amina schlendern, wann immer ich wollte. Und ich konnte bleiben, so lange ich wollte. War ich länger als drei oder vier Stunden weg, kam mich jemand suchen – meine Mutter oder einer meiner Brüder. Für ein kleines Kind war das viel Freiheit.

Man bot mir pakistanischen Tee an, bei dem die Teeblätter aufgekocht werden, dann kommt heiße Milch dazu, reichlich Zucker und manchmal eine Prise Kardamom. Auch zu essen wurde mir angeboten – an manchen Tagen Schokoladenkekse oder Teegebäck, an anderen ein Currygericht und *chapatis.* Erst viele Stunden später machte ich mich wieder auf den Heimweg und hüpfte an den Fenstern vorbei, die in der dunklen Nacht gelb leuchteten.

Das war in den achtziger Jahren. Wir waren Pakistaner, wir waren Engländer. Wir waren die East Street.

Meine Mutter stellte unsere *chapatis* aus Vollkornmehl her. Das Mehl wurde mit Wasser zu einem Teig verknetet und in faustgroße Kugeln aufgeteilt. Die Kugeln rollte Mutter dann auf einer Eisenplatte zu kleinen runden Fladen aus und erhitzte sie über dem Feuer, bis sich auf der Oberfläche dunkle Flecken zeigten. Wenn sie *parathas* machte, formte sie Kugeln aus dem Teig, drückte sie flach und legte sie auf eine *tava* – eine langstielige Pfanne. Ins heiße Öl geworfen, blähten sie sich auf wie kleine Teigballons.

Wir aßen mit der Hand, wobei *chapati* oder *paratha* als Löffel dienten. Meine Mutter machte auch *samosas* mit einer Füllung aus würzigem Hackfleisch oder Kartoffeln und Erbsen. *Pakoras* wurden aus Zwiebelscheiben und frischen Chilis zubereitet, die in einen Teig aus Kichererbsenmehl getunkt und in einer Fritteuse in zischend heißem Öl gebacken wurden. Wenn sie fertig waren, stiegen sie zur Oberfläche, goldbraun wie Fischstäbchen.

Uns gegenüber lebte eine armenische Familie, eine Mutter mit ihrem Sohn. Sie gehörten zu den wenigen Leuten aus unserer Straße, die nicht aus Pakistan oder einem anderen muslimischen Land stammten. Die Armenierin versuchte gelegentlich, sich mit meiner Mutter zu unterhalten, doch die beiden sprachen kaum Englisch. Mama erklärte uns, dass wir sie »Auntie«, also Tante, nennen sollten, was bei uns eine respektvolle Bezeichnung ist.

Mein Vater billigte das nicht. Er weigerte sich, Menschen, die nicht aus Pakistan stammten und keine Muslime waren, Respekt zu zollen. Selbst die indischen Muslime, die gleich um die Ecke in der Jenna Street lebten, respektierte er nicht.

Die armenische Tante brachte uns oft ein paar Kostproben aus ihrer Küche vorbei, und Mutter überreichte ihr dann als Gegengeschenk ein paar pakistanische Köstlichkeiten. Meist kam sie mit vegetarischen Eintöpfen an, zum Beispiel Auberginen, Kartoffeln und Karotten in einer salzigen, pfeffrigen Soße. Bevor wir sie kosten durften, durchsuchte meine Mutter die Gabe nach verdächtigen Fleischstückchen. Wenn sie keine fand, wurde uns erlaubt zuzulangen.

Wenn die Sonne schien, stellte unsere armenische Tante Stühle in ihren Vorgarten. Dort saß sie dann zusammen mit ihrem Sohn, genoss die Wärme und schälte Kartoffeln. Wenn wir vorbeikamen, blieben wir an ihrem grünen Lattenzaun auf einen kleinen Plausch stehen, aber wir betraten nie ihr Haus. Offenbar hatte sie gemerkt, dass sie bei uns zu Hause nicht willkommen war, und lud uns deshalb auch nicht in ihr Haus ein. Zum Glück wusste sie nicht, dass der Grund unserer mangelnden Gastfreundschaft der Hass meines Vaters auf die Weißen war.

Ein paar Häuser weiter wohnte noch eine armenische Familie: Mutter, Vater und Tochter. Sie gingen zur Messe in eine christlich-orthodoxe Kirche und begegneten allen Leuten in unserer Straße nur abweisend. In anderen Häusern wechselten die Bewohner häufig: schwarze Studenten aus dem Kongo, aus Kamerun und Algerien.

Abgesehen von diesen wenigen Personen waren alle in unserer Straße Muslime aus Pakistan. Die Erwachsenen kleideten sich mehr oder weniger so, wie sie es auch in einem Dorf in Pakistan getan hätten.

Frauen und Männer trugen einen *salwar kamiz,* bestehend aus einem lose fallenden, wadenlangen Oberteil und einer dazu passenden Hose. Die Kleidung der Frauen bestand aus bunteren Stoffen, die Hosen der Männer waren weiter geschnitten und in nüchternen, maskulinen Farben gehalten – braun, grau, weiß. Mein Vater trug stets einen weißen *salwar kamiz* und dazu ein *topi,* das traditionelle Scheitelkäppchen des Punjab, einer Gegend im indisch-pakistanischen Grenzgebiet.

Die meisten Männer zogen sich um, wenn sie zur Arbeit gingen. Sie hatten eine Art westliche Hülle, die sie anlegten, wenn sie unsere Straße verließen und in die Stadt gingen, um dort als Taxifahrer, Polizist, Ingenieur oder Verkäufer zu arbeiten.

Aus der Generation meiner Eltern war keine Frau erwerbstätig, aber manche der jüngeren Frauen nahmen eine Stelle als Sekretärin oder Verkäuferin an, zumindest bis zu ihrer Hochzeit. Sie kleideten sich dann zwar eher westlich, hielten sich jedoch stets vorschriftsmäßig bedeckt, und ihr Verhalten war von angemessener Sittsamkeit.

Vier Häuser von uns entfernt lebten mein Großonkel Kramat und meine Großtante Sakina. Sie waren für uns Ersatzgroßeltern, denn unsere richtigen Großeltern lebten in unserem Dorf in Pakistan. Aber ich besuchte sie nicht gern. Ich hatte Angst vor Onkel Kramat, der sehr streng wirkte mit seinem langen, weißen Bart und den buschigen Augenbrauen, die in der Mitte zusammengewachsen waren. Er und auch Auntie Sakina zogen beim Fernsehen und Teetrinken über meine Eltern her.

Onkel Kramat und Auntie Sakina hatten drei erwachsene Kinder: zwei verheiratete Söhne, Ahmed und Saghir, und eine verheiratete Tochter, Kumar. Sie alle lebten mit den Eltern unter einem Dach. Doch das war in unserer Straße nicht unüblich.

Keines der Kinder von Onkel Kramat und Auntie Sakina hatte eigene Kinder. Manche Leute aus unserer Straße munkelten düster, das sei eine Strafe Allahs. Onkel Kramat war nicht besonders gläubig – zumindest nicht nach den Standards unserer Straße. Er ging nicht regelmäßig in die Moschee. Und er rauchte die ganze Zeit, obwohl er wusste, was im Koran stand: »Stürzt euch nicht durch eigener Hände Werk ins Verderben«; und: »Tötet nicht euch selbst.«

In unserer Gemeinschaft wurden Glück oder Pech oft auf das moralische oder spirituelle Verhalten zurückgeführt. Onkel Kramats Mangel an Gläubigkeit galt als Ursache für die Unfruchtbarkeit seiner Kinder. Allerdings sah man bei all dem Klatsch darüber hinweg, dass Ahmed, Saghir und Kumar ihre Cousinen bzw. ihren Cousin ersten Grades geheiratet hatten. Wie dem auch sei – man war sich einig, dass die ganze Familie Allahs Willen hinnehmen und nicht so einen Unfug wie eine künstliche Befruchtung ausprobieren sollte.

Im Islam geht es vor allem um die Unterwerfung unter Allahs Willen; ein Gläubiger wird oft als »Sklave Gottes« bezeichnet. Oft wird irrtümlich angenommen, dass der Begriff Islam in erster Linie »Frieden« bedeute, aber das gilt nur insoweit, als dass der Gläubige Frieden findet, wenn er sich Allahs Willen unterwirft.

Meine beste Freundin in unserer Straße hieß Amina. Sie hatte widerspenstiges dunkles Haar, das ihr in wilden Zotteln bis zu den Schultern reichte. Keiner fand das besonders hübsch, aber sie musste eben damit leben. Aminas Schwester Ruhama galt mit ihren üppigen, lockigen Haaren als die weitaus hübschere. Beide Mädchen hatten hellere Haut als meine Schwestern und ich.

»Sie ist so hübsch«, sagten die Leute auf der Straße und in der Schule über Ruhama. »Sie hat so schöne Haare und so eine helle Haut!« Wenn ich so etwas hörte, dachte ich immer, dass dunkle Haut weniger schön ist.

Bei Amina ging es wesentlich lockerer zu als bei mir zu Hause. Ihre Eltern beteten nicht regelmäßig und hielten ihre Töchter außerhalb der Koranschule, die sie besuchten, nicht dazu an, in dem heiligen Buch zu lesen. Weder sie noch Ruhama mussten ein *hijab* – die muslimische Kopfbedeckung für Frauen und

Mädchen – tragen, wenn sie das Haus verließen. Da mein Vater der Imam unserer Gemeinde war, musste ich im Gegensatz zu ihnen meinen Kopf ständig bedecken.

Amina, Ruhama und ich spielten gern Kästchenhüpfen. Die Pflastersteine waren quadratisch gelegt, sodass wir sie nur mit Zahlen beschriften mussten. Wenn man die Ritzen zwischen den Steinen berührte, hatte man verloren. Wir fingen sogar an, die beste Zeit zu ermitteln – wir zählten von eins bis hundert und stellten so fest, wer es am schnellsten schaffte. Mitten im Hüpfen ließ meine Aufmerksamkeit oft nach, ich konnte Amina und Ruhama nie schlagen.

Nicht alles in meiner Welt war eitel Sonnenschein, und meine einzige Ausflucht bestand darin, mir eine andere Welt zu erschaffen. Einen Großteil meiner Freizeit verbrachte ich deswegen in meinem Zimmer und las. Ich erfand Geschichten und zeichnete immer wieder dasselbe: ein kleines Häuschen mit einem hübschen Blumengarten. Wir hatten nur einen winzigen Hinterhof, in dem meine Mutter Minze und Koriander zog. Sie hatte weder Zeit noch Platz für einen Blumengarten.

Jedes Jahr am 5. November veränderte die Bonfire Night unsere Straße. An diesem Tag finden überall in Großbritannien zum Gedenken an die Taten von Guy Fawkes Fackelzüge statt. Vor dem Fest packten tagelang alle mit an, um aus Restholz, heruntergefallenen Ästen und alten Holzkisten einen riesigen Haufen zu errichten. Jede Familie kaufte so viel Feuerwerk und Wunderkerzen, wie sie sich leisten konnte.

Im November war es immer kalt, deshalb hüllten wir uns in dicke Wollschals und setzten Wollmützen auf, während wir darauf warteten, dass das Feuer entzündet wurde. Diesen Moment fand ich am herrlichsten – die wunderbare, kitzelnde Vorfreude darauf, dass sich der Holzstoß gleich in ein riesiges Flammenmeer verwandeln würde.

Die Männer tränkten das Holz mit etwas Altöl und forderten uns auf, zurückzutreten. Plötzlich schossen dann mit einem dumpfen Knall die Flammen hoch, brennende Hitze schlug uns entgegen, Funken flogen uns ins Gesicht und stoben in den dunklen Himmel. Wir warfen Kartoffeln ins Feuer und rösteten Marshmallows über den Flammen, wärmten die Hände und die Gesichter und naschten Bonfire-Bonbons.

Das war der einzige Tag im Jahr, an dem alle in unserer Straße wirklich vereint waren – pakistanische Muslime, Christen, Armenier, afrikanische Studenten.

Alle bis auf meinen Vater. Er stand mit verschränkten Armen vor unserem Haus und beobachtete mit einem Ausdruck des Missfallens das Feuer, das flackernde Schatten auf seine Stirn zeichnete.

Vater hasste es, wenn die Menschen Spaß hatten.

Da Weihnachten und Ostern christliche Feiertage waren, durfte unsere Gemeinde diese Tage nicht mit einem Fest begehen. Vater ahnte auch nicht, worum es bei der Bonfire Night eigentlich ging. Über das Land, das er zu seiner Wahlheimat gemacht hatte, wusste er nur, dass überall Unmoral herrschte und dass seine Einwohner Ungläubige waren.

In den Augen meines Vaters war die Bonfire Night etwas, was eigentlich nur die weißen Engländer feiern sollten, aber ihm fiel keine religiöse Begründung ein, um das Fest zu verbieten. Alle hatten so viel Spaß, dass es einen langen Kampf seinerseits erfordert hätte, dem Treiben Einhalt zu gebieten. Also blieb ihm nichts anderes übrig, als sich fernzuhalten und alle wissen zu lassen, dass er ihr Tun missbilligte.

Fast am Ende unserer Straße lebte die letzte weiße Britin unseres Viertels. Sie hatte einen schwarzen Jack-Russell-Terrier, der – wie konnte es anders sein – Jack hieß. Sobald er einen von uns entdeckte, raste er kläffend und hechelnd aus dem Haus und verfolgte uns. Eines Tages erwischte Jack meine Freundin Saira und biss sie ins Bein.

Sobald wir erfuhren, was passiert war, statteten Mama und ich dem armen Opfer einen Besuch ab. Saira löste vorsichtig den Verband, um uns den Schaden zu zeigen. Es gab rote Bissspuren, und die Wunde hatte genäht werden müssen. Ich war tief beeindruckt. Saira hatte sogar eine Tetanusspritze bekommen, was bei Hundebissen stets ratsam ist.

Sairas Eltern waren ziemlich aufgebracht. In einer Nachbarstraße lebte ein pakistanischer Muslim, der bei der Polizei arbeitete. Jeder, der in unserem Viertel ein ernstes Problem hatte, wandte sich an ihn. Er erklärte Jacks Besitzerin, dass der Hund ab sofort einen Maulkorb tragen müsse. Aber dazu kam es natürlich nicht.

Gegenüber von Jacks Zuhause gab es ein ziemlich heruntergekommenes Haus inmitten dichter Büsche. Es wirkte düster und geheimnisvoll, und meine Brüder behaupteten immer, dass dort ein Ungeheuer hauste, der Bogeyman. An diesem Haus ging ich nur äußerst ungern vorbei.

Ich stellte mir den Bogeyman als jemanden vor, dessen Gesicht grässlich verunstaltet war. Warum sonst sollte er sein Haus nie verlassen? Und ich dachte, er sei ein Weißer, denn einmal hatte jemand behauptet: »Ich habe den Bogeyman gesehen, er ist weiß wie ein Gespenst.« Wir erzählten einander Gruselgeschichten, was der Bogeyman mit uns anstellen würde, wenn er uns erwischte. Zakir, mein ältester Bruder, meinte sogar, der Bogeyman verspeise Kinder zum Frühstück.

Mit dem Park und seinen Baummonstern, mit Jack und dem Bogeyman machte mir das nördliche Ende unserer Straße große Angst. Sobald ich in diese Gegend kam, begann ich zu rennen und hörte erst auf, wenn ich unser »sicheres« Ende erreicht hatte.

Aber in Wahrheit gelangte ich nie ans sichere Ende; denn ich lebte mit dem Bogeyman unter einem Dach.

2
Geliebtes Pakistan

Meine Eltern kamen aus einer sehr ländlichen Gegend Pakistans. In Großbritannien lebten sie in der Stadt, eingeengt von Steinwänden und Asphalt. Monatelang beschränkte sich ihr Leben fast ausschließlich auf unser Haus, unsere Straße und die nahe gelegene Moschee.

Meine Mutter verließ sich auf die Läden in der Nachbarschaft, in denen es *halal*-Fleisch gab, das von Tieren stammte, die nach islamischem Ritus geschächtet worden waren, sowie die Gewürze, das Gemüse und das *chapati*-Mehl, die sie für ihre Küche brauchte.

Die East Street war ein pakistanisches Dorf aus Ziegeln und Zement, zusammengeschrumpft auf die Größe eines britischen Stadtviertels. Meine Mutter kam nur selten über diese Straße hinaus, ja, sie kam kaum aus dem Haus, ihr Pflichtbewusstsein war größer als ihre Liebe zur freien Natur.

Meine Eltern waren vor der Armutsfalle des ländlichen Pakistan geflohen. In jedem englischen Ort gibt es fließendes Wasser, Strom, kostenlose Bildung und Geschäfte, in denen man alles bekommt, was das Herz begehrt. In ihren Heimatdörfern gab es nichts dergleichen.

Mein Vater hatte bis zum Alter von elf Jahren nur eine rudimentäre Schulbildung erfahren. Danach besuchte er die Koranschule, auf der die Kinder ausschließlich im Koran unterwiesen werden. Meine Mutter war nur ein knappes Jahr zur Schule gegangen und hatte in der Zeit kaum lesen oder schreiben gelernt. Wir Kinder sprachen Punjabi mit unseren Eltern, manchmal auch Urdu, aber nie Englisch.

Mein Vater war Ende zwanzig, als er nach England kam. Zuvor hatte er im Punjab, einer geografischen Region, die politisch zwischen Indien und Pakistan aufgeteilt ist, auf dem Land gearbeitet. Er war ein sogenannter Deobandi, ein Anhänger einer sunnitischen Islamrichtung, die 1866 im indischen Deoband gegründet wurde und den Koran sehr streng auslegt. Diese Glaubensrichtung ist in den Stammesgebieten Nordindiens, Pakistans und Afghanistans sehr stark vertreten.

In Großbritannien lebte mein Vater anfangs in einem Mietshaus in Lancashire zusammen mit einem guten Dutzend anderer Pakistaner aus seinem Stammesgebiet. Keiner von ihnen sprach Englisch, aber das brauchten sie auch nicht, weder zu Hause noch in der Arbeit waren englische Sprachkenntnisse erforderlich.

Die Männer arbeiteten in den Textilfabriken. Sobald sie genug gespart hatten, kauften sie mit Hilfe von Freunden ein Haus. Abgesehen von dem, was sie für Essen und Unterkunft benötigten, gaben sie kaum Geld aus. Mein Vater und einer seiner Freunde sparten ihren Lohn mehrere Jahre lang, bis sie sich gemeinsam und in bar ein Haus in dem Ort kaufen konnten, in dem dann auch ich zur Welt kam. Zwei Jahre später holten sie ihre Frauen nach England.

Meine Mutter und mein Vater hatten geheiratet, bevor er nach England gegangen war. Wie bei uns üblich, war die Ehe arrangiert worden.

Meine Mutter stammte aus einer sehr armen ländlichen Gegend. Ohne zu zögern nutzte sie die Gelegenheit, ins Ausland und in ein besseres Leben zu ziehen.

Mit der Zeit wurde auf diese Weise die gesamte East Street

von pakistanischen Immigranten übernommen, und die weißen Engländer zogen weg.

Mein Vater hegte eine ausgesprochene Abneigung gegen alle Nicht-Muslime. Die 1960er- und 1970er-Jahre standen im Zeichen der sogenannten Blumenkinder, die Menschen experimentierten mit Drogen und der freien Liebe, trugen verrückte Kleidung, und sogar die Männer ließen sich die Haare lang wachsen.

Meine Eltern fanden das alles schrecklich. Sie mochten auch die »respektlose« Art nicht, mit der die englischen Kinder ihren Eltern begegneten. In ihren Augen fehlte es den Engländern auch an »Gemeinschaftssinn«, weshalb sie ihre eigene pakistanisch-muslimische Gemeinschaft schufen. Obwohl sie die wirtschaftlichen Möglichkeiten, die ihnen England bot, durchaus schätzten, wehrten sie sich entschlossen dagegen, dass die englische Kultur ihr traditionelles Gemeinschaftsleben untergrub.

Zu Hause war Vater kaum für uns da. Er verbrachte die meiste Zeit mit seinem heiligen Buch hinter verschlossenen Türen. Ständig murmelte er Koranverse und betete mit seinem *tasbih,* seiner Gebetskette. Der *tasbih* sieht fast genauso aus wie ein katholischer Rosenkranz. Er besteht aus neunundneunzig Holz- oder Steinperlen, von denen auf vier gleich große Perlen stets eine etwas größere folgt.

Stundenlang ließ mein Vater den *tasbih* durch die Finger gleiten. Er hatte ihn ständig in der Hand, selbst wenn er unterwegs war. Für meine Brüder und mich ließ er kleine *tasbihs* aus Pakistan kommen. Im Alter von vier Jahren brachte er mir bei, die Perlen durch die Finger gleiten zu lassen und dabei die neunundneunzig Namen Allahs zu rezitieren – Irahma, der Gnädige, Rahim, der Verzeihende, Malik, der Allmächtige. Meine schmalen Lippen und noch schmaleren Finger konzentrierten sich auf die heilige Arbeit.

Für mich, die ich in der East Street zur Welt gekommen war,

bestand das Gebet nur aus seltsamen Worten, Silben, die ich aufsagen, aber nicht verstehen konnte. Mein Vater befahl mir, gläubig zu sein. Ich lernte die geheimnisvollen Laute auswendig, um ihm eine Freude zu machen. Aber als ich es eines Tages tatsächlich schaffte, die neunundneunzig Namen aufzuzählen, blieb er ungerührt. Er schubste mich nur vor seine Gäste und ließ mich alles aufsagen. Je weniger er mich spüren ließ, dass er mich mochte, desto verzweifelter sehnte ich mich danach, endlich von ihm gelobt zu werden.

Wie bei vielen Männern aus unserer Straße, drehte sich Vaters gesamtes Leben um die Erfüllung seiner religiösen Pflichten. Am wichtigsten war ihm, fünfmal am Tag zu beten und zum Predigen in die Moschee zu gehen. Oft fuhr er nach Lancaster, Manchester oder Birmingham, wenn in den Moscheen dort religiöse Feste gefeiert wurden.

Er hatte keine Hobbys bis aufs Fernsehen, doch selbst im Fernsehen sah er sich am liebsten Aufzeichnungen von Vorträgen heiliger Männer an, oder Sendungen mit *qawwali*-Musik, einer Gesangsform, die in Pakistan sehr beliebt ist. Seine sozialen Kontakte beschränkten sich auf Gespräche mit seinen Freunden, die meist im Männerraum unseres Hauses stattfanden.

Er führte ein schlichtes, ernstes Leben und ärgerte sich über jegliche Störung von außerhalb.

Mein Vater war kein praktischer Mensch. Wenn eine Glühbirne kaputtging, befahl mein Vater einem meiner Brüder, sie zu ersetzen, oder er rief Onkel Ahmed an. Solche weltlichen Dinge schienen unter seiner Würde. Denn Imam war ein weitaus würdigerer Beruf als beispielsweise Busfahrer oder Handwerker.

Die Ehre, die Ahmed allein dadurch zukam, dass mein Vater sein Imam war, war größer als die Ehre, die Ahmed meinem Vater erwies, wenn er kleinere Reparaturen für ihn erledigte.

Als ich drei Jahre alt war, nahmen meine Eltern mich mit nach Pakistan. Wir reisten in die Heimat meines Vaters, nach Pindi Khan, einem kleinen, aus Lehmhäusern bestehenden Dorf im Punjab, das zwischen der nordwestlichen Grenzprovinz und Kaschmir liegt.

Es herrschte gerade Regenzeit. Ich weiß noch, dass das Dorf inmitten grüner Felder lag und von einem rauschenden, klaren Bach durchquert wurde. Alle Bewohner waren miteinander verwandt – Cousins und Cousinen ersten, zweiten, dritten Grades –, weil die Leute nur innerhalb ihres Klans heirateten. Solche Ehen gehörten zu dem Verteidigungssystem der Klans, die ständig gegeneinander Krieg zu führen schienen.

Das Leben in Pindi Khan war sehr schlicht. Die Menschen verdienten sich ein paar Münzen durch den Verkauf von Getreide, Milch, Kühen, Ziegen und Eiern. Die Felder wurden noch überwiegend mit Hilfe von Tieren bestellt, die man beim Pflügen, beim Säen und bei der Ernte einsetzte.

Die Jungen aus dem Dorf besuchten entweder eine Koranschule oder die Dorfschule, die Mädchen bekamen kaum jemals Unterricht. Die Koranschule hatte mehr Geld als die Dorfschule und stand im Ruf, die bessere Bildung zu bieten.

Wir fuhren in einer *tonga* umher, einem traditionellen Pferdekarren. Mein Vater besaß ein Haus in diesem Dorf. Es war aus Ziegelsteinen gebaut und bestand aus mehreren, um einen zentralen Innenhof gruppierten Räumen, die alle ein Flachdach hatten, sodass man draußen sitzen und sogar im Freien schlafen konnte.

Kurz nach unserer Ankunft tranken meine Eltern ihren morgendlichen Tee im Hof. Das Tor stand offen, und ich wanderte hinaus. Als meine Mutter mich suchen ging, entdeckte sie mich mitten auf dem Feld, friedlich unter einer riesigen Kuh sitzend. Die Kuh schien über mich zu wachen, als wäre ich ihr Kalb. Mutter und eine Schwester meines Vaters fingen an zu lachen, beeilten sich jedoch, mich vor der Gefahr zu retten, von der Kuh zertrampelt zu werden.

Ein paar Tage später saßen wir alle zusammen auf dem Feld, umringt von grasenden Ziegen. Ich spielte im Gras mit ein paar Münzen. Als eine neugierige Ziege zu mir kam, bot ich ihr eine Münze an. Die Ziege schleckte mir die Münze – es war ein *paisa,* weniger wert als ein Penny – aus der Hand und verschluckte sie. Mutter erzählte es allen im Dorf und lachte jedes Mal lauter, wenn sie es noch einmal erzählte.

Am Ende unseres Aufenthalts hatte meine Mutter mich dem ganzen Dorf vorgestellt und viele Geschichten über das Leben in einem fremden Land erzählt, einem Land, das den Dorfbewohnern wie eine Traumwelt vorgekommen sein muss.

Wieder zurück in England, war Mutter sehr stolz darauf, dass sie ihre älteste Tochter mit nach Hause in die alte Heimat genommen hatte. Sie erzählte allen unseren Gästen davon: »Hannan hat unser Dorf besucht. Sie wurde von einer Kuh adoptiert und hat eine Ziege mit einem *paisa* gefüttert. Sie fühlte sich dort sofort zu Hause!«

Stimmte das?

In meiner Kindheit fiel dieser Satz immer wieder: »Sie fühlte sich dort sofort zu Hause.«

Aber ich konnte das nicht so richtig bestätigen. Meine Erinnerungen an das Dorf waren eine verschwommene Mischung aus den Erlebnissen einer Dreijährigen und den Geschichten meiner Mutter aus ihrer eigenen Kindheit.

Mutter schwelgte ständig in Berichten über die Vergangenheit. Sie malte das Dorf in magischen Farben: Die Nachbarn teilten ihre Häuser und halfen sich auf den Feldern bei der Ernte, und die Frauen kochten unter Lachen und voller Freude Currygerichte und *chapatis* füreinander. Am liebsten erzählte sie die Geschichte, wie sie ihr Dorf verlassen hatte und nach Nordengland gekommen war. Dabei nahm ihre Stimme stets einen sehnsüchtigen Ton an.

Alle Leute in der East Street schienen die romantische Überzeugung zu teilen, dass die Dorfbewohner eine einzige große, glückliche Familie waren.

Doch die Briefe von Tanten, Onkel und Cousinen aus Pakistan, die überall herumgereicht wurden, vermittelten uns ein realistischeres Bild von der Lebensweise und den Verhältnissen in Pakistan. Wir erfuhren, dass manch ein Onkel nach Dubai oder Saudi-Arabien gegangen war, weil es im Dorf keine Arbeit gab. Wir hörten von Geburten, Hochzeiten und Todesfällen in unserer Großfamilie.

Der Großteil der Berichte bedeutete mir ebenso wenig wie das, was ich über Fremde in den Schlagzeilen erfuhr, die ich an dem Zeitungsstand Ecke East und Jenna Street las, an dem ich täglich vorbeikam.

Meine Eltern wollten uns Pakistan näher bringen. Wir sollten Bücher auf Urdu lesen über die postkoloniale Teilung Indiens, durch die Pakistan entstanden war. Wir sollten vom Leben Muhammad Ali Jinnahs erfahren, des Mannes, der an dieser Teilung beteiligt gewesen und zum ersten Generalgouverneur Pakistans geworden war.

Aber ich lebte in England, für mich fühlte sich England wie meine Heimat an.

Wenn wir Nachrichten von unserer Familie aus Pakistan erhielten, murmelten meine Brüder stets: »Meine Güte, sind wir froh, dass wir nicht dort leben!«

Sie achteten natürlich darauf, das auf Englisch zu sagen, damit meine Eltern es nicht mitbekamen. Aber sie sprachen mir aus der Seele. Im Vergleich zum ländlichen Pakistan war Großbritannien für meine Brüder ein Land voller Möglichkeiten. Annehmlichkeiten wie fließendes Wasser, Strom und asphaltierte Straßen waren nicht zu verachten, und meinen Brüdern war klar, dass sie in Pakistan unter vielen Einschränkungen hätten leiden müssen.

Dann wäre nämlich Schluss gewesen mit Fußballübertragungen im Fernsehen, mit dem Treffen von Schulfreunden und mit dem Tragen westlicher Kleidung und dem Hören von Popmusik. In Pakistan hätten sie ihre Zeit in der Koranschule verbracht, sie hätten den Koran auswendig gelernt, in der Moschee gebetet und auf den Feldern gearbeitet. Wir hatten viele Cousins in Pakistan, die ein solches Leben führten, und keiner von uns beneidete sie darum.

Aber es gab Leute in unserer Straße, die sich ganz offenkundig nach einem solchen Leben sehnten. Wir nannten diese Leute, die so fest in den alten Bräuchen verwurzelt waren, »Pakis«. Meine Schwester Sabina stellte sich als eine richtige »Paki« heraus – nachdem sie mit unseren Eltern einmal ihr Dorf besucht hatte, hörte sie nie mehr auf, davon zu schwärmen. »Ach, ich fand es herrlich dort«, erklärte sie uns. »Alle sind so religiös.«

In Pakistan gibt es dies, in Pakistan gibt es das. Wir anderen hatten ihre Schwärmerei bald satt. Manchmal nannten wir sie sogar ganz offen eine »Paki«, worauf sie fast stolz war.

Wenn uns ein Außenstehender so genannt hätte, hätte es natürlich Ärger gegeben. »Paki« war auch ein rassistisches Schimpfwort, das jeder von uns gelegentlich zu hören bekam.

Wir dagegen hatten für die Weißen einen Begriff – *gora.* Wie »Paki« konnte auch *gora* mehrere Dinge bedeuten. Wenn ich zu meiner Schwester von dem *gora* am Ende unserer Straße sprach, beschrieb ich diese Person nur – *gora* bedeutete in diesem Zusammenhang einfach nur »weiße Person«.

Doch aus dem Mund meines Vaters war *gora* ein rassistisches Schimpfwort. Vor uns verhehlte er nicht, dass er die Weißen und ihre Lebensweise verabscheute; in der Öffentlichkeit jedoch schien er nichts dagegen zu haben, mit Leuten der unterschiedlichsten Abstammung zu verkehren.

Die ländliche Bevölkerung in Pakistan sah den Westen schon immer sehr ambivalent. Einerseits verabscheute man alles, was aus dem Westen kam, andererseits galt es als Zeichen von Erfolg, wenn man Verwandte hatte, die im Westen lebten und arbeiteten. »Ali geht es ausgezeichnet«, hieß es dann. »Sein Sohn hat in England Arbeit gefunden und dort sogar geheiratet.«

Egal, welche Arbeit ein Mann in Übersee verrichtete – selbst als Pizzabote verdiente er genug, um als »reicher Mann« nach Pakistan heimzukehren.

Wenn meine Eltern ihr Dorf besuchten, wurden sie wie Stars behandelt. Auszuwandern ist einer der wenigen Wege, der bitteren Armut des Landlebens zu entgehen, das ansonsten seit Generationen unverändert weitergeführt wird.

Wie bei vielen Immigranten war für meine Eltern der Aufenthalt in England ursprünglich nur vorübergehender Natur: Sie hatten vor, Geld zu verdienen und dann wieder heimzukehren. Aber wie viele andere beschlossen sie im Lauf der Zeit, sich endgültig in der Fremde niederzulassen. Trotzdem lehnten sie die britische Kultur ab und versuchten, sich abzuschotten.

Mein Vater merkte rasch, dass das britische Bildungswesen weitaus besser war als alles, was es im ländlichen Pakistan gegeben hätte. Er wusste, dass seine Söhne dadurch bessere Aussichten auf materiellen Erfolg im Leben haben würden. Die Bildung seiner Töchter lag ihm weniger am Herzen. Töchter galt es nur zu verheiraten, damit sie selber Kinder bekamen. Aber seine Söhne sollten es zu etwas bringen.

Ich war das vierte Kind meiner Eltern und die erste Tochter. Und anfangs waren meine Brüder auch sehr glücklich über ihre kleine Schwester.

Zakir war mein ältester Bruder, der Liebling meiner Mutter und der Schlaukopf in unserer Familie. Er verteidigte mich, wenn er in der Schule oder auf der Straße mitbekam, dass jemand garstig zu mir war. Zu Hause jedoch waren mein Vater und alle meine Brüder garstig zu mir, denn ich war ja nur ein Mädchen.

Als Zweitältester kam Raz, er war der Gläubigste meiner Brüder. Allerdings war Raz nicht radikal, nur sehr vergeistigt. Von klein auf verbrachte er sein halbes Leben in der Moschee. In der Schule war er nicht besonders gut, denn er interessierte sich einfach nicht für das, was man in der Schule so lernt.

Mein dritter Bruder war Billy, mein Lieblingsbruder. Billy war eigentlich sein Spitzname, auf Punjabi bedeutet *billi* nämlich »Katze«. Diesen Namen hatte er bekommen, weil er gelenkig und geschmeidig war wie eine Katze und dazu noch ausnehmend gut aussah. Er war aber auch charmant und fürsorglich. Wenn Billy versuchte, im Haushalt mitzuhelfen, hielt ihn mein Vater davon ab. Das war nicht die richtige Arbeit für einen Jungen. Billy war der Einzige, der auch nur annähernd nett zu mir war. Außerdem versuchte er sich in unserer Familie immer als Friedensstifter. Wir kämpften ständig um das Fernsehprogramm, und Billy bemühte sich dann, uns dazu zu bringen, abwechselnd ein Programm zu wählen.

Nach mir bekamen meine Eltern noch zwei Töchter. Die erste war Sabina. Wie Raz war sie sehr gläubig, obwohl ihr Glaube viel konservativer war. Sabina entwickelte eine ausgesprochene Abneigung gegen die englische Kultur. Sie ging nicht gern zur Schule und mochte die Gesellschaft von Jungs nicht. Sie hatte fast keine weißen Freundinnen. Durch ihre angeborene Liebe zur traditionellen pakistanischen Kultur war sie die perfekte Tochter für meine Eltern – ganz im Gegensatz zu mir.

Nach Sabina kam eine größere Pause, dann brachte meine Mutter Aliya zur Welt. Sie war sehr hübsch und zart und wurde zur Lieblingstochter meines Vaters. Er ging ausgesprochen sanft mit ihr um. Sie setzte sich gern auf seinen Schoß und bestürmte ihn mit Fragen: »Wenn du auf diese Art betest, was passiert dann?« Zu meiner Verwunderung ließ er sich sogar häufig dazu herab, ihr zu antworten.

In unserer Kultur freuen sich die Eltern über Töchter nicht so wie über Söhne. Mädchen, so heißt es, muss man ständig beschützen – nicht nur ihnen zuliebe, sondern vor allem wegen der Familienehre. Wenn eine Tochter aus dem Ruder läuft, bringt das mehr Schande über die Familie, als wenn ein Sohn das tut. Bei Pakistanern dreht sich deswegen auch der Klatsch immer nur um die Mädchen.

In unserer Straße ging es meist darum, wie man Ehre erringen und sie behalten konnte und wie man es vermied, Schande über sich oder seine Familie zu bringen. Die Frauen waren richtig besessen von den Themen Ehre und Schande, weil sie wussten, dass in der pakistanischen Kultur die Ehre der Gemeinschaft von jeder einzelnen Frau dieser Gemeinschaft abhing. Wir lernten aus dem Klatsch, was sich gehörte und was nicht. Und wir lernten auch, Ehre erstrebenswert zu finden und Schande zu fürchten.

Als ich zur Welt kam, gab mein Vater seinen Arbeitsplatz in der Fabrik auf und fing an, das Amt des Imam zu versehen. Er wurde dafür allerdings nicht bezahlt, sondern lebte von den Spenden der Gemeinde und von staatlicher Unterstützung.

Wir hatten zu Hause wenig Luxus. Die Kleidung stammte aus zu einem Großteil aus Secondhandläden. Die weiblichen Mitglieder meiner Familie schliefen in einem Zimmer. Wie viele pakistanische Ehepaare hatten meine Eltern kein gemeinsames Schlafzimmer. Vater schlief im vorderen Wohnzimmer, Zakir hatte ein eigenes Zimmer, Raz und Billy teilten sich einen weiteren Raum.

Meine Schwestern und ich trugen ausschließlich den traditionellen *salwar kamiz.* Unsere Kleidung nähte Mutter auf ihrer Nähmaschine. Wenn wir in der Schule waren, saß sie in der

Küche und nähte. Die Frauen in unserer Straße bestellten bei ihr auch Kleider für Hochzeiten oder andere Feste. Wenn das Geld knapp war, legte Mutter das mit ihren Näharbeiten verdiente Geld in die Haushaltskasse; wenn genug Geld da war, kaufte sie uns manchmal eine Kleinigkeit. Doch für sich gab sie nie Geld aus.

Vom Tag meiner Geburt an war ich vom Islam umhüllt. Er beherrschte unser Leben von früh bis spät. Mein Vater erklärte mir die fünf Säulen des Islam, die Grundlage unseres Glaubens. Diese fünf Säulen werden gebildet durch das Glaubensbekenntnis, die regelmäßige Gabe von Almosen, das Fasten im heiligen Monat Ramadan, die Pilgerreise nach Mekka und das täglich fünfmalige Gebet. Jeder, der die fünf Säulen einhält, sei auf dem Weg ins Paradies, sagte mein Vater.

Mit drei Jahren bekam ich die Aufgabe, mich mit dem Koran zu beschäftigen, um unserer Familie Ehre zu machen. Der Koran muss in arabischer Sprache, der Sprache, in der er verfasst wurde, studiert und aufgesagt werden. Meine Eltern sprechen Urdu und Punjabi, zu Hause unterhielten wir uns meist auf Punjabi. Mein Vater hielt Koranstunden für alle Kinder unter fünf Jahren aus unserer Straße ab. Jeden Tag drängten wir uns in dem Zimmer, in dem auch unsere Gäste empfangen wurden, und wehe dem, der die Lektionen meines Vaters nicht richtig gelernt hatte.

An einer Wand des Zimmers hing ein Bild von der Kaaba, dem zentralen Heiligtum des Islam. Die Kaaba ist ein würfelförmiges Gebäude in Mekka. Sie ist gut dreizehn Meter hoch, etwa zwölf Meter breit und in ein schwarzes Brokattuch gehüllt, das *kiswa,* das mit Versen aus dem Koran bestickt ist. Abraham oder Ismael sollen die Kaaba errichtet haben.

Mein Vater erklärte uns, dass die Kaaba verehrt wird, weil in ihr der erste Koran liegt, in dem der Prophet Mohammed die heiligen Worte Gottes festgehalten hat. In Wahrheit enthält die Kaaba nur einen Meteoriten, der als schwarzer Stein bezeichnet wird und in der südöstlichen Ecke liegt. Als Kind waren mir die Lücken im Wissen und in der Religionskenntnis meines Vaters freilich ebenso wenig bewusst wie ihm selbst.

An der Wand gegenüber des Fotos von der Kaaba hing ein gerahmtes Bild, auf dem in goldenen Lettern auf Arabisch stand: »Mohammed, Friede sei mit ihm.« Darunter befand sich ein Schränkchen, in dem unter anderem Geschirr für besondere Gelegenheiten und zwei Schneekugeln aufbewahrt wurden. Wenn man die Schneekugeln schüttelte, wirbelte in der einen Schnee über der Kaaba und in der anderen um den Namen des Propheten Mohammed auf. Wir holten sie jedoch nie heraus, um mit ihnen zu spielen. Das wäre höchst respektlos gewesen und hätte den Zorn meines Vaters erregt. Und das war tunlichst zu vermeiden, wie ich nur allzu gut wusste.

Im obersten Fach des Schränkchens lagen mehrere Koranausgaben. Es gilt als Zeichen von Respekt, das heilige Buch an einem erhöhten Ort aufzubewahren. Jedes Buch war in einen Umschlag gehüllt, den meine Mutter aus Stoffresten genäht hatte.

Während des Koranunterrichts setzten wir uns zu zwölft im Viereck hin und blickten in die Mitte, während mein Vater an einem Ende des Raums saß. Jeder hatte eine hölzerne Buchstütze vor sich, auf der ein arabisches Wörterbuch oder ein Koranvers lagen. Jungen und Mädchen saßen beisammen, wir trugen keine Uniformen, aber der Unterricht war trotzdem freudlos. Einer nach dem anderen musste sich neben meinen Vater setzen und die Lektion des Tages aufsagen.

Mein Vater war sehr streng. Niemand benahm sich daneben. Selbst wenn man nur mit einer Freundin flüsterte, wurde man sofort von ihm geschlagen. Der Besenstiel, der gut sichtbar in einer Ecke stand, machte uns fügsam.

Wenn wir den arabischen Text fehlerhaft aufsagten, wurden wir ebenfalls geschlagen. Uns war erklärt worden, dass die Worte auf Arabisch eine besondere spirituelle Bedeutung hatten, die verloren ging, wenn man sie in eine andere Sprache übersetzte, ins Englische etwa, das wir alle verstanden hätten.

Doch die Bedeutung der Worte, die wir rezitierten, wurde uns nie erklärt, sondern nur die perfekte arabische Aussprache. Wenn wir denselben Satz stundenlang herunterleierten, erkannte ich Eigennamen wie Allah und Mohammed, doch abgesehen davon hatte ich nicht die geringste Ahnung, was die Worte besagten. Aber keiner von uns hinterfragte diesen Unterricht oder verlangte nach einer Erklärung, wir hatten viel zu viel Angst vor meinem Vater.

Mit fünf Jahren konnte ich die erste Sure des Korans fehlerfrei lesen; ich war eine der Ersten damit in meiner Klasse. Mein Vater ermunterte alle anderen ständig, mich jedoch nie. Ich lernte diese Sure sogar auswendig, um ihm zu gefallen, aber die Mühe hätte ich mir sparen können.

Mein Vater machte kein Hehl daraus, dass er nie eine Tochter hatte haben wollen. Wenn wir alleine waren, sagte er mir, ich sei ein böses, verfluchtes Mädchen. Es läge an mir, zu beweisen, dass ich Allahs würdig sei.

Weil mein Vater der Imam war, waren meine Eltern die Stützen der Gemeinde. Mein Vater hatte einen gehobenen gesellschaftlichen Status. Zu Außenstehenden war er ausgesprochen freundlich. Er sprach fast nur im Flüsterton, lächelte viel und spielte die Rolle eines wahrhaft spirituellen und friedliebenden Menschen.

»Du hast wirklich einen wundervollen Vater«, bekam ich immer wieder zu hören.

Doch im Kreis der Familie war mein Vater ein grausamer, hasserfüllter Mann, der zu Wut- und Gewaltausbrüchen neigte. Er schlug meine Mutter. Selbst im Alter von vier Jahren musste mir niemand sagen, dass das falsch war. Doch wie jedes Kind wollte ich, dass mein Vater mich liebte und stolz auf mich war.

Die Leute aus unserer Gemeinschaft bezeichneten meinen Vater als Hadschi, also als einen Mann, der nach Mekka gepilgert war. Meine Mutter sprachen sie mit der weiblichen Form dieser Bezeichnung an und nannten sie Hadschin.

Diese Menschen sahen in meinem Vater eine Quelle der Führung und Weisheit, und sie kamen zu ihm, wenn sie einen Rat brauchten. Mein Vater reagierte stets prompt, nie war er unsicher, nie zweifelnd. Eine unfolgsame Tochter wäre für ihn die schlimmste Entehrung gewesen.

Ich hatte nicht den Hauch einer Chance, denn ich war die geborene Rebellin.

3

Harte Lektionen

Mein Leben erwies sich als eine stete Übung darin, zwischen den Zeilen zu lesen. Die Regeln waren nicht klar, ich musste alleine herausfinden, was erlaubt war und was nicht, indem ich den Klatsch der Erwachsenen belauschte. Selbst der Besuch eines weißhäutigen Gastes konnte zu Gerede in der Nachbarschaft führen.

Oft genug bekamen wir zu hören, was mein Vater von den Weißen und ihrer dekadenten Kultur hielt. Ständig schimpfte er über die *goras* – die gottlosen, heidnischen, sittenlosen Leute, die um uns herum wohnten, Alkohol tranken und sich sexuellen Ausschweifungen hingaben. Wir brauchten doch nur die Kleidung dieser Leute zu betrachten, dann würden wir es schon selbst sehen: Frauen, die freizügig nacktes Fleisch zur Schau stellten – Arme, Beine und sogar Busen! –, um die Männer in Versuchung zu führen. Mein Vater wünschte nicht, dass einer seiner Sprösslinge etwas mit diesen *goras* zu tun hatte.

Meine Brüder trafen sich mit anderen muslimischen Jungs aus Pakistan, aber in der Schule hatten sie auch weiße Freunde. Wenn Vater nicht in der Nähe war, unterhielten sie sich über diese Freunde, die so exotische Namen wie Tim, Andy und Peter hatten. Natürlich brachten sie ihre *gora*-Freunde nicht mit ins Haus, Vater hätte ihnen den Zutritt verweigert. Einmal kam Zakir mit einem weißen Freund aus der Schule heim, aber er erfand eine Ausrede, um Dave vor der Gartentür warten zu lassen.

Das Verbot aller Kontakte zu Weißen ging ausschließlich auf meinen Vater zurück. Zum einen hielt er es für seine religiöse Pflicht, alles Fremde abzulehnen, zum anderen fürchtete er, dass die englischen Sitten seine Familie anstecken und sie vom rechten Pfad abbringen könnten. Mutter teilte diese Ängste nicht, doch in unserem Haus herrschte der Wille meines Vaters. Sie wusste ganz genau, dass keiner von uns Besuch von weißen Freunden haben durfte, selbst als wir noch klein waren.

Mit vier Jahren freundete ich mich im Kindergarten mit zwei Schwestern an, Jane und Susan. Mutter und ich gingen meistens gemeinsam mit ihnen nach Hause, da sie zwei Straßen weiter wohnten. Mutter scherzte und lachte auf dem Weg, und wenn sie mir Kekse und Bonbons mitgab, schärfte sie mir immer ein, sie mit Jane und Susan zu teilen.

Bei uns zu Hause war dann alles anders. Es galt zwar als erlaubt, dass Jane und Susan mit mir im hinteren Garten spielten, aber sie durften nicht ins Haus. Wenn Vater daheim war, durften sie nicht einmal in den Garten. Für Mutter erwies sich das als schwieriger Balanceakt. Sie wollte nicht abweisend zu meinen Freundinnen sein, aber ihr war beigebracht worden, niemals Entscheidungen ihres Mannes in Frage zu stellen oder seinem Willen zu trotzen. Das galt umso mehr, als ihr Mann der Imam unserer Gemeinde war.

Jane, die fast genauso alt war wie ich, war damals meine beste Freundin. Mädchen schließen in diesem Alter ebenso rasch Freundschaften, wie sie sie aufkündigen. Aber wir beide blieben sehr lange eng befreundet. Sie war selbstbewusst und überschäumend, nicht so introvertiert wie ich.

Jane und ich saßen dann auch in der Schule nebeneinander. Sie hörte sich gern reden, und ich konnte ihr stundenlang zuhören, wir waren also das perfekte Paar. Die Zeit, die ich mit Jane verbrachte, war für mich wie eine Flucht vor meinem erdrückenden Zuhause. Aber nicht einmal mit einer besten Freundin wie ihr konnte ich meinen Vater vergessen.

Mutter servierte Vater ein Currygericht im hinteren Wohnzimmer. Das vordere Wohnzimmer war für männliche Besucher reserviert, im hinteren versammelten wir uns, um fernzusehen – das Einzige, was wir als Familie gemeinsam taten. Ich sah Vater zu, wie er mit einem Stück *chapati* etwas von seinem Curry löffelte, doch sobald er zu kauen begann, verfinstere sich seine Miene bedrohlich.

»Das ist nicht anständig gekocht«, fauchte er. »Es ist kalt. Du dummes Weib, das ist ungenießbar!«

Er warf den Teller an die Wand. Der Teller zerbrach, braune Schlieren liefen an der Tapete herab. Vater sprang auf und schimpfte weiter mit Mutter. Als sie erschrocken zurückwich, warf er ihr lauthals brüllend vor, sie würde versuchen, ihm auszuweichen, während er mit ihr redete. Sie flehte ihn an, sich zu beruhigen, doch er verfolgte sie bis in die Küche.

Ich blieb allein zurück, die Beine eng an den Körper gezogen. Aus der Küche hörte ich das dumpfe Geräusch, mit dem die Faust meines Vaters den Körper meiner Mutter traf. Sie schrie, keuchte, schrie abermals. Bei jedem Schlag presste ich die Knie fester gegen die Brust. Mutter flehte Vater an, aufzuhören, aber er prügelte weiter gnadenlos auf sie ein. Ich war mir sicher, dass die Nachbarn das hörten. Aber Vater war der Imam, er galt als Heiliger.

Schließlich stürmte er aus der Küche in das vordere Wohnzimmer. Ich schlich zu meiner Mutter, ich wollte sie trösten und auch von ihr getröstet werden. Sie lag zusammengerollt auf dem Boden. Mein Vater war schlau genug, sie nie ins Gesicht oder auf die Hände zu schlagen, denn dann hätte man die Spuren gesehen. Mit zitternden Fingern wollte ich sie streicheln.

Doch Mutter schob mich weg. Sie schob mich weg, weil sie sich vor ihrer vierjährigen Tochter schämte. Als sie sich endlich wieder aufrappelte, konnte sie kaum laufen, aber sie musste die Unordnung beseitigen. Also kniete sie sich hin, um die Scherben des zerbrochenen Tellers aufzusammeln, und schrubbte das schon angetrocknete Curry von der Tapete. Jeder Handgriff saß, trotz ihrer Schmerzen. Später kam Vater aus seinem Zimmer, als wäre nichts geschehen.

Bald erkannte ich das Muster. Vater schlug Mutter, sie beseitigte die Unordnung, und wir alle – sie, Vater, die Kinder, die Nachbarn – taten, als wäre nichts geschehen. Ich zitterte vor Wut: Indem Mutter stumm die Schläge hinnahm, versuchte sie, die Ehre meines Vaters und der Familie zu schützen.

Es passierte mindestens einmal im Monat. Lauwarmes Curry, schwacher Tee, zerknitterte Kleider, Staub auf dem Rand der Tasse eines Gastes. Wir waren ein Baum, der seine Äste ausbreitete, dessen Kern jedoch verrottete.

Ich lebte dennoch in der Hoffnung, irgendwann würde alles besser werden und mein Vater würde zu dem liebevollen Vater werden, von dem ich träumte. Er würde aufhören, Mutter zu schlagen. Er würde mich beachten. Er würde mich loben, wenigstens ein einziges Mal, weil ich den Koran fehlerfrei aufsagen konnte.

Das Leben würde gut werden, wenn nur ich gut genug war.

Meine Vorschullehrer berichteten, ich sei freundlich, aber viel zu schüchtern. Zu Hause war ich nicht anders. Wenn Gäste kamen, versteckte ich mich im Schlafzimmer und las. Ich sprach nur selten mit meinen Brüdern, und mit meinem Vater hatte ich nur während der Koranunterweisungen zu tun oder wenn er mir barsch einen Befehl erteilte.

In der Schule fühlte ich mich weitaus wohler als zu Hause, und ich bemühte mich stets um gute Leistungen. Der Direktor hieß Bill Hicks, er hatte widerspenstiges, lockiges Haar und einen braunen Schnauzer. Er unterrichtete Sport, und in seiner Freizeit pfiff er Spiele von mehreren der Fußballvereine im Ort.

Jeden Morgen saß Mr Hicks am Eingang der Aula unserer Schule und erzählte uns mit seiner tiefen, sonoren Stimme Geschichten: Wie er im benachbarten Keighley aufgewachsen war und als Junge in den Flüssen geangelt hatte, wie er mit seinen Schulfreunden Fußball gespielt hatte und wie er mit seinem Vater in den Bergen wandern gewesen war oder einen Ausflug ans Meer gemacht hatte.

Selbst wenn viele von uns keinen direkten Bezug zu Mr Hicks' Geschichten herstellen konnten, fesselten uns seine Worte. Seine Kindheit und vor allem seine Beziehung zu seinen Eltern waren uns völlig fremd. Uns schien es, als würde er von einer anderen Welt berichten, aber das machte das Ganze umso faszinierender und aufregender.

Doch obwohl seine Geschichten eine tiefe Sehnsucht in mir weckten, konnte ich nicht heimgehen und meine Eltern fragen: »Warum gehen wir nicht auch einmal angeln, wie Mr Hicks es als Kind getan hat? Warum fahren wir nie ans Meer? Warum können wir solche Sachen nicht tun?«

Ich beschloss, dass das unbekümmerte, lustige Familienleben, das Mr Hicks beschrieb, etwas war, was es nur bei den Weißen gab.

Weder mein Vater noch meine Mutter erzählten uns je Geschichten aus ihrer Kindheit. Mutter las uns auf Urdu »Der Hase und die Schildkröte« vor, aber das tat sie vor allem, um unsere Sprachkenntnisse zu fördern.

Geschichten erzählte uns Mutter nur von bösen kleinen Mädchen, die davonliefen und logen, sich mit ihren Geschwistern stritten und den Älteren nicht gehorchten. Diese Mädchen wurden immer gefasst und von namenlosen, gesichtslosen Ungeheuern der gerechten Strafe zugeführt.

Solche Geschichten bekam ich jeden Abend als Gutenachtgeschichte zu hören. Bald würde ich sie sogar selbst erleben, dafür würde mein Vater sorgen.

Im Islam gibt es kein festes System, was jemand machen muss, um ein heiliger Mann oder ein geistiger Führer zu werden. Mein Vater war nicht der Gebildetste unserer Gemeinschaft, aber den Koran kannte er tatsächlich fast auswendig. Für die East Street reichte das.

Unter der Woche ratterte jeden Nachmittag ein weißer Minibus unsere Straße hinab, und der Fahrer rief auf Punjabi: »Zeit, in die Moschee zu gehen!« Ich fürchtete diesen Ruf. Die Moschee war kalt, finster, feucht und furchterregend, und unsere Koranlehrerin war grausam. Am liebsten hätte ich mich irgendwo versteckt.

Früher war die Moschee eine öffentliche Bibliothek gewesen. Es wurde dort streng unterschieden nach Räumen für männliche und weibliche Gläubige. Ein Torbogen führte in die Gebetshalle der Männer, die mit einem dicken Teppich mit floralem Muster ausgelegt war. Ein weiterer Torbogen führte in den Frauenraum. Dort lagen nur ein paar fadenscheinige Läufer auf dem Boden. Wer keinen Läufer ergattern konnte, saß auf dem nackten Beton. In der Moschee war es immer eiskalt. Unsere Koranlehrerin hatte ein tragbares Heizgerät, aber dessen Wärme drang nie bis zu uns durch.

Unsere Gemeinschaft hatte das Gebäude von der Stadt erworben. Es gehörte der Gemeinde und wurde von einem Komitee wohlhabender Männer verwaltet. Der Moschee Geld zu spenden machte der Familie Ehre, und die Frauen der Komiteemitglieder sorgten dafür, dass jeder wusste, wer wie viel gespendet hatte.

Mit den Spenden wurde auch eine Anlage finanziert, an der sich die Gläubigen vor dem Gebet waschen konnten. Ein gläubiger Muslim braucht fließendes Wasser, um das Ritual des *wudhu* durchführen zu können. Als Erstes werden dabei Gesicht und Nasenlöcher gereinigt, dann die Ohren, der Nacken und die Arme, erst der rechte, dann der linke Arm. Danach werden die Füße gesäubert, auch die Zehen und Fußgelenke, und zum Schluss die Hände.

Während wir uns wuschen, sagten wir die *basmala* auf, den zentralen Gebetsspruch des Islam: »Im Namen des barmherzigen und gnädigen Gottes.«

Dann zogen wir die Schuhe aus und knieten uns auf den harten Boden, vor uns eine flache Bank. So verbrachten wir eine ganze Stunde, denn so lange dauerte unsere Koranunterweisung in der Moschee. Auf dem Bänkchen lagen der Koran und ein Buch mit dem arabischen Alphabet. Wer eines dieser Bücher vergaß, bekam den Rohrstock zu spüren.

Einmal musste ich dringend auf die Toilette, ich konnte es nicht mehr aushalten.

»Was ist?«, fauchte unsere Lehrerin. »Was ist los, Mädchen?«

»Kann ich bitte auf die Toilette?«

Die Lehrerin war wütend über meinen Mangel an Selbstbeherrschung. »Komm her, Mädchen! Du hättest zu Hause auf die Toilette gehen sollen!«

Sie nahm ihren Rohrstock und schlug mir damit auf die Handfläche, wo er einen brennenden roten Striemen hinterließ. Ich war zutiefst gedemütigt vor meinen Freundinnen und brach in Tränen aus. Erst dann ließ sie mich auf die Toilette. Danach hatten einige Mädchen so viel Angst, dass sie sich lieber in die Hose machten, als zu fragen, ob sie austreten dürften. Das machte die Sache nur noch schlimmer: Die Lehrerin fand es heraus und schlug die Mädchen, weil sie in die Hose gemacht hatten.

Jede musste einen Koranvers auf Arabisch auswendig lernen und ihn so lange wiederholen, bis er perfekt saß. Als Tochter des

Imam verpasste ich keine einzige Stunde, obwohl ich den Unterricht und unsere Lehrerin hasste.

Doch eines Nachmittags kroch ich unter mein Bett, als ich den Ruf hörte. Ich blieb in meinem Versteck und wagte kaum zu atmen. Mein Herz hämmerte laut in der staubigen Stille. Ich war selbst zutiefst erschrocken über diesen Akt der Auflehnung. Schließlich stürmte mein Vater herein, packte mich und zerrte mich unter dem Bett hervor.

»Was treibst du da?«, schrie er mich an. »*Masjid ki gari aja – Der Wagen von der Moschee ist gekommen.* Es ist Zeit, zu gehen. Steig sofort in den Bus!«

Ich wagte nicht, ihm zu widersprechen.

Ein andermal versteckte ich mich im Zimmer meines Bruders Zakir. Als mein Vater mich fand, war er noch wütender. Ich flüchtete mich in den Schrank. Verschiedene Türen wurden zugeknallt, bevor er die Schranktür öffnete und versuchte, mich zu packen. Ich huschte an ihm vorbei, rannte hinaus und kletterte hastig in den Bus.

Nicht alle Eltern zwangen ihre Kinder, zum Unterricht in die Moschee zu gehen. Amina und Ruhama täuschten oft Kopfschmerzen vor, und dann ließen ihre Eltern sie in Ruhe. Ich beneidete sie zutiefst.

Mein Vater saß auf dem Beifahrersitz im Bus und beobachtete genau, wer mitfuhr und wer sich drückte. Wenn Amina und Ruhama zweimal hintereinander den Unterricht versäumte hatten, nahm er ihre Eltern ins Gebet.

Mein Vater war der Imam, mein Vater war die Moschee. Wenn ich mich versteckte, trotzte ich nicht nur der Moschee, ich trotzte ihm persönlich.

Für meinen Vater war eine solche Auflehnung unerträglich. Sie musste bestraft werden.

4

Einsames Kind

Meine Mutter konnte kaum Englisch, sie beherrschte nur das Allernötigste, Sätze wie: »Hallo, wie geht's?«, oder: »Wie geht es Ihren Kindern?«, oder: »Wie geht es deiner Mutter?« Nur wenn sie mich von der Schule abholte, hatte sie die Chance, diese Sätze zu üben. Sie verstand ein bisschen von dem, was die anderen Mütter sagten, und schaffte es, mit Schulterzucken und Nicken durchzukommen. Bei der Mutter von Jane und Susan bemühte sie sich besonders, ihren Mangel an Worten mit Lächeln wettzumachen.

Eigentlich hätte sie gar keine englischen Sprachkenntnisse gebraucht. Sie verließ die East Street nur, wenn sie uns zur Schule begleitete und den wöchentlichen Einkauf im Supermarkt erledigte. Selbst dort belud sie bloß stumm den Einkaufswagen mit dem Nötigsten und verließ den Laden ebenso stumm.

Aber Mutter wollte gern mehr sprechen. Sie wollte gern mit den anderen Müttern vor der Schule oder mit der Armenierin vom Haus gegenüber plaudern. Anders als mein Vater hatte sie den Wunsch, die Sprache zu lernen.

Wenn sie im Fernsehen Serien wie *East Enders* und *Coronation Street* ansah, versuchte Mutter zu wiederholen, was die Schauspieler sagten. Sie wusste, dass sie mit unterschiedlichem Akzent sprachen, und bemühte sich, diese Akzente zu imitieren.

Bei den *East Enders* versuchte sie sich in Cockney, bei *Coronation Street* im Akzent von Manchester. Ihre Spezialität war eine Imitation von Ricky und Bianca aus den *East Enders*. Ricky war ein Automechaniker. Er arbeitete für einen der Mitchell-Brüder; diese liebenswerten Gauner wurden von Steve MacFadden und Ross Kemp gespielt. Ricky schrie ständig nach seiner Frau: »Bianca! Bianca!«

Mutter versuchte, diesen Ruf nachzuahmen, aber das C in Bianca klang nasal. Es war wirklich zu komisch, wenn Mutter »Bianca! Bianca!« rief und sich ihr ländliches Punjabi mit dem Akzent des East End mischte. Mutter hatte nichts dagegen, wenn wir lachten; sie brachte uns gern zum Lachen. Eigentlich war sie oft zu Scherzen aufgelegt.

Eines Tages verkündete Mr Hicks, dass eine Lehrerin angeboten habe, Familien zu Hause zu unterrichten, die Schwierigkeiten mit der englischen Sprache hatten. Die Lehrerin hieß Edith Smith. Ich stellte ihr meine Mutter vor, und Mutter willigte spontan ein, dass Edith sie besuchen und ihr Englisch beibringen sollte.

Soweit ich weiß, war Edith Smith die erste weiße Engländerin, die den Fuß in das Haus der Familie Shah setzte. Mutter bat sie, zu einer Zeit zu kommen, wo sie wusste, dass Vater in der Moschee sein würde. Er war jeden Nachmittag dort, und am Freitag, dem muslimischen Feiertag, den ganzen Tag. Edith hatte lockiges braunes Haar, war dürr wie eine Bohnenstange und so groß, dass sie uns alle überragte. Sie trug eine Nickelbrille und kleidete sich gern in blumig gemusterte Röcke und Blusen.

Als sie zum ersten Mal bei uns auftauchte, lächelte sie und zauste mir die Haare. »Hallo, Hannan, wie geht es dir?«

Ich lächelte zurück, brachte jedoch nur ein schüchternes »Hallo!« zustande.

Miss Smith hatte eine Tüte köstlicher Birnendrops mitgebracht und bot sie uns allen an. Die erste Englischstunde fand in unserem hinteren Wohnzimmer statt. Mutter grinste glücklich und versuchte, ein paar englische Wörter herauszubringen.

Sie bot Edith Tee an, wobei Tee in der Vorstellung meiner Mutter aus einem Currygericht und *chapatis* bestand, gefolgt von Keksen und einem Obstsalat aus Äpfeln, Birnen und Wassermelonen. Der Höflichkeit halber aß Edith ein paar Gabeln Curry, doch ihr Gesicht wurde mit jeder Gabel röter. Schließlich nahm sie ein Glas Wasser und leerte es in einem Zug. Offenbar hatte sie eine Chilischote erwischt.

Mutter schien von Miss Smiths Problemen nichts zu merken, denn beim nächsten Mal gab es wieder Curry. Ich stellte einen Krug Wasser vor die arme Miss Smith und machte ein heimliches Spiel daraus, zu zählen, wie viele Gabeln sie schaffte, bevor sie nach dem Wasser griff.

Natürlich sagte Mutter kein Sterbenswörtchen davon zu Vater, und sie konnte sich darauf verlassen, dass auch die anderen Frauen in der Straße dichthielten. Wie bei Mutter gab es im Leben aller anderen Frauen Dinge, die sie vor ihren Männern verheimlichen mussten. Sie hatten ein stillschweigendes Übereinkommen getroffen, nichts davon verlauten zu lassen; es gab also eine Art Schwesternschaft in der East Street.

Bei jedem Besuch verstanden Mutter und Miss Smith sich besser. Wenn ein Wort fehlte, verständigten sie sich mit Zeichen und Gesten. Sie lachten viel und neckten sich wie alte Freundinnen. Wenn die Zeit für den Unterricht nahte, machte sich Mutter frohgemut im Haus zu schaffen, sie räumte das Zimmer auf und holte das Heft, in das sie sich Notizen machte. Dieses Heft lag gut versteckt unter der Abdeckung ihrer Nähmaschine.

Miss Smith war ein Lichtstrahl in Mutters Welt.

»Wie geht es Ihnen?«, fragte Miss Smith.

»Gut, danke«, erwiderte Mutter.

Anfangs klangen die Worte noch sehr hölzern, aber Miss

Smith ermunterte sie stets, und bald segelte Mutter in tiefere Konversationsgewässer.

»Wie haben Sie geschlafen?«

»Danke, sehr gut.«

»Wie viele Kinder haben Sie?«

»Ich habe sechs Kinder.«

»Sind Sie verheiratet?«

Mutter lächelte verlegen. Was sollte denn diese Frage? Natürlich war sie verheiratet. Wie sonst hätte sie sechs Kinder haben können?

»Ja, ich bin verheiratet.«

»Auf welche Schule gehen Ihre Kinder?«

Und so weiter und so fort.

Wenn Miss Smith gegangen war, half ich Mutter, das englische Alphabet und die Zahlen zu üben, und versuchte, sie in ein einfaches Gespräch zu verwickeln. Nach diesen Besuchen war Mutter spürbar glücklicher. Sie war sehr klug, hatte aber nie die Chance bekommen, etwas zu lernen. Mutter war wie ein Vogel in einem Käfig, der keine Chance hatte zu fliegen.

Eines Tages kehrte mein Vater früher von der Moschee zurück. Wie immer saßen Mutter, Miss Smith und ich im Wohnzimmer. Wir hörten die Haustür ins Schloss fallen. Mutter erstarrte. Die Tür zum Wohnzimmer ging auf, und Vater setzte sich aufs Sofa. Im ersten Moment bemerkte er Miss Smith gar nicht, doch dann fiel sein Blick auf diese Weiße in seinem Heim. Sofort verfinsterte sich seine Miene wie der Himmel bei einem Gewitter.

»Hallo«, sagte Miss Smith und schenkte ihm ein kleines Lächeln.

Vater funkelte sie nur düster an und vergrub den Kopf in seinem Koran. Miss Smith versuchte, den Unterricht so gut es ging fortzusetzen, doch auf das Zimmer hatte sich eine dunkle, bedrohliche Atmosphäre gesenkt. Mutter wirkte zutiefst erschrocken. Miss Smith konnte sie zu keinem einzigen Scherz mehr bewegen.

Am Ende der Stunde brachte Mutter Edith zur Tür und ging dann sofort in die Küche. Vater sprang auf und folgte ihr. Er fing sogleich zu brüllen an.

»Was fällt dir ein? Warum hast du eine *gori* in unser Haus gelassen? Eine dreckige, ungläubige *gori!* In mein Haus! Wie kannst du es wagen!«

Ich saß noch im Wohnzimmer, doch ich hörte deutlich, wie der erste, schreckliche Faustschlag sein Ziel fand. Mutter schrie schmerzerfüllt auf, doch Vater kannte keine Gnade, er drosch erbarmungslos weiter auf sie ein.

Meine Brüder waren im Obergeschoss. Sie hörten Mutter schreien, reagierten jedoch nicht. Sie unterstützten Mutter zwar, wo sie konnten, aber sie hätten es nie gewagt, die gewalttätige Autorität unseres Vaters herauszufordern.

Ich saß schreckensstarr im Wohnzimmer. Noch vor wenigen Minuten hatte Mutter zusammen mit Miss Smith über ihre schreckliche Aussprache gelacht. Jetzt wurde sie wegen dieses schlichten, unschuldigen Vergnügens von meinem Vater verprügelt.

Fünf Jahre war ich damals alt, und viel zu verängstigt, um irgendetwas anderes zu tun als stumm dazusitzen. Endlich stapfte Vater in das Männerzimmer und schloss sich dort in stummer Wut ein.

Ich schlich in die Küche. Mutter war auf dem Boden zusammengebrochen und schluchzte haltlos. Sie schaffte es nicht, aufzustehen, so groß waren ihr Schock und ihre Schmerzen. Ich wollte meine dünnen Ärmchen um sie legen, doch sie stieß mich von sich. Sie schämte sich, dass sie wieder einmal verprügelt worden war, und wollte nicht, dass ihre kleine Tochter sie in diesem Zustand sah.

Bestürzt stand ich vor ihr. Wie gerne hätte ich Mutter geholfen, sie getröstet und ihr Leben fröhlich gemacht, so wie noch vor wenigen Minuten. Aber wie konnte ich Vater davon abhalten, sie zu schlagen? Selbst mit meinen fünf Jahren verstand ich, dass es nur eine Frage der Zeit war, bis er Mutter wieder schlagen würde, und wieder und immer wieder.

Mein Vater war ein schlechter Mensch. Wie konnte er Mutter das antun, meiner sanften, lustigen Mutter, die nie jemandem etwas zuleide tat? Vater hatte sie diesmal wirklich schwer verprügelt, und ich war mir sicher, dass er ganz genau wusste, was er tat. Er wusste ganz genau, wo er Mutter schlagen konnte, ohne dass jemand die Spuren bemerkte. Seine Schläge waren geplant und vorsätzlich.

Es dauerte eine ganze Weile, bis Mutter endlich wieder aufstand und sich an den Küchenschränken abstützend vorwärtsbewegte. Sie versuchte, über den Vorfall hinwegzugehen und weiterzumachen, als wäre nichts geschehen. Niemand im Haus sagte ein Wort.

Ein paar Wochen später servierten Mutter und ich meinem Vater das Mittagessen im Wohnzimmer. Schon nach dem ersten Bissen schrie er wütend auf und warf den Teller an die Wand. Beim Aufprall ging er mit einem lauten Knall zu Bruch, und Vater fing an zu brüllen.

»Was ist denn los?«, fragte Mutter verzagt. »Ich habe das Curry von gestern aufgewärmt. Gestern hat es dir gut geschmeckt.«

»Es ist kalt«, fauchte Vater. »Glaubst du, ich will kaltes Curry?«

Er sprang auf und schlug meine Mutter mitten im Wohnzimmer. Ohne weiter darüber nachzudenken, stellte ich mich zwischen die beiden.

»Du schlägst Mutter nicht«, schrie ich und hielt die Arme hoch, um ihm Einhalt zu gebieten. »Hör auf! Hör endlich auf! Lass Mutter einfach in Ruhe!«

Einem Moment lang blieb Vater verwundert der Mund offen stehen.

Dann lief sein Gesicht vor Wut und Hass knallrot an. Er stellte den rechten Fuß ein wenig nach hinten, um einen besseren Winkel zu bekommen, und hieb mir die Faust in den Bauch. Ich krümmte mich vor Schmerz, blieb aber beschützend vor Mutter stehen.

Mutter duckte sich hinter mich, starr vor Schreck über meinen Widerstand. Vater versuchte, mich wegzudrängen, aber in mir wuchs plötzlich eine schier übermenschliche Kraft, ich klammerte mich an Mutter fest. Außer sich vor Wut begann mein Vater, mich auf den ganzen Körper zu schlagen.

»Geh mir aus dem Weg«, schrie er. »In meinem Haus tue ich, was mir gefällt. Ich bin dein Vater. Du hast mir zu gehorchen! Aus dem Weg mit dir!«

Doch ich klammerte mich weiter an meine Mutter und wiederholte unter Tränen dieselben Worte: »Du schlägst Mutter nicht. Du schlägst Mutter nicht. Du schlägst …«

Schließlich schaffte er es doch, mich wegzureißen. Er schleuderte mich quer durchs Zimmer. Ich landete auf dem Sofa. Wortlos stürmte Vater ins Männerzimmer. Mutter rannte in die Küche, um sich zu verstecken. Ein Mitglied der Familie hatte sich endlich gegen den Tyrannen, meinen Vater, aufgelehnt. Jetzt hatte Mutter schreckliche Angst vor den möglichen Folgen.

Ich lag allein auf dem Sofa in dem Raum, in dem es plötzlich ganz still war. Lange blieb ich dort liegen und weinte. Ich war selbst zutiefst erschrocken über das, was ich getan hatte. Aber ich hatte rein instinktiv gehandelt, als ich meinem Vater in den Arm gefallen war und die für meine Mutter bestimmten Schläge abbekommen hatte.

Mein ganzer Körper schmerzte, ich konnte mich kaum rühren. Schließlich schlief ich ein, vielleicht verlor ich auch überwältigt vom Schock und völlig traumatisiert das Bewusstsein.

Als ich die Augen wieder aufschlug, saßen meine Brüder vor dem Fernseher. Niemand achtete auf mich, niemand fragte mich, wie es mir ging. Der Haushalt war zum Modus des Nicht-Hinsehens zurückgekehrt. Niemand verlor ein Wort über dieses erste Mal, das mich Vater geschlagen hatte, und ich erwähnte auch Mutter gegenüber nie etwas davon.

Ich hatte die ungeschriebenen Gesetze des Hauses gebrochen. Ich war erst fünf Jahre alt – würde ich es wagen, noch einmal gegen die Gesetze zu verstoßen?

Vielleicht hätte man einfach ganz normal weitermachen müssen, vielleicht lag darin der einzige Weg, zu überleben. Aber ganz normal weiterzumachen hieß zusehen, wie Vater Mutter schlug, und das konnte ich nicht ertragen.

Im Übrigen hatte sich die Normalität bereits verändert. Mein instinktiver Akt der Auflehnung hatte sie unwiderruflich verwandelt. Von da an schlug Vater mich und nicht mehr Mutter. Wenn ihm das Essen nicht passte oder das Haus nicht tipptopp sauber war, wurde ich das Ziel seiner Aggression.

Am Anfang verprügelte er mich etwa einmal im Monat. Aber allmählich geschahen die Übergriffe immer häufiger. Am schlimmsten für mich war, dass Mutter niemals versuchte einzugreifen. Sie schien erleichtert, dass Vater sie verschonte. Jedes Mal, wenn er mich schlug, tat sie, als wäre nichts passiert.

Dass meine Mutter nichts unternahm, schmerzte mehr als die Schläge.

Wenn Vater mich schlug, beschimpfte er mich auch unablässig: »Du bist dumm, faul und nutzlos! Du bist eine hässliche, wertlose Tochter.«

Schreien nützte nichts, weil alle taten, als würden sie nichts hören, und mir niemand zu Hilfe kam. Nach der ersten Tracht Prügel schrie ich nie mehr. Ich presste einfach nur die Lippen aufeinander, wenn die Schläge auf mich einprasselten.

Es war eine einsame Zeit. Ich begann, in eine andere Welt zu fliehen, in ein Fantasieland. Ich stellte mir vor, dass ich nach den Einsamkeitsvögeln rief, damit sie mich retteten. Sie würden mich mit ihren weichen, weißen Flügeln hochheben, und während ich mich an ihren Daunen festhielt, würden sie sich ganz ohne Anstrengung mit mir in die Lüfte erheben.

Die Einsamkeitsvögel waren riesige weiße Tauben, die vom Himmel herabflogen, um mich zu retten. Sie ließen sich neben mir nieder, beobachteten mich mit ihren weisen grauen Augen und gurrten leise, tröstliche Töne. »*Oooh coulah* …« Das war ihre Sprache, aber ich hatte die Gabe, sie zu verstehen. »*Steig auf, steig auf, wir bringen dich weg.*« Sie duckten sich ein wenig, und ich kletterte auf ihren Rücken.

Wir flogen zu einem wunderschönen, sonnenbeschienenen Feld. Es war ein lilafarbenes Blütenmeer, und als wir tiefer flogen, begrüßte uns der würzige Duft von Lavendel. Die Einsamkeitsvögel setzten mich auf dem Lavendelfeld ab. Die weißen Tauben blieben und passten auf mich auf – die vernarrten, liebevollen Eltern, die ich nie gehabt hatte.

Ich spielte immer allein auf diesem Feld. Keine Menschen bedeutete auch: keine Schmerzen.

Wenn Vater mich schlug, hörte ich das sanfte, regelmäßige Flattern weißer Flügel, meine Vögel kamen, um mich zu retten. Wenn Vater von mir abließ, schlief ich sofort ein und verlor mich in den Träumen meines einsamen Paradieses. Wenn ich dann später wieder aufwachte, erzählten mein rotzverschmiertes Gesicht und mein zerschlagener Körper die Geschichte meines Lebens in der realen Welt.

Die Gewalttätigkeit wurde zur Regel. Wenn Vater mich schlug, dachte ich nur: Aha, wieder mal so weit. Wie lange wird es bis zum nächsten Mal dauern?

Mein Körper war von Blutergüssen übersät, aber sie waren unter meinem *salwar kamiz* versteckt. Jane fiel ein- oder zweimal etwas auf, als wir uns zum Sportunterricht umzogen. Ich erzählte ihr, ich sei die Treppen hinuntergefallen. Ich schämte mich, und es war mir schrecklich peinlich. Ich wollte nicht, dass meine beste Freundin mich verachtete. Ich war schon einsam genug, ich hätte es nicht ertragen, wenn ich auch noch Jane verloren hätte.

Mein Vater war der Imam, der von allen verehrte heilige Mann. Wer hätte Mutter schon geglaubt, wenn sie behauptet hätte, dass der Vater seine fünfjährige Tochter verprügelte? Und wenn ihr jemand geglaubt hätte, dann hätte er ja auch folgern können, dass Mutter Schande über die Familie, ja, vielleicht sogar über die ganze Gemeinde brachte, indem sie den Mund aufmachte. Es heißt, dass eine Frau lieber stumm leiden soll, als Schande über ihre Familie oder ihre Gemeinschaft zu bringen. Alles ist besser als die Schande.

Selbst die Gewalt gegen ein kleines Kind.

Anfangs nahm Vater mein Verhalten – falsch zubereitetes Essen, schlampiges Putzen usw. – zum Anlass, um mich zu schlagen, aber bald wurden seine Gewaltausbrüche völlig unberechenbar.

Und als es ihm dann zur Gewohnheit geworden war, seine fünfjährige Tochter zu verprügeln, begann der Verstand meines Vaters, in eine noch dunklere Welt abzutauchen.

5
Verlorene Unschuld

Kindern fällt die Hautfarbe anderer Menschen zwar auf, aber in der Regel beurteilen sie sie nicht danach.

Meine beiden weißen Freundinnen Jane und Susan führten ein ganz erstaunliches Leben. Sie erzählten mir von ihren Ferien am Meer, ihren Reisen ins Ausland und ihren Verwandtenbesuchen in unterschiedlichen Teilen des Landes. Sie schienen nie von ihren Eltern geschlagen zu werden, und sie machten sich auch keine Sorgen, ob sie womöglich Schande über ihre Gemeinschaft brächten. Mit Sicherheit mussten sie auch nicht herumrätseln, wie die Regeln dafür wohl lauteten. Jane und Susan lebten nicht in Finsternis und Furcht.

Ich wollte gern so leben wie sie.

Ihre Mutter lud mich ständig ein, zum Spielen zu ihnen zu kommen. Aber meine Mutter ließ mich nicht dorthin gehen. Sie sagte mir auf Punjabi, was ich der Mutter meiner Freundin sagen sollte.

»Sag ihnen, es tut dir leid, aber du kannst nicht gehen. Sag ihnen, du müsstest eine sehr gefährliche Straße überqueren, um zu ihnen zu kommen.«

»Aber ich kann die Straße überqueren«, widersprach ich. »Bitte, lass mich hin.«

»Nein, es geht nicht. Und jetzt sag ihnen, was ich dir gesagt habe.«

Also musste ich unter irgendeinem Vorwand absagen. Janes Mutter lächelte nur und meinte, vielleicht ginge es ja ein andermal. Mir war natürlich klar, warum Mutter mich nicht gehen lassen wollte. Wenn Vater erfahren hätte, dass ich meine weißen Freundinnen besuchte, wäre er wütend geworden. Keine seiner Töchter sollte das Heim von Leuten betreten, die so schmutzig, gottlos und unmoralisch waren. Wenn einer von uns den Fuß in das Haus eines *gora* setzte, würde er womöglich angesteckt und verdorben werden.

Ich fügte mich. Aber jede Woche sagte ich meiner Mutter, dass ich zu gerne meine Freundinnen besuchen würde. Mutters Antwort war immer dieselbe – es wurde mir verboten. Trotzdem luden mich Jane und Susan ständig ein. Sie verstanden nicht, warum sie ihre nette braunhäutige Freundin nicht zum Spielen einladen sollten.

»Komm doch mit zu uns«, meinte Jane immer wieder. »Wir haben Barbiepuppen und viele andere Sachen. Und wir können uns einen Badeanzug anziehen und in den Pool hüpfen.«

Schwimmen kam gar nicht in Frage, es hätte bedeutet, verbotene nackte Haut zu zeigen: bloße Knöchel, Arme, Oberschenkel. Vater ließ das nicht zu, obwohl ich damals ja noch ganz klein war. In der Schule hatte der Schwimmunterricht begonnen, aber meine Eltern schrieben eine Entschuldigung, dass ich nicht teilnehmen könne. Sie behaupteten, ich hätte keinen Badeanzug, und außerdem hätte ich Hörprobleme, dürfe also kein Wasser in die Ohren bekommen.

Die Lehrer waren dagegen, dass ich als Einzige vom Schwimmunterricht ausgeschlossen war. Sie besorgten mir einen Badeanzug und eine Badekappe. Aber daraufhin erklärten meine Eltern ihnen klipp und klar, dass ich nicht schwimmen dürfe. Meine Lehrer wollten sich ihnen nicht widersetzen. Wenn alle anderen ins Schwimmbad gingen, saß ich allein im Klassenzimmer und malte ein Bild aus.

Natürlich wären all meine Blutergüsse zu sehen gewesen, wenn ich zum Schwimmen gegangen wäre. Das war bestimmt ein weiterer, unausgesprochener Grund für das Verbot meiner Eltern. Aber wie so vieles in unserem Leben wurde auch das verborgen unter dem Tuch des *haram,* des Tabus.

Wer wollte die Auffassung eines Imam in Frage stellen, was erlaubt war und was nicht? Allerdings erlaubten andere muslimische Eltern ihren Kindern das Schwimmen, und ich hatte wieder das Gefühl, von meinem Vater bestraft zu werden.

Immer wenn Vater mich schlug, erklärte er lautstark, dass ich unerwünscht sei. Er hätte nie eine Tochter gewollt, und ich würde nie gut genug sein für seinen Gott Allah. Die Pforten des Himmels würden sich nie auftun für ein wertloses Mädchen wie mich. Ich würde in der Hölle landen, brüllte er.

Doch er selbst brachte mich dorthin.

Ein halbes Jahr, nachdem Vater mich zum ersten Mal geschlagen hatte, kam er in mein Schlafzimmer. Er hatte mich auch an diesem Tag geschlagen, und ich lag im Bett und träumte von meinem Lavendelfeld. Vater kam sonst nie ins Frauenschlafzimmer. Als die Tür leise aufging, versuchte ich, mich unter der Decke zu verstecken.

Er starrte mich an, in seiner Miene mischte sich Hass mit etwas anderem. »Du … du bist böse«, verkündete er leise. »Du wirst bestimmt im Höllenfeuer schmoren. Aber jetzt musst du erst einmal bestraft werden, deine Bosheit muss bestraft werden, sie muss dir ausgetrieben werden. Schläge reichen nicht.«

Während er zu mir trat, hörte er nicht auf zu wiederholen, dass ich ein schmutziges, wertloses, verführerisches Mädchen sei und dass er nie eine Tochter hatte haben wollen. Als er an der Bettkante verharrte, drückte ich die Augen ganz fest zu und versuchte, mich von meinen Einsamkeitsvögeln davontragen zu lassen. Er zog an der Decke. Ich erstarrte, als er sie ganz wegzog.

Auch während mein Vater mich sexuell belästigte, sagte er mir, dass er mich damit bestrafe. Es tat zwar weh, aber nicht so wie die Schläge. Dennoch fühlte es sich noch viel schlimmer an. Mein entsetzter Verstand konnte nicht begreifen, was da passierte. Ich wusste nur, dass es falsch war und schmutzig.

Ich nahm meine Strafe hin. Ich war ein verwirrtes, zutiefst erschrockenes kleines Mädchen, und ein Teil von mir sehnte sich noch immer nach der Billigung und der Liebe meines Vaters. Ich hasste ihn zwar dafür, dass er mir das antat, aber trotzdem wollte ich, dass er mich liebte wie ein normaler Vater. Würde er mich lieben, wenn ich mich fügte?

Endlich stand er wieder auf. »Du hast das alles verdient«, schnaubte er verächtlich. »Wenn du jemandem von deiner Strafe erzählst, bringe ich dich um. Und dann kommst du in die Hölle, denn Allah würde ein schmutziges kleines Mädchen wie dich nie ins Paradies lassen.«

Mein Vater hatte mich völlig in der Hand, und er berauschte sich an seiner Macht.

Er ließ mich im Bett liegen, starr vor Entsetzen und geplagt von Schuld und Scham. Ich glaubte alles, was er gesagt hatte.

In der nächsten Woche passierte es wieder. Und in der darauf folgenden Woche, wieder und immer wieder. Ich wusste nie genau, wann es passieren würde, und lebte in einem Zustand ständiger Angst.

Als mich mein Vater zum ersten Mal vergewaltigte, glaubte ich, dass mich die Schmerzen umbringen würden. Ich log Mutter an und sagte ihr, ich hätte Nasenbluten gehabt. Sie stellte keine weiteren Fragen, obwohl das Bett blutbesudelt war. Sie schimpfte nur mit mir, weil ich das Bett verschmutzt hatte und ihr mehr Arbeit machte.

Bald wurden auch die Vergewaltigungen zur Routine. Vater zerrte mich zur Bestrafung ins Schlafzimmer, und ich starrte dann an die Decke und tat so, als würde es jemand anderem passieren. Ich betete darum, dass meine Einsamkeitsvögel kommen und mich zu einem Ort tragen würden, an dem mich mein Vater nicht mehr berühren konnte.

»Du bist böse«, wiederholte mein Vater ständig. »Und das ist der einzige Weg, dir die Bosheit auszutreiben.«

Jedes Mal, wenn er mich vergewaltigte, fühlte ich mich schmutziger. Ich besuchte mein Lavendelfeld immer häufiger, doch nicht einmal das konnte mich vor all dem Schrecken und der Schande bewahren. Ich fühlte mich wertlos und krank bis ins Innerste meiner Seele. Ich glaubte, dass ich die Bestrafung verdient hätte, und fragte mich, ob sie wohl jemals aufhören würde.

Mutter hinterfragte meine Geschichten vom Nasenbluten kein einziges Mal. Sie fühlte sich außerstande, mich zu verteidigen, wenn Vater mich schlug, und im Grunde war es mit den Vergewaltigungen dasselbe. Sie war nicht bereit – oder vielleicht auch einfach unfähig –, der Wahrheit ins Auge zu sehen. Es wäre zu beschämend für sie gewesen. Lieber wäre sie gestorben.

Ich hatte niemanden, dem ich mich hätte anvertrauen können. Meine Familie kümmerte sich nicht darum, meinen Lehrern fühlte ich mich nicht nahe genug, Freundinnen vertraute ich nicht ausreichend. Ich war vollkommen allein. Und ich war noch nicht einmal sechs Jahre alt, mir fehlten auch die Worte, alles zu erklären, selbst wenn ich es gewollt hätte.

Ich begann, mir Geschichten auszudenken. Ich malte mir ein anderes Leben aus und hoffte, dass es einmal wahr werden würde. Ich war ein kleines weißes Mädchen, lebte bei Jane und Susan und spielte froh und munter in einem völlig anderen Leben. In meiner Vorstellung gehörte es zusammen, weiß zu sein, ein normales Leben zu führen und eine liebevolle Familie zu haben. Ein muslimisches kleines Pakistanermädchen wie ich hatte nicht die geringste Chance.

Ich schrieb meine Geschichten in ein kleines Heft, das ich auf dem Schrank versteckte. Ich schrieb auf Englisch, damit meine Eltern meine Geschichten nicht verstehen konnten, falls ihnen das Heft je in die Hände fiel. Englisch war meine Geheimsprache, die Sprache der Gemeinschaft, in die ich zu gern eingetreten wäre und von der ich immer träumte. Ich flüchtete mich in das Leben einer *gori,* denn ich konnte mir nicht vorstellen, dass die Grausamkeit, die mir mein Vater antat, auch in der Welt von Jane und Susan passieren könnte.

Ich konnte nichts tun, um meinem Vater Einhalt zu gebieten. Deshalb tat ich, was er von mir forderte, egal, wie widerlich es mir erschien und wie krank ich mich danach fühlte. Es war ein Teufelskreis. Je mehr ich missbraucht wurde, desto schmutziger fühlte ich mich, desto stärker wurde mein Gefühl, die Bestrafungen verdient zu haben. Je häufiger mein Vater mich schamlos missbrauchte, desto dunkler und ausschweifender wurden seine Machtgelüste.

In vielen islamischen Gesellschaften gilt das Opfer einer Vergewaltigung als die wahre Schuldige, die den Mann in Versuchung geführt hat. Bei meinem Vater war es nicht anders.

Schließlich befriedigten ihn die hastigen Vergewaltigungen im Schlafzimmer nicht mehr, vielleicht waren auch die blutigen Laken nicht mehr zu erklären. Was auch immer der Grund dafür war – Vater bestimmte einen neuen Folterort für mich. Im hinteren Teil des Hauses gab es unter der Küche einen Kellerraum. Dieser Raum wurde die nächsten zehn Jahre meine Hölle.

Hinter einer Holztür und ein paar knarzende Holzstufen hinunter lag eine dunkle, feuchte Zelle, etwa so groß wie ein kleines, schmales Schlafzimmer.

Nackte Steinwände, ein nackter Steinfußboden, keine Glühbirne an der Decke, nur eine fleckige, halb kaputte Stehlampe, die einen kargen, gespenstischen Schein warf. Der Keller wurde kaum benutzt, über den Boden huschte Ungeziefer.

Vater verriegelt die Tür und tat in aller Ruhe und ohne Gefahr, gestört zu werden, was immer er mit mir tun wollte.

Er ging dazu über, mich ohne Essen und Wasser in den Keller zu sperren. Dort drunten in der Kälte und der Feuchtigkeit hielt er mich für Stunden, manchmal sogar für mehrere Tage gefangen. Ich hatte nichts, um mich zu wärmen, außer dem, was ich am Leib trug, wenn er mich in den Keller zerrte, um mich zu bestrafen.

»Du! Weißt du nicht, dass dich kein Mann heiraten wird?«, verhöhnte er mich. »Du bist widerlich und dreckig. Sieh dich nur an, du wirst nie verheiratet werden, weil du ein nutzloses, dreckiges, wertloses Mädchen bist.«

Wenn er fertig war und ging, blieb ich allein zurück, zitternd in der erstickenden Finsternis. Mäuse und anderes Getier, das ich nicht sehen konnte, huschten um mich herum, während ich mich an die kalte Steinwand kauerte. Ich drückte mich in eine Ecke und wünschte, ich wäre tot. Dann betete ich, dass die Einsamkeitsvögel kommen und mich retten mögen. Ich träumte, dass sie mich forttrugen.

In meinen Gedanken war ich frei, ich war ein glückliches weißes Mädchen im Land der *goras.* Wir lebten in Schlössern, umgeben von Lavendelfeldern, und alle waren glücklich und alles war schön. Aber in diese Zauberwelt konnte ich mich nicht lange flüchten, irgendwann kam ich wieder zur Besinnung, und dann wünschte ich mir, mein Leben möge einfach enden, und damit auch die Finsternis und das Leid.

Manchmal sperrte mich Vater im Keller ein, bevor er zur Moschee ging, um zu predigen. Wenn er den Schlüssel außen stecken ließ, brachte Mutter mir etwas zu essen – einen Teller Curry und ein paar *chapatis.* Sie reichte mir jedoch nur wortlos den Teller.

Manchmal war ich nur halb angezogen, wenn ich die knarzenden Stufen hochschlich. Mutter sah mich nie an. Sie konnte es sich einfach nicht eingestehen, dass ihr Mann, der Imam, ihre sechsjährige Tochter missbrauchte.

Ich fragte sie nie, ob sie mich herauslassen würde, denn ich wusste, sie hatte zu viel Angst.

Einmal ertappte Vater sie dabei, wie sie mir Essen brachte. Er bekam einen grässlichen Wutanfall und schlug wüst auf sie ein. Während er sie mit den Fäusten traktierte, schimpfte er sie aus, weil sie sich in seine Bestrafung eingemischt hätte. Wie könne er mich von meinen schlechten Seiten kurieren, wenn seine Frau sich ständig einmischte? Er sei der Herr im Haus, und er wisse, was seine verfluchte Tochter brauchte.

Mutter war entsetzt. Mehrmals ließ sie die Tür unverriegelt, um mir die Flucht zu ermöglichen, in der Hoffnung, Vater würde annehmen, er hätte die Tür nicht richtig zugesperrt.

Manchmal wurde ich tagelang im Keller festgehalten. Ich versäumte sogar die Schule, aber als ich wieder auftauchte, sagte ich meinen Lehrern nur, ich sei krank gewesen. Wahrscheinlich sah ich auch blass und krank aus. Keiner meiner Lehrer erkundigte sich eingehender, keiner schien Verdacht zu schöpfen, was bei mir zu Hause tatsächlich vorging.

Jane und Susan luden mich beharrlich weiter zu sich ein und drängten auch ihre Mutter, ihnen zu helfen, meine Mutter zu überreden. »Hannan muss uns unbedingt einmal besuchen«, meinte ihre Mutter eines Tages nach der Schule zu meiner Mutter. »Die Mädchen können es kaum noch erwarten. Wir würden uns wirklich freuen. Glauben Sie nicht, dass das möglich ist?«

Mutter lächelte nur und sagte: »Danke«, aber dabei beließ sie es auch. Sie nannte kein Datum und gab auch keine abschließende Antwort; sich hinter ihrem schlechten Englisch zu verstecken war die perfekte Entschuldigung.

Schließlich beschloss ich, meine Freundinnen einfach heimlich zu besuchen. Ich wusste, wo sie wohnten, weil wir auf dem

Weg von der Schule direkt bei ihnen vorbeikamen. Wenn ich nicht zu lange blieb, würde Mutter denken, dass ich irgendwo in der East Street mit einer Freundin spielte.

Also schlich ich mich eines schönen Sommernachmittags ohne Erklärung aus dem Haus. Ich war häufig bei Amina oder einer anderen Freundin, deshalb wusste ich, dass man mich nicht vermissen würde. Ich ging die East Street hinab zur Hauptstraße. Dort brausten die Autos in einer atemberaubenden Geschwindigkeit vorbei. Ich hatte ziemlich viel Angst und brauchte mehrere Anläufe, bis ich endlich den Mut aufbrachte, die Straße eilends zu überqueren.

Jane und Susan lebten in einem großen, modernen freistehenden Haus. Wenn wir daran vorbeikamen, staunte ich stets über ihren Vorgarten, in dem die herrlichsten Blumen blühten. Ich musste dann immer an mein Lavendelfeld denken. Als ich an dem Haus entlang ging, entdeckte ich Jane und Susan im hinteren Garten auf der Schaukel. Sobald sie mich entdeckten, kreischten sie vor Freude auf.

»Du hast es geschafft! Wow! Hannan ist da!«

Ich konnte meinen Augen kaum trauen. Der Garten hinter dem Haus kam mir vor wie aus einem Märchen. Die große Wiese war gesäumt von Reihen bunter Blumen. An einem kleinen Teich standen Stühle und ein Tisch. Auf der Wiese lagen Eimer und Schaufeln, und ein Planschbecken, in dem ein paar Plastikenten schwammen, vervollständigte das wunderbare Bild.

Jane und Susan fassten mich an den Händen und lachten. Sie trugen kurze enge Hosen und knappe Oberteile. Ich fühlte mich schrecklich in meinem stickigen, alles verhüllenden *salwar kamiz.*

Ihre Mutter war in der Küche. Sie begrüßte mich fröhlich aus dem offenen Fenster und kam bald mit Keksen und Saft heraus.

Dann luden mich die Schwestern ein, ihre Zimmer zu besichtigen. Natürlich hatte ihre Mutter überhaupt nichts dagegen, dass ich ins Haus kam. Ich machte große Augen, als ich entdeckte, dass Jane und Susan eigene Zimmer hatten. An der einen Tür verkündete ein Schild: »Janes Zimmer«, an der anderen »Susans Zimmer«. In jedem Zimmer stand ein Hochbett, unter dem man sitzen konnte. Dort wurden auch die Spielsachen aufbewahrt. Ich hatte kein einziges Spielzeug bei mir zu Hause.

Jedes Mädchen hatte ein Puppenhaus, möbliert mit kleinen Holzmöbeln. Überall lagen kleine Ponys und wundervoll gekleidete Barbiepuppen herum. Jane, Susan und ich zogen stundenlang die Barbies um, kämmten ihnen die Haare und fuhren sie in ihren Autos spazieren. Dann kämmten wir uns abwechselnd die Haare – Susans feuerrote Zotteln, Janes brünette Locken und meine rabenschwarze Mähne. Jane hatte eine Frisierkommode mit Plastikschmuck, Haarbürsten und hübschen Clips.

Zwei Stunden vergingen wie im Flug – zwei Stunden heimliches, verbotenes Vergnügen. Ich musste allmählich wieder an die Heimkehr denken. Wenn ich zu lange weg blieb, würde Mutter bestimmt nach mir suchen. Und dann würde sie rasch herausfinden, dass ich mich nicht in unserer Straße befand. So leid es mir tat, ich musste mich von Jane, Susan und ihrer Mutter verabschieden.

»Komm doch bald wieder«, meinte die Mutter. »Es war sehr nett mit dir. Ihr habt so schön zusammen gespielt. Versprich uns, dass du uns bald wieder besuchst.«

»Ich verspreche es«, murmelte ich verlegen. »Und vielen Dank.«

Ich wusste nicht, ob ich dieses Versprechen würde halten können. Schleppenden Schrittes machte ich mich auf den Heimweg und hoffte inständig, dass mich keiner sah. Tatsächlich schaffte ich es, unbemerkt in unser Haus zu schlüpfen, einen Ort der Finsternis und der bangen Ahnungen nach dem Licht und dem Frohsinn, die in Janes und Susans Haus herrschten.

»Wo warst du?«, lauteten die ersten Worte meiner Mutter.

»Draußen beim Spielen auf der Straße«, erwiderte ich so unschuldig wie möglich.

Ich vermied es, ihr in die Augen zu schauen, und machte mich in der Küche gleich an die Arbeit. Mutter stellte keine weiteren Fragen. Wir sprachen ohnehin nie viel, und sie war es gewöhnt, dass ich viel draußen war. Nur das Verlassen unserer Straße, das Überschreiten der Trennlinie ins Reich der *goras,* war streng verboten.

Mein Besuch bei Jane und Susan war eine echte Auflehnung gewesen. Es fühlte sich beängstigend und gefährlich an, und ich war heilfroh, dass mich niemand entdeckt hatte. Aber es fühlte sich auch aufregend und irgendwie befreiend an. An jenem Abend sagte ich mir, dass es gut gewesen war, es getan zu haben. Es tat mir gut, die Regeln zu brechen. Das war meine erste heimliche Rebellion, und ich nahm mir fest vor, dass es nicht die letzte sein würde.

In den folgenden Tagen dachte ich oft über die Unterschiede zwischen meinem Leben und dem von Jane und Susan nach. Ich dachte an all ihre Spielsachen, die getrennten Zimmer und ihren wunderbaren Spielplatz im hinteren Garten. Warum war mein Leben so, wie es war, und ihres so anders?

Am meisten beschäftigte mich die Frage, warum sie so eine nette Mutter hatten, die mich in ihr Haus einlud, meine weißen Freundinnen aber nie zu uns kommen durften. Sie schien so hübsch, sie lachte und plauderte mit ihren Töchtern wie mit Freundinnen. Jane und Susan führten richtige Gespräche mit ihren Eltern, statt nur angeherrscht und missbraucht zu werden. Nachdem ich ihr Haus gesehen hatte, wusste ich, dass ich sie nie zu mir einladen würde, selbst wenn ich es könnte. Ich hatte nichts, absolut nichts, mit dem sie hätten spielen können.

Aus all dem konnte ich nur schließen, dass mein Platz im Leben einfach so eingerichtet war. Ich war keine geliebte Tochter wie Jane und Susan und auch kein geehrter Sohn wie meine Brüder. Ich war nutzlos und schändlich, ich taugte nur dazu, von meinem Vater nach Lust und Laune missbraucht zu werden.

Wie gern hätte ich das Leben von Susan und Jane geführt, wie gern wäre ich weiß gewesen. In meiner Vorstellung ging das eine nicht ohne das andere. Es hatte nichts mit Religion zu tun, sondern nur mit Rasse. Ich sehnte mich nach ihren Eltern und ihrem goldenen, sonnigen Leben.

Jane und Susan lebten in den Lavendelfeldern, dem glücklichen, sicheren Ort meiner Träume.

6
Bedingungslose Unterwerfung

Als ich sechs Jahre alt war, fand Mutter es angebracht, mich mit häuslichen Aufgaben zu betrauen. Ich musste kochen und verbrachte viel Zeit in unserer trostlosen ockergelben Küche. Es gab dort eine Küchenzeile aus Resopal im Stil der 1960er-Jahre, einen roten Fliesenfußboden und eine Edelstahlspüle. In einer Ecke befand sich ein dickes Rohr, das vom Boden bis zur Decke reichte, und von der Decke baumelte eine nackte Glühbirne als einzige Lichtquelle.

Als ich zum ersten Mal kochte, zeigte mir Mutter, wie man Zwiebeln sehr fein schneidet. Ich hatte bis dahin noch nie mit einem scharfen Messer hantiert und war deshalb nicht sehr geschickt. Ich schnitt die Zwiebel in dicke Ringe, die dann mit den Gewürzen in Öl angebraten werden sollten. Mutter sah nach, ob ich auch alles richtig machte. Ohne Vorwarnung begann sie zu brüllen.

»Hast du mir nicht zugehört?«, schrie sie. »Hast du nicht aufgepasst? Die Zwiebeln müssen viel dünner geschnitten sein, so, wie ich es dir gezeigt habe. Warum bist du nur so dumm?«

Ich war erschüttert und schämte mich. Von meinem Vater war ich solche Worte gewöhnt, aber Mutter hatte noch nie so mit mir gesprochen. Im Gegensatz zu meinem Vater lehnte mich Mutter eigentlich nicht ab. Normalerweise war sie freundlich und wohlwollend, auch wenn sie im Haus völlig machtlos war. Aber in der Küche erwies sie sich als Tyrannin. Selbst für die kleinste Abweichung von ihrer Norm wurde ich heftig gescholten.

Wenn ich kochte, dann immer in Angst. Wenn Vater auch nur die geringste Kleinigkeit an seinem Essen nicht passte, bekam er gleich den übelsten Wutanfall. Mutter fürchtete sich natürlich davor und übertrug den Schrecken nun auf mich. In ihrem Leben mit meinem Vater erfuhr sie so viel Gewalt, dass sie mittlerweile selbst dazu neigte, gewalttätig zu agieren.

Wenn ich in der Küche etwas falsch machte, glaubte Mutter, ich hätte wieder einmal vor mich hingeträumt. Aber in Wahrheit war ich einfach keine gute Köchin. Sie schätzte es, wenn die *chapatis* kreisrund waren, damit sie gut auf die Teller passten. Doch ich schaffte es nie, sie richtig rund hinzubekommen. Wie sie nahm ich einen Teigklumpen, formte ihn zu einer Kugel und rollte ihn mit einem Nudelholz flach aus. Aber während die *chapatis* sich bei ihr immer als perfekte Kreise erwiesen, wurden sie bei mir unregelmäßig und hatten zerfranste Ränder.

Vater befahl mir ständig, ihm Essen und Trinken aus der Küche zu holen. Er war noch weniger zufrieden mit meiner Kocherei als Mutter. Egal, was ich kochte – Hühnchen, Okra oder Gemüsecurry, er meinte stets, es schmecke schrecklich und ich sei nutzlos. Wenn meine *chapatis* nicht rund genug waren, warf er sie mir an den Kopf.

»Was soll das sein?«, schrie er. »Nutzlos! Wirf es in den Abfall. Ich will runde *chapatis,* so wie von deiner Mutter. Geh in die Küche und mach mir neue, und zwar bessere!«

Ich war täglich von der Angst erfüllt, dass er mich schlagen oder in den Keller zerren würde.

Als meine Schwester Sabina alt genug war, um in der Küche zu helfen, wurde alles nur noch schlimmer. Sie war die geborene Köchin, sie konnte perfekte Currygerichte zubereiten und auch vollkommen runde *chapatis,* genau wie Mutter.

Sabina gab gern an und sang: »Seht nur – seht euch meine runden *chapatis* an. Rund, so wie Vater sie mag.« Wenn sie Vater das Essen servierte, verspeiste er es voller Wohlgefallen.

Ich konnte es nicht einfach mit einem Schulterzucken abtun und mir sagen: Runde *chapatis* oder eckige – das ist doch vollkommen egal. Wen kümmert es? Nein, ich wollte es richtig machen, ich wollte meinem Vater gefallen und ich wollte ein anständiges muslimisches Mädchen sein. Ich wollte, dass mein Vater stolz auf mich war, und dazu gehörte es, Gerichte zuzubereiten, die er gerne aß. Außerdem war ihm natürlich sein Glauben sehr wichtig, und ich dachte, wenn ich nur ein gutes muslimisches Mädchen wäre, würde sich mein Vater darüber freuen. Aber ich schaffte es nie. Je mehr Mutter mich kritisierte, desto nervöser wurde ich in der Küche, und dann vergaß ich sogar, das Essen zu salzen und zu würzen.

Meine Brüder sagten nie etwas zu meinem Essen, sie schaufelten es einfach vor dem Fernseher in sich hinein. Ich war schon froh, dass sie nicht mit mir schimpften oder mir das Essen ins Gesicht warfen. Das reichte mir als Belohnung.

Eines Nachmittags – ich war fast sieben – sah ich eine Comicsendung im Fernsehen und lachte über einen der Witze, als ich plötzlich Vaters Stimme an der Schwelle vernahm. »Sei still«, fauchte er. »Ich will dich nie mehr lachen hören. Ich will dich nicht einmal lächeln sehen, sonst …«

Verängstigt wandte ich mich wieder dem Fernseher zu. Ich wusste, bei Widerworten musste ich in den Keller.

Aber insgeheim nahm ich mir fest vor, weiterhin zu lachen und zu lächeln. Damit wollte ich nicht aufhören, egal, was er mit mir anstellte. Ich war entschlossen, mir das von meinem Vater nicht nehmen zu lassen. Es war ein Teil von mir, den ich von ihm nicht verletzen oder gar vernichten lassen wollte. Es verlieh mir Mut und Kraft, wenn ich lachte. Es schenkte meiner

Seele, der sich Vater mit seinen finsteren Begierden nie völlig bemächtigen konnte, ein wenig Farbe.

Aus meiner Mutter hatte Vater das Lachen schon fast ganz herausgeprügelt. Wenn er in der Nähe war, habe ich sie nie frohgemut erlebt. Meine Lehrer aber stellten oft fest, dass es sehr leicht war, mir ein Lächeln zu entlocken. Wie ein eifriges junges Hündchen war ich verzweifelt um Liebe und Freundlichkeit bemüht.

Selbst etwas so Banales wie ein Schulausflug zur Kirche von Bermford stellte ein großes Ereignis für mich dar. Die Kirche war kalt und geräumig, fast wie eine Kathedrale, der Pfarrer hingegen erwies sich als sehr nett. Er war ein warmherziger, freundlicher Mann um die dreißig mit schwarzem Anzug und weißem Kragen. Er kam zu uns in die Schule und half im Religionsunterricht. Dann erzählte er uns Geschichten aus der Bibel in Worten, die ein lebhaftes, lebensnahes Bild zeichneten.

Ich hörte von ihm Geschichten über Jesus als Kind, er zeigte uns den Film *Joseph and the Amazing Technicolor Dreamcoat,* er erzählte uns von Moses und dem brennenden Dornbusch und von Daniel in der Löwengrube. Während er redete, zeichnete er bunte Bilder auf ein Flipchart. Manchmal brachte er auch Marionetten mit und spielte zusammen mit Lehramtsanwärtern Bibelgeschichten nach. Seine Begeisterung war ansteckend. Ich saß in der hinteren Reihe und sah stumm zu, aber in meinem Inneren fühlte ich mich merkwürdig berührt.

Eines Tages erzählte er uns eine Geschichte über Jesus. Er erklärte, dass Jesus einer der Propheten sei, die im Koran neben Mohammed erwähnt werden. Ich war verdutzt. Vater hatte noch nie etwas von Jesus erzählt, und Vater kannte den Koran doch in- und auswendig.

Ich beschloss, meinem Vater zu berichten, was ich im Unterricht gehört hatte – vielleicht würde es ihn ja freuen, dass ich in der Schule etwas über den Koran gehört hatte.

»Der Lehrer hat uns erzählt, dass Jesus im Koran vorkommt«, meinte ich zaghaft, sobald Vater nach Hause kam. Vielleicht würde er einmal mit mir zufrieden sein, nur ein einziges Mal. »Er hat gesagt …«

»Erwähne diesen Namen nie mehr in meinem Haus«, brüllte Vater. »Nie mehr, hast du verstanden?«

Und schon versetzte er mir mit dem Handrücken eine Ohrfeige, dass ich seine Knöchel auf meiner Wange spürte. Der brennende Schmerz bewies zweifelsfrei, dass Jesus zu dem gehörte, was laut den unausgesprochenen Regeln in unserem Haus nicht erwähnt werden durfte.

Später verstand ich, dass Jesus im Islam sogar ein wichtiger Prophet ist. Im Koran ist er unter dem arabischen Namen »Isa« bekannt. Vielleicht wusste mein Vater das gar nicht, vielleicht hasste er nur die christliche Version des Namens. Aber ich lauschte nach wie vor freudig lächelnd den Geschichten des Pfarrers. Von meinem Vater würde ich mir mein Lächeln nie nehmen lassen.

Ich kam mir richtig stark vor. Mein Vater hatte mir die Unschuld und die Kindheit geraubt. Er missbrauchte meinen Körper und versuchte, mir mit seinen grausamen Worten die Seele zu zerschneiden. Aber mein Lächeln konnte er mir nicht nehmen.

Eines Tages ging ich mit Mutter und Raz in der Stadt zum Einkaufen. Am Eingang zum Supermarkt grüßte uns ein hochgewachsener Weißer. Er trug eine weiße *jelaba* – den langen wallenden Kapuzenmantel der Muslime – und ein *topi,* ein Scheitelkäppchen, genau wie mein Vater und alle anderen Männer in unserer Straße. An diesem *gora* mit seinem langen, mit Henna rot gefärbten Bart und den durchdringenden blauen Augen sah dieses Kleidungsstück allerdings ziemlich seltsam aus.

Raz umarmte ihn zur Begrüßung, und ich erfuhr, dass die

beiden sich aus der Moschee kannten. Das war der erste zum Islam konvertierte Weiße, der mir begegnete. Raz schien hocherfreut, ich war total verblüfft, ja, fast schockiert. Vater hatte nie etwas von einem weißen Bekehrten erwähnt. Ich hätte nie geglaubt, dass Weiße die Moschee überhaupt betreten durften, und war immer davon ausgegangen, dort sei ihnen der Zutritt verwehrt, genau wie bei uns zu Hause.

Und warum wollte ein Weißer überhaupt seine Welt verlassen und sich uns anschließen? Ich sehnte mich doch nach dem genauen Gegenteil. Später erfuhr ich dann von weiteren Bekehrten, weißen und dunkelhäutigen. Sie wurden von den meisten Leuten willkommen geheißen, wenn sie den Weg zum Islam gefunden hatten. Viele Menschen in unserer Gemeinschaft waren mit solchen »Außenseitern« befreundet. Meine Onkel sprachen ganz offen über ihre *gora*-Freunde. Offenbar war es vor allem mein Vater, der alle Außenseiter hasste.

Vater schalt die anderen in der Gemeinde nicht wegen ihrer andersartigen Freunde, er ignorierte solche Beziehungen einfach. In seiner Vorstellung gab es eine strenge Hierarchie: An erster Stelle standen pakistanische Muslime, vor allem heilige Männer wie er, dann kamen die arabischen Muslime, dann die Muslime aus Indien, Bangladesch oder einem anderen asiatischen Land, danach weiße Bekehrte, weiße Ungläubige und zum Schluss die schwarzen Ungläubigen. Am meisten hasste er die Juden, weil er der Meinung war, sie hätten den Muslimen in Israel und Palästina das Land gestohlen.

In Saudi-Arabien, dem heiligen Land der Muslime, gelten pakistanische Muslime im Allgemeinen weniger, weil sie keine Araber sind. Mein Vater akzeptierte seinen Platz in der Hackordnung. Die Araber waren die direkten Nachfahren des Propheten Mohammed und ihm in ihren eigenen Augen deshalb überlegen. So sah es eben aus in der Welt.

Am Freitag, dem muslimischen Feiertag, hielt sich mein

Vater den ganzen Tag in der Moschee auf. Mutter blieb daheim, um etwas Besonderes zu kochen: köstlichen Reispudding und *halawa* zum Beispiel, eine arabische Süßspeise aus zerstoßenen Sesamsamen und Honig. Freitags wurde auch gebadet, und im ganzen Haus brannte Räucherwerk. Vater bestand darauf, dass seine besten Kleider im vorderen Zimmer für ihn hergerichtet wurden, tadellos sauber und perfekt gebügelt.

Manchmal lud eine benachbarte Moschee einen heiligen Mann – einen *pir* – ein, um einen Vortrag zu halten und aus dem Koran zu rezitieren. Die Moscheen vor Ort sammelten Geld, damit die *pirs* aus Pakistan oder Saudi-Arabien eingeflogen werden konnten.

An diesen speziellen Veranstaltungen nahmen nur die Männer teil. Die Frauen und Mädchen gaben sich damit zufrieden, danach ein Video anzuschauen. Die Anwesenheit von Frauen, auch wenn sie von oben bis unten in eine *burka* gehüllt waren, hätte für die versammelten Männer womöglich eine unerträgliche Verlockung dargestellt. Selbst die geringste Spur von Weiblichkeit konnte die Fähigkeit der Männer, sich auf die Koranlesungen zu konzentrieren, beeinträchtigen und ihre spirituelle Erfahrung mindern.

Jedes Kind unserer Gemeinde wurde einem *pir* anvertraut. Der *pir* sollte dafür beten, dass das Kind stark in seinem Glauben ist und die fünf Säulen des Islam achtet. Manchmal besuchte so ein *pir* auch das Zuhause eines der von ihm betreuten Kinder. Das galt als große Ehre. Das Haus wurde dann von oben bis unten geschrubbt, und ein großes Fest wurde vorbereitet. Jeder wollte die Hand oder die Robe des *pir* berühren, fast wurde man dadurch selbst zu einem Objekt der Verehrung.

Pirs erhielten Spenden von den Familien. Es gab einen festen Satz, aber es mehrte die Ehre, wenn man möglichst viel gab. Allerdings waren die *pirs* weitaus begüterter als die Leute, die sie besuchten. Sie trugen maßgeschneiderte Kleidung und fuhren in einem gepflegten Mercedes durch die East Street. Jeder Mann konnte erklären, dass er von Gott zum *pir* auserkoren worden sei; für eine Frau war das selbstverständlich nicht möglich.

Als ich sieben war, besuchte mich mein *pir.* Er stammte aus Pakistan, lebte jedoch in Saudi-Arabien. Er rauschte gleich ins Frauenzimmer. Mein Vater und ein Schwarm Frauen, darunter meine Mutter, meine Schwester und meine Aunties, traten zu ihm, um ihn zu begrüßen. Rasch füllte sich der Raum mit Frauen. Die meisten wollten einfach nur bei dem *pir* sein und seinen Mantel berühren.

Er setzte sich auf den Boden, wir anderen taten es ihm gleich. Mein *pir* hatte ein schweres, stark riechendes Parfüm aufgelegt, dessen Geruch mich in dem kleinen Zimmer fast betäubte. Strenggläubige Muslime glauben, dass man keinen Alkohol auf die Haut auftragen darf, denn Alkohol ist *haram.* Stattdessen benutzen sie *halal* Rasierwässer oder parfümiertes Öl, das man in Großbritannien nur schwer findet.

Da ich meinen *pir* zum ersten Mal traf, hatte ich Angst, dass er mir vielleicht genau wie mein Vater sagen würde, ich sei böse. Er war heiliger als mein Vater, würde also bestimmt denken, dass ich unwürdig sei, in den Himmel zu kommen – wenn mein Vater das schon behauptete.

Mir war noch immer schlecht von dem durchdringenden Geruch, als mein *pir* anfing, aus dem Koran zu rezitieren. Ich strengte mich an, ihm zu folgen, Zeile für Zeile. Er meinte, ich müsse diese Verse jeden Tag aufsagen. Dann gab er meinen Eltern zwei Geschenke.

Das erste war ein *taviz,* ein kleines metallenes Medaillon, das ich anlegen sollte. Es enthielt einen handgeschriebenen Vers aus dem Koran, denn ein *pir* durfte Verse aus dem Koran abschreiben. Das zweite Geschenk war ein Vers auf einem Blatt Papier, das meine Eltern zerschneiden und mir in ein Getränk mischen sollten, damit ich die heiligen Worte in mich aufnähme.

Die Zeremonie war vorbei. Ich hatte meinen *pir,* meinen spirituellen Führer, getroffen, und mein großer Tag war vorüber. Vater begleitete den *pir* in den Männersalon, und dort blieben sie mehrere Stunden, tranken Tee und unterhielten sich.

Ich sah meine Mutter fragend an – war das wirklich schon alles gewesen?

Alle hatten sich schier überschlagen wegen des Besuchs des großen Mannes. Ich hatte mich so darauf gefreut. Endlich machte meine Familie einmal etwas, bei dem ich mich als etwas Besonderes fühlte. Jeder trug neue Kleider, sogar ich hatte mich schön anziehen dürfen. Wir hatten das ganze Haus geputzt und ein Festmahl zubereitet mit Gerichten, die wir normalerweise nie aßen. Doch der *pir* verweilte nur zwei Minuten bei mir, wenn überhaupt. Ich war zwar ein bisschen erleichtert, dass der Besuch nun vorüber war, aber ich ärgerte mich auch, dass ich meinen *pir* nur so kurz zu sehen bekommen hatte.

Mein *pir* beschloss dann, im Männersalon zu speisen. Ich schleppte Platten mit köstlichen Speisen aus der Küche, und jedes Mal, wenn ich klopfte, kam einer meiner Brüder an die Tür und nahm mir die Platte ab, bevor er mir die Tür wieder vor der Nase zuschlug.

Als die Männer mit dem Essen fertig waren, durfte ich mit den Frauen im hinteren Zimmer essen. Ich ließ mir die köstlichen Speisen schmecken, konnte jedoch das Gefühl nicht loswerden, dass alles nur ein Schwindel war.

Wenn das die tollste Belohnung war, die meine Eltern in den ersten sieben Jahren meines Lebens für mich vorgesehen hatten, dann hätte ich gut darauf verzichten können. Lieber hätte ich Janes und Susans Barbiepuppen gehabt, als meinen *pir* jeden Tag die Woche zu treffen.

Später überreichte mir meine Mutter das Medaillon und ein Glas Orangensaft mit dem zerkleinerten Koranvers. Ich musste die Fitzelchen mit dem Saft schlucken. Wenn ich sie mit meinen Zähnen herausgefiltert hätte, hätte ich Ärger bekommen. Beim Trinken spürte ich das Papier in meiner Kehle, aber ich bemerkte nicht, dass sich etwas an meiner Einstellung zum Koran oder zum Gebet geändert hätte.

Wenn es in der Moschee einen Höhepunkt gab, dann waren das die Hochzeiten. Eine Hochzeit dauerte drei Tage einschließlich der Hennazeremonie, der Unterschrift im Standesamt und zwei weiteren Festen, einem im Haus des Bräutigams, einem im Haus der Braut. Und schließlich kam noch die Hauptfeier in der Moschee.

Familien, die wir gut kannten, luden uns zur Hennazeremonie ein. Mit der traditionellen, pflanzlichen Paste aus der Tube malten in der Technik geübte Frauen komplizierte Muster auf Hände und Füße der Teilnehmerinnen an der Feier – Wirbel, Fächer, Ranken, Knospen und zarte Blüten. Wenn das Henna trocken wurde und abblätterte, blieben dunkle Muster in einem erdigen Rotton zurück, die sich manchmal wochenlang auf der Haut hielten. Bei den Hennazeremonien wurden auch traditionelle Tänze getanzt in einem Stil, der den Tänzen in Bollywoodfilmen ähnelte. Die Bewegungen waren sehr sinnlich, aber natürlich tanzten die Frauen nur mit Frauen.

In der Moschee blieben Männer und Frauen bei der Hochzeit wie üblich getrennt. Nur die Braut durfte in Begleitung ihrer Mutter und Tanten in den Raum der Männer. Sie sah umwerfend aus in einem rosa *salwar kamiz* – Rosa oder Rot sind die traditionellen Farben des muslimischen Brautgewands – und mit ihrem glitzernden Schmuck. Goldene Armreife klirrten an ihren Armen, goldene Ketten baumelten um ihren Hals, und lange goldene Ohrringe schmückten die Ohren. Die Pracht wurde gekrönt von Haarschmuck mit einem wunderbaren goldenen Anhänger, einem *tika,* der ihr bis in die Stirnmitte hing.

Die Braut saß auf einer Bühne hinter dem Bräutigam, der

einen Anzug im westlichen Stil mit einer Weste trug. Vater leitete die Hochzeitszeremonie, während die Frauen und die Mädchen, die von den Vorgängen ausgeschlossen im Frauenraum saßen, miteinander tratschten.

Die Braut sollte nicht lächeln oder glücklich wirken. Wenn eine Braut auch nur entfernt froh aussah, schimpfte Vater mit ihr. Sie sollte traurig wirken, weil sie ihre Eltern verließ. Meist fiel ihr das nicht schwer. Da die Ehen arrangiert waren, war die Braut unweigerlich nervös, wenn nicht sogar verängstigt im Hinblick auf ihr neues Leben. Es kam durchaus vor, dass sie ihren Bräutigam vor der Hochzeit nicht einmal kennengelernt hatte. Der Bräutigam durfte glücklich wirken, musste es aber nicht.

Vater fragte die beiden, ob sie in die Ehe einwilligten. Davon ausgehend, dass die Antwort ja lautete – und wehe dem, der auch nur ein klein wenig zögerte! –, befahl Vater ihnen, eine bestimmte Sure aus dem Koran aufzusagen.

Im Anschluss an die Zeremonie eilten die Männer zur Festtafel, während Braut und Bräutigam auf dem Podest sitzen blieben. Wenn die Männer mit dem Essen fertig waren, begaben sie sich in ein Nebenzimmer, und endlich durften auch die Frauen und Mädchen zulangen.

Dann traten die Leute zu dem Paar und überreichten Geschenke – Kleider, Dinge für den Haushalt oder einen Umschlag mit Geld. Später legten die Brauteltern dem Bräutigam in seinem Haus eine Girlande aus Geldscheinen um den Hals – ein Teil der Mitgift, die sie ihm schuldeten.

Die Elternpaare hatten sich vor der Hochzeit auf die Höhe der Mitgift geeinigt. Es gab keine festen Tarife, aber meist bestand eine Mitgift aus Geld, neuen Kleidern und Tieren für die Großfamilie in Pakistan.

Ein Grund, warum in Pakistan die Mädchen weniger willkommen sind als Jungen, ist der, dass es die Eltern teuer zu stehen kommt, sie zu verheiraten. Das ist der Fluch des Mitgiftsystems. Vater erinnerte mich oft genug daran, dass er nie eine Tochter hatte haben wollen. Männliche Nachkommen wurden gefeiert, sie vermehrten den Wohlstand und die Ehre der Familie, Mädchen hingegen waren nur eine unwillkommene Last. Das Mindeste, was wir tun konnten, war die Sorge um den Haushalt zu übernehmen.

Eltern dankten Gott für die Geburt eines Jungen, aber ein neugeborenes Mädchen wurde oft nur mit stummem Bedauern begrüßt.

Einmal sah ich zufällig einen Dokumentarfilm im Fernsehen über den Umgang mit Mädchen in Asien: In Indien und in Pakistan gelten weibliche Kinder als so teuer, dass sie manchmal gleich nach der Geburt getötet werden. Im Dorf meines Vaters hätte niemand auch nur die Stirn gerunzelt, wenn ein neugeborenes Mädchen getötet worden wäre.

Bis dahin hatte ich immer geglaubt, mein Vater wäre der Einzige, der Frauen hasste. Aber jetzt begann ich zu verstehen: Unsere Kultur scheint anfällig für die Verachtung und den Missbrauch von Frauen und Mädchen zu sein. Manchmal hätte ich lieber zu den Mädchen gehört, die man gleich nach der Geburt getötet hatte. Mein Überleben hatte mir nur eines eingebracht: ein Opfer meines Vaters zu werden.

Doch nicht alle Väter schienen so stark von dem negativen kulturellen Bild von Frauen und Mädchen geprägt zu sein. Es gab Väter in unserer Straße, die mit ihren Söhnen Fußball spielten und sogar für ihre Töchter das Sprungseil hielten. Aminas und Ruhamas Vater Abdul ging sehr liebevoll mit seinen Töchtern um. Er spielte im Park mit ihnen Fangen und half ihnen bei den Hausaufgaben.

Abdul spielte sogar mit mir, wenn ich seine Töchter besuchte. Er alberte mit ihnen herum und kitzelte sie, während sie fröhlich kicherten. Mich umarmte oder kitzelte er nie, aber er war immer freundlich. Wenn ich ihn traf, lächelte er mich an und meinte: »Hallo, Hannan! Wie geht es dir? Und wie geht es deinen Eltern?«

Mein Vater hingegen führte nie ein Gespräch mit kleinen Kindern, nicht einmal mit seinen eigenen. Als meine Brüder alt genug waren, unterhielt er sich mit ihnen über Ereignisse in der Moschee oder Nachrichten aus Pakistan und dem Nahen Osten. Doch in seinen Worten kam nie Herzlichkeit oder Zuneigung zum Ausdruck. Vater umarmte auch nie jemanden im Haus.

Nur in der Finsternis meines Albtraums trat er in körperlichen Kontakt mit mir.

7

Im Haus meines Vaters

Ich höre ihn, bevor ich ihn sehe.

Ich liege auf dem Fußboden im Keller. Das gespenstische Licht der Stehlampe lässt die Umrisse der Ziegel in der Mauer hervortreten. Die Stufen knarren. Mich packt die Angst. Murmeln auf Punjabi dringt in meine Dunkelheit.

Eine flackernde Hoffnung – vielleicht lässt er mich frei, vielleicht verschont er mich diesmal.

Ich höre Sandalen auf dem nackten Steinboden schlurfen. Er kommt auf mich zu. Ich halte den Atem an. Eins, zwei, drei, vier … wenn ich bis hundert zählen kann, denkt mein Vater vielleicht, ich bin tot, und lässt mich in Ruhe.

Ich will tot sein.

Ich versuche, mucksmäuschenstill zu sein. Ich kann auch nicht weinen. Ich will ihm meinen Schmerz nicht zeigen, er würde sich nur darüber freuen. Er würde sich darüber freuen, mein Entsetzen zu sehen, denn dann würde er wohl glauben, seine Bestrafung erfülle ihren Zweck.

Ich bin acht Jahre alt, und mein Vater ist gekommen, um mich zu vergewaltigen.

Jedes Mal, wenn ich aus dem Keller komme, fühle ich mich beschmutzt. Ich lasse beschämt den Kopf hängen und versuche, dem Blick meiner Mutter auszuweichen. Sie vergräbt sich in ihre Arbeit, Töpfe klirren auf dem Herd, sie läuft geschäftig in der Küche hin und her. Dabei tut sie so, als wäre ich gar nicht da, sie tut so, als ob das aufgelöste, schmutzige kleine Mädchen vor ihr nicht kürzlich von ihrem Mann vergewaltigt worden wäre.

»Kann ich duschen gehen?«, murmle ich irgendwann.

Ich hatte immer das Gefühl, als müsse ich mich bei meiner Mutter entschuldigen – dafür, dass ich es zulasse, dass er mir das antut; dafür, dass ich nicht gut genug bin; dafür, dass Vater mich schon wieder bestrafen musste. Ich ging davon aus, dass Mutter mir die Schuld gab. Aber ich fand nie die richtigen Worte. Deshalb versuchte ich, wie Mutter, zu ignorieren, was passiert war, und es tief genug in mir zu vergraben, damit niemand es je sehen konnte.

Ich versuchte, so zu tun, als sei alles völlig normal. Was sonst hätte ich machen sollen?

»Kann ich duschen gehen?«, fragte ich noch einmal.

»Wenn es sein muss«, erwiderte Mutter, ohne einen Blick auf mich zu werfen.

Ich wandte mich von ihrem schmalen, gebeugten Rücken ab und ging die Treppe hoch ins Bad. Ich stellte mir vor, wie die Schultern meiner Mutter bebten und zitterten, geschüttelt von heimlichen Schluchzern; ich stellte mir vor, dass es ihr nicht gleichgültig wäre, was Vater mir antat – dass es ihr das Herz bräche.

Auf der Treppe wandte ich mich um. Mutter stand in der Küche und hackte Zwiebeln. Nicht einmal dabei weinte sie.

Und Vater? Er trat aus dem Keller und zog sich einen frischen weißen *salwar kamiz* an, einen, den Mutter oder ich frisch gewaschen und perfekt gebügelt hatten, und dann ging er in die Moschee.

Vielleicht dachte er, Allah würde ihm seine Sünden verzeihen. Vielleicht dachte er nicht einmal, dass er gesündigt hatte.

Wenn mein Vater mich missbrauchte, waren meine Brüder oft zu Hause. Sie sahen sich im Fernsehen ein Fußballspiel an oder saßen in ihren Zimmern und hörten Musik. Sobald sie alt genug waren, gingen sie am Wochenende zum Arbeiten in die Geschäfte der Stadt, um von zu Hause wegzukommen. Wenn sie nicht arbeiteten, besuchten sie Freunde. All das stand mir nicht zu. Ich blieb zu Hause bei Mutter und erledigte häusliche Pflichten.

Manchmal wagte ich es, mich bei meinen verwöhnten Brüdern zu beschweren. »Ich bin nicht eure Sklavin«, murrte ich dann. »Warum tut ihr es nicht selbst, ihr habt Hände und Füße, oder etwa nicht?«

Billy versuchte dann immer, mich herumzukriegen. »Aber ich bin so müde! Hannan, bitte!«

Zakir und Raz hingegen wurden böse, wenn ich nicht tat, was sie mir befohlen hatten, und drohten mir, es Vater zu sagen. Sobald diese Drohung erklang, gab ich nach. Vater würde einen Wutanfall bekommen, wenn ich einem seiner Söhne nicht gehorchte.

Gelegentlich versuchte Billy, den Tisch abzuräumen oder Geschirr zu spülen. Er sprach freundlich und sanft mit mir und Mutter. »Na, komm schon, Mutter, du kannst doch nicht schon wieder staubsaugen. Lass mich das machen.« Mutter versuchte, Einspruch zu erheben. Sie wollte nicht, dass Billy half, sie kannte die Regeln im Haus genauso gut wie ich. Aber manchmal beharrte Billy darauf, und Mutter war zu müde, um ihm zu widersprechen. Wenn Vater es herausfand, ließ die Strafe allerdings nicht lange auf sich warten.

Mein Vater ermunterte seine Söhne, für Männer passende Arbeit zu leisten, zum Beispiel über den Lautsprecher in der Moschee die Gläubigen zum Gebet zu rufen. Billy hasste es, den Gebetsruf zu machen, und er war auch derjenige, der sich von meinem Vater nicht komplett unterdrücken ließ.

Wenn wir Besuch hatten, saßen die Männer im vorderen Wohnzimmer, aber Billy versuchte immer, bei den Frauen zu bleiben. Er trieb sich in der Küche herum und redete mit Mutter und mir, während wir arbeiteten. Oft versuchte er auch, uns zur Hand zu gehen. Vater empfand das natürlich als Beleidigung, als Beschämung seiner Freunde.

Da ich drei Brüder und meinen Vater von vorn bis hinten bedienen musste, waren meine täglichen Pflichten endlos. Am schlimmsten war die Wäsche. Weil wir keine Waschmaschine hatten, mussten wir alles im Spülbecken in der Küche mit der Hand waschen. Mit einem großen Stück Seife rieben wir die schmutzigen Kleidungsstücke ein, dann spülten wir sie aus. Weiße Kleidung wurde gebleicht, bis sie schneeweiß war.

Ich trug die Körbe mit der Wäsche nach draußen zu den Wäscheleinen und half beim Falten der Bettwäsche. Unsere BHs und Höschen musste ich verstecken, damit sie die Männer des Hauses nicht sahen. Meinen Brüdern waren die Sport-BHs ihrer kleinen Schwestern zwar herzlich egal, aber Vater bekam einen Wutanfall, wenn er irgendwo weibliche Unterwäsche erblickte. Natürlich hatte er nichts dagegen, dass wir seine schmutzige Unterwäsche und die meiner Brüder zu Gesicht bekamen und sie mit der Hand wuschen, aber unsere Unterwäsche musste ich in unserem Schlafzimmer zum Trocknen aufhängen, geschützt vor den Blicken meines Vaters.

Mit der Zeit gewöhnte ich mich an die harte Routine meiner Pflichten: Unter der Woche stand ich als Erste auf. Ich ging nach unten, bereitete den traditionellen pakistanischen Tee zu und bestrich Berge von Toast mit Butter. Dann brachte ich Tee und Toast ins hintere Wohnzimmer, öffnete eine Packung gefüllte Kekse und richtete alles für meinen Vater und meine Brüder her.

Nachdem ich hastig in der Küche gefrühstückt hatte, stellte ich mich ans Spülbecken und säuberte, so rasch ich konnte, das

Geschirr vom Abendessen. Danach beeilte ich mich, Sabina und mich für die Schule fertig zu machen.

Wegen der ständigen Bedrohung, missbraucht zu werden, erledigte ich meine Aufgaben sehr bereitwillig – alles war besser als der Keller. Selbst meine kleine Schwester Sabina fing an, mich herumzukommandieren. Sie sah, wie die anderen mit mir umsprangen, und folgte ihrem Beispiel.

Nach der Schule begleitete uns Mutter nach Hause, damit wir rechtzeitig zum Koranunterricht kamen. Danach durfte ich eine halbe Stunde lang fernsehen und eine Tasse Tee trinken, dazu gab es ein paar Kekse. Dann musste ich eilig meine Hausaufgaben machen, bevor es Zeit wurde, bei der Zubereitung des Abendbrots zu helfen. Wir aßen um acht Uhr zu Abend, dann räumte ich auf und sank schließlich ins Bett.

Samstag war der gefürchtete Waschtag. Am Samstagabend fiel ich stets völlig erschöpft ins Bett und las beim Licht einer Glühbirne ein Buch, das ich mir aus der Bibliothek ausgeliehen hatte.

Ich verschlang Bücher, wann immer ich die Gelegenheit dazu hatte. Sehr gern las ich auch, was uns unsere Lehrer in der Schule vorgelesen hatten. Dabei erinnerte ich mich immer daran, wie glücklich ich außerhalb meines Zuhauses war. Dass ein Erwachsener sich die Zeit nahm, mir etwas vorzulesen, war für mich ein Zeichen wahrer Zuwendung.

Eines meiner Lieblingsbücher hieß *Der flache Franz.* Es handelte von einem Jungen, der aus Versehen platt gedrückt wird und in seiner neuen Gestalt alle möglichen neuen, magischen Fähigkeiten besitzt.

Aber mein absolutes Lieblingsbuch war *Please Mrs Butler,* ein Gedichtband. Am besten gefiel mir darin »A Dog in the Playground«. Die Gedichte waren sehr realistisch und so geschrieben, wie wir uns auch in der Schule unterhielten. Sie erzählten vom

Leben auf den Straßen meines Heimatorts, wenn auch nicht unbedingt vom Leben in meiner Straße.

Alle zwei Monate ging Mutter mit uns in die Bücherei in der Stadtmitte, und jeder von uns durfte sich fünf Bücher aussuchen. Ich fing an, Judy Blumes *Futsch*-Geschichten zu lesen. Futsch war ein Einzelgänger, so wie ich. Die Handlung spielte in Amerika, und die Amerikanismen fand ich herrlich.

Trotz meiner Liebe zu Büchern – oder vielleicht gerade deswegen – kauften mir meine Eltern nie ein Buch. In unserem Haus gab es nichts zu lesen außer einer pakistanischen Zeitung, die Vater jeden Tag studierte, und einer Handvoll Bücher über den Islam und die Geschichte Pakistans.

In Gedanken lebte mein Vater noch immer in seinem Dorf in Pakistan. Er las nie etwas, was mit England zu tun hatte, egal ob Zeitungen, Zeitschriften oder Bücher, und versuchte, sich ganz und gar von der Welt um ihn herum abzuschotten.

Nachdem wir am Samstag die Wäsche gewaschen hatten, musste sie am Sonntag gebügelt werden. Ich verbrachte den Tag im Schlafzimmer und bügelte die Kleider für unsere achtköpfige Familie, während Mutter im Erdgeschoss kochte und sauber machte. Die größten Probleme verursachten die Hemden meiner Brüder, weil sie oft komplizierte Krägen hatten. Ich schaffte es nie, alle Falten zu beseitigen, aber immerhin ließ man mich in Ruhe, und ich konnte mich in meine Tagträume flüchten.

Ich stellte ein kleines Transistorradio an und hörte die Hits der Woche, oder ich ließ meine Blicke über die Häuser schweifen und gab mich meinen Träumen hin. Allmählich wuchs der Stapel sorgfältig gebügelter Wäsche auf meinem Bett. Wenn ich fertig war, sortierte ich die Kleider und verfrachtete sie in die entsprechenden Schränke.

Am meisten passte ich bei Vaters Kleidung auf. Wenn ich etwas seiner Meinung nach schlecht gebügelt oder falsch in seinen

Schrank abgelegt hatte, lieferte ich ihm einen Vorwand, mich zu bestrafen.

Diese Drohung spukte mir ständig im Kopf herum, sie hing wie eine düstere, böse Wolke über mir. Dann träumte ich mir wieder meine eigene kleine Welt zusammen, in der ich mit meinen Einsamkeitsvögeln in meinem Lavendelfeld saß.

Mit der Zeit wurde ich immer häufiger in den Keller gesperrt. Meine Familie tat so, als sei das völlig normal. Wenn ich werktags die Schule versäumte, stand Mutter früher auf und machte an meiner Stelle das Frühstück. Wenn ich am Wochenende meine Aufgaben versäumte, musste ich eben unter der Woche nach der Schule bügeln.

Es war kein Geheimnis, dass Vater mich bestrafte, und es bestand nicht die geringste Chance, dass jemand etwas dagegen unternahm.

Die Ferien waren die schlimmste Zeit. Während der Schule wurden mir wenigstens ein paar Stunden geschenkt, in denen ich mir keine Sorgen wegen Vater machen musste, aber in den Ferien gab es für mich kein Entrinnen. Wochenlang wurde ich gezwungen, im Haus zu bleiben und alle anstehenden Arbeiten zu erledigen, ständig von einer Bestrafung bedroht.

Sabina musste kaum helfen, ich kam mir vor wie eine Sklavin für alle. Und schon der geringste Fehler reichte Vater als Grund, mich in den Keller zu zerren.

Einmal legte ich die gebügelten Kleider in sein Zimmer und ging ins Bad, um mir eine kleine Atempause zu verschaffen. Plötzlich stürmte Vater herein, verriegelte die Tür und befahl mir, mich umzudrehen und ihn anzusehen. Unser Bad war schrecklich vollgestopft, er drängte mich mit seinem Körper an die Toilette.

»Und denk daran«, zischte er mit hasserfülltem Blick, »ich bringe dich um, wenn du je ein Wort verlauten lässt. Du bist schmutzig und wertlos, und du wirst zur Hölle fahren. Etwas anderes hat ein verfluchtes, böses Mädchen wie du nicht verdient.«

Als er mit mir fertig war, knallte er die Tür hinter sich zu und polterte die Treppe hinab. Ich krümmte mich über das Waschbecken und übergab mich, ich würgte und würgte, bis nur noch bittere Galle kam. Doch die schmutzigen, widerlichen Gefühle wurde ich nicht los. Ich würde nie mehr sauber sein.

Nach ein bis zwei Jahren des Missbrauchs wandte sich sogar Mutter gegen mich, auch sie sagte mir ständig, wie wertlos und überflüssig ich sei. Der kranke Geist meines Vaters schien die ganze Familie angesteckt zu haben, aber niemand redete darüber. Mutter schien es so zu sehen, dass ich meine Strafe auf mich zu nehmen hätte, weil ich sie verdient hatte.

Ich wusste, dass andere erstgeborene Mädchen in meiner Straße ebenfalls zu Hause helfen mussten. Aber sie schienen trotzdem viel freier und glücklicher zu sein als ich und hatten nur einen Bruchteil meines Arbeitspensums zu leisten. Außerdem konnte ich mir nicht vorstellen, dass eine von ihnen so schrecklich missbraucht wurde.

Doch selbst wenn – wer hätte es je erfahren?

Unsere Familie lebte von den Spenden, die der Moschee gegeben wurden, und von der Großzügigkeit britischer Steuerzahler. Vater bekam Sozialhilfe und Wohngeld. Er behauptete, arbeitslos zu sein, was natürlich nicht stimmte. Er war der Imam unserer Gemeinde und wurde dafür aus den Spendengeldern bezahlt.

Alle materiellen Bedürfnisse im Leben meines Vaters – das Essen, das er aß, die Heizung in seinem Haus, die Erziehung und ärztliche Versorgung seiner Kinder, das Wasser, das er trank – all das wurde vom britischen Staat finanziert. Und eben diesen britischen Staat verabscheute er und versuchte, dafür zu sorgen, dass auch seine Kinder ihn verabscheuten, indem er sie mit seinen persönlichen blinden Vorurteilen und Einstellungen erzog.

Aber nur mein Vater schien zu glauben, dass Gott ihm das Recht verliehen hätte, normale Pflichten zu scheuen. Die anderen Männer aus unserer Straße arbeiteten und zahlten Steuern. Manche hatten einen Laden, einer hatte eine kleine *halal*-Farm und verkaufte Eier und Milch an die Läden in der ganzen Stadt. Aminas Vater, Abdul, arbeitete als Busfahrer und hatte lange Schichten.

Die Entscheidung meines Vaters, die englischen Behörden zu belügen, wurde in unserer Gemeinschaft nicht als ehrenrührig betrachtet. Anders wäre es gewesen, wenn er erwischt worden wäre. Bei der Ehre ging es nicht so sehr darum, was man tat, als vielmehr darum, bei welchem Tun man beobachtet wurde.

Aber selbst wenn Vater erwischt worden wäre, hätte er sein Tun wahrscheinlich damit gerechtfertigt, dass man dem unmoralischen Land der *goras* so viel wie möglich abknüpfen sollte. Wer in unserer Gemeinschaft hätte sich gegen ihn gestellt? Vaters Ehre schien unantastbar.

Vielleicht redete sich mein Vater sogar ein, dass nichts dagegen einzuwenden sei, wenn er seine kleine Tochter in den Keller einsperrte und sie schlug und vergewaltigte. Solange niemand außerhalb der Familie etwas davon wusste, entehrte es weder die Familie noch die Gemeinschaft oder die Moschee.

Mein Vater war der Ansicht, dass er sich nur mit geistigen Dingen beschäftigen sollte. Seiner Meinung nach stand er über den irdischen Sorgen und Gesetzen. Andere akzeptierten diese Einstellung aus unterschiedlichen Gründen. Vater war über jeden Vorwurf erhaben, ob es nun darum ging, die Behörden anzulügen, oder darum, seine Frau zu schlagen und seine Tochter zu vergewaltigen.

* * *

Mit zehn hatte ich gelernt, den gesamten Koran zu lesen. Die meisten muslimischen Kinder schaffen das erst, wenn sie viel älter sind, denn der Koran umfasst sechshundert Seiten. Ich war richtig aufgeregt, als ich die letzten Worte der letzten Sure las.

In unserer Gemeinschaft wurden oft Feste veranstaltet, wenn ein Kind den Koran bis zum Schluss gelesen hatte. Das Kind bekam Geld und jede Menge Süßigkeiten. Ich dachte, meine Eltern hätten umso mehr Grund zu feiern und würden unsere ganze Gemeinschaft einladen.

Als ich zum Männerzimmer ging, um meinem Vater zu berichten, dass ich fertig sei, erwartete ich, dass er sich freuen und zum ersten Mal stolz auf mich sein würde. Ich hatte mich ja die ganze Zeit mit dem Koran abgemüht, um meinen Eltern eine Freude zu machen; und ein Teil von mir hoffte immer noch, dass ich endlich Vaters Anerkennung und Zuneigung gewinnen würde. Ich sehnte mich danach, ihm zu beweisen, dass ich kein verfluchtes, wertloses, böses Mädchen war.

Sieh doch nur, Vater, ich bin gut, ich bin gut – ich kann den ganzen Koran lesen!

Doch als ich das vordere Wohnzimmer betrat und meinem Vater sagte, dass ich mit dem Koran fertig sei, blickte er nicht einmal von seinem Buch auf. Ich war bitter enttäuscht. Für meine Leistung würde es kein Fest und auch keine Geldgeschenke oder Süßigkeiten geben.

8

Klage des gefangenen Vogels

Ich war elf und stand kurz davor, auf eine weiterführende Schule zu gehen. Mein Abschlusszeugnis wies viele Zweier und ein paar Dreier auf. Billy las Mutter das Zeugnis vor, Fach für Fach. Mutter gratulierte mir diesmal wenigstens und meinte, für ein Mädchen habe ich mich wacker geschlagen. Wie nicht anders zu erwarten, sagte Vater nichts dazu.

Meine Noten waren nicht herausragend, aber ich war stolz und glücklich, die Klasse so gut geschafft zu haben – trotz meiner Schufterei im Haushalt und meines immer wiederkehrenden Albtraums.

Meine Eltern wollten mich auf eine muslimische Mädchenschule schicken, dort wäre meine Ehre geschützt gewesen. Muslimische Mädchenschulen waren gefeit gegen die in britischen Mittelschulen grassierenden Unarten wie Rauchen, Trinken und Jungs. Vater hielt die normalen Schulen für reine Lasterhöhlen. Aber in der muslimischen Schule hätte man Schulgeld bezahlen müssen, und dank der Armut meiner Eltern durfte ich eine nicht religiös gebundene Schule besuchen.

Da ich meine Religion inzwischen mit Unterdrückung, Schmerz und Leid assoziierte, freute ich mich über diese Nachricht. Eher durch Zufall landete ich in der örtlichen Gesamtschule, die berüchtigt dafür war, die schlimmste Schule der ganzen Stadt zu sein. Die Schüler stammten überwiegend aus der verarmten Arbeiterschicht. In der Gegend gab es eine hohe Kriminalitätsrate, und viele Familien hatten Ärger mit der Polizei.

Meine Grundschule wurde von der anglikanischen Kirche unterhalten, aber das war meinen Eltern egal gewesen. Ich war jedes Jahr zu Ostern und Weihnachten in die Kirche gegangen. Aber jetzt näherte ich mich mit meinen elf Jahren dem Alter, in dem ein Mädchen verheiratet werden konnte, und Vater wollte meinen Unterricht strenger kontrollieren.

Er wurde bei seinen drei Töchtern immer autoritärer. Aliya besuchte dieselbe Grundschule, auf der auch ich gewesen war, und berichtete zu Hause oft von den aufregenden Geschichten, die der Pfarrer über Jesus und das Christentum erzählte.

Irgendwann wurde es Vater zu viel. Er schimpfte Aliya zwar nicht aus, doch er ärgerte sich, dass sie diesem christlichen Unsinn ausgesetzt war. Er warnte deshalb auch seine Gemeinde vor der Gefahr, dass ihre Kinder indoktriniert werden könnten. Viele Eltern von der East Street beklagten sich daraufhin beim Direktorat, das immerhin so weit nachgab, dass man muslimischen Kindern erlaubte, beim Besuch eines Gottesdienstes im Klassenzimmer zu bleiben und Bilder auszumalen.

Auf der Gesamtschule fand ich rasch neue Freundinnen, darunter Iram, Karen, Amanda und Lara.

Iram stammte wie ich aus einer pakistanischen Familie und war meine einzige muslimische Freundin auf der Schule. Sie lebte auf der anderen Seite der Stadt. Die zierliche Karen hatte tolle rote Haare und schneeweiße Haut. Amanda war wunderschön mit glänzenden braunen Haaren und dunkelbraunen Augen. Aber die Schönste war meine Freundin Lara. Sie war groß und hatte funkelnde, von Frohsinn sprühende Augen und kohlschwarze Haare, die sie kurz geschnitten trug wie ein Junge. Alle Jungs standen auf Lara.

Lara war meine beste Freundin und meine Beschützerin. Unter ihrem Einfluss bemühten sich die anderen Mädchen, mich so zu behandeln, als wäre ich eine von ihnen. Lara und die Mädchen erzählten mir, was sie an den Wochenenden gemacht hatten, wie sie es auch bei ihren anderen Freundinnen taten, obwohl sie wussten, dass meine Wochenenden ganz anders aussahen.

Aber ich konnte trotzdem nie ganz vergessen, dass ich eine Außenseiterin war. Eines Tages warteten Karen und ich an der Bushaltestelle vor unserer Schule, als ein Auto vor uns hielt. Karens Vater kurbelte das Fenster herunter und schrie sie an: »Steig ein! Steig sofort ein! Was treibst du dich mit dieser elenden Paki rum?«

Karen wusste nicht, was sie sagen und wo sie hinsehen sollte. Sie murmelte einen raschen Abschiedsgruß, sprang ins Auto, und weg war sie. Am nächsten Tag wirkte sie schrecklich verlegen. Karen war wirklich eine gute Freundin, und ich wollte die Sache nicht aufbauschen. Als hätten wir ein stillschweigendes Übereinkommen getroffen, sprachen wir beide nicht über diesen Vorfall, aber nach der Schule wartete Karen auch nie mehr gemeinsam mit mir auf den Bus.

Ich wusste, dass mein Vater die Weißen hasste, und jetzt hatte ich einem Weißen getroffen, der mich hasste. Warum zeigten die Erwachsenen solch blinden Hass, während wir Kinder uns nach Kräften bemühten, miteinander auszukommen?

Eine andere Freundin, Amanda, schien im Leben alles zu haben, was man sich nur wünschen konnte: Schönheit, ein einnehmendes Wesen und eine wundervolle Familie. Sie wohnte in der Nähe der Schule, und manchmal gingen wir gemeinsam zu ihr zum Mittagessen. Ihr Vater war Geschäftsmann, ihre Mutter Hausfrau. Amanda schien ihrer Mutter alles sagen zu können, und ihr Vater unterstützte und förderte sie.

Ich sehnte mich nach Amandas Leben, wobei ich sie kaum um ihr gutes Aussehen beneidete. Mir war es egal, ob ich bei den Jungs beliebt war oder nicht, ich sehnte mich einfach nur nach der Liebe und Stabilität einer normalen, gesunden Familie. Wenn Amandas Eltern mir angeboten hätten, bei ihnen einzuziehen, hätte ich mein Elternhaus auf der Stelle verlassen.

Gegen Ende meines ersten Schuljahrs verabredete ich mich einmal mit Amanda im Stadtzentrum. Es war an einem Samstag um die Mittagszeit, einer Zeit, in der mein Vater immer in der Moschee war. Ich nahm meinen ganzen Mut zusammen und lud Amanda zu mir nach Hause ein. Noch nie hatte ich eine Freundin eingeladen, und ich wusste, dass es riskant war.

Unsere Haustür war nie abgeschlossen, wir gingen also hinein, und ich führte Amanda ins hintere Wohnzimmer. Wir setzten uns aufs Sofa und begannen zu plaudern. Mutter brachte uns etwas zu trinken und ein paar Kekse. Ich fing gerade an, mich ein wenig zu entspannen, als plötzlich die Tür aufging und mein Vater hereinkam. Ich erstarrte, als sein Blick auf Amanda fiel. Er machte auf der Stelle kehrt und befahl mir, ihm zu folgen. Ich wusste, was mich erwartete. Er warf die Tür hinter mir zu und fing sofort an, mich auf Punjabi anzubrüllen.

»Wie kannst du es wagen, diese *gori* hierherzubringen? In mein Haus! Wie oft muss ich es dir noch sagen? Das sind dreckige Ungläubige. Sie gehen mit jedem ins Bett. Sie haben keinen Glauben. Sie können nicht …«

Und so weiter und so fort. Ich hatte es tausend Mal gehört.

»Ich will sie nicht in meinem Haus haben«, brüllte er. »Und ich dulde es nicht, dass du *gori*-Freundinnen hast.«

Wenn Vater erst einmal in Fahrt kam, war Widerspruch zwecklos. Ich ließ den Kopf hängen und hoffte, Amanda würde nicht verstehen, was er sagte. Plötzlich brach Vater ab und stolzierte ins Männerzimmer. Vor Scham und Verlegenheit brennend kehrte ich zu Amanda zurück.

»Es tut mir echt leid«, murmelte ich. »Aber Vater meint, ich müsse jetzt zum Beten. Du gehst wohl besser heim.«

»Kein Problem«, sagte Amanda. Sie sprang auf und drückte

mich an sich. Offenbar merkte sie, wie bedrückt ich war. »Mach dir keine Sorgen. Viel Spaß beim Beten, und wir sehen uns dann am Montag in der Schule.«

Am Montagmorgen entschuldigte ich mich bei Amanda, dass sie so früh hatte gehen müssen. Ich versuchte, ihr zu erklären, dass mein Vater die Engländer nicht mochte, weil er sie nicht verstand. Das war die beste Entschuldigung, die mir einfiel.

Amanda lächelte nur wissend. »Ich dachte mir schon, dass er ein Problem mit mir hat. Er wirkte ziemlich sauer. Ich hoffe, du hast wegen mir keinen Ärger bekommen. Aber wir hatten viel Spaß, nicht wahr? Zu schade, dass er uns alles verdorben hat.«

»Es ging nicht um dich«, versuchte ich abzuwehren. »Wirklich nicht. Also bitte – mach dir deshalb keinen Kopf. Mein Vater ist das Problem, nicht du.«

Doch trotz meiner Entschuldigung schämte ich mich schrecklich. Amandas Eltern waren so freundlich zu mir gewesen, und dann behandelte mein Vater sie so. Warum war ich immer das seltsame Kind mit der ekelhaften Familie?

Ich wollte zu meinen Freundinnen so ehrlich sein, wie ich konnte. Ich wollte ihnen zu gern erklären, dass ich aus einer Welt stammte, die sich von ihrer grundlegend unterschied. Ich wollte ihnen versichern, dass der Hass und die Feindseligkeit meines Vaters nicht auf meine Generation abgefärbt hatten.

Aber ich konnte Amanda schlecht sagen, dass mein rassistischer Vater die Weißen hasste. Ich wollte auf keinen Fall, dass sie das Gefühl bekäme, sie hätte etwas getan, um dieses Gift zu verdienen. Ich benutzte meine Kultur als Deckmantel, um die Fehler meines Vaters zu verstecken und Amandas Gefühle zu schonen.

Und dabei hatte Amanda nicht einmal die schlimmsten Seiten meines Vaters mitbekommen.

* * *

Unsere Schuluniform bestand aus einem marineblauen Rock und einer weiße Bluse unter einem marineblauen Blazer. Mein Rock bedeckte die Knie, aber das war meinem Vater nicht genug. Ich musste noch eine marineblaue Baumwollhose dazu tragen, im Stil eines *salwar kamiz*.

»Warum hast du immer diese komische Hose an?«, fragte eine meiner Mitschülerinnen.

Ich zuckte resigniert die Schulter. »Ich darf meine Beine nicht zeigen.« In Worte gefasst klang diese Feststellung sogar noch blöder.

»Du darfst deine Beine nicht zeigen? Warum nicht? Stimmt etwas nicht mit deinen Beinen?«

»Nein, nein«, murmelte ich verlegen. »Es ist wegen meiner Religion.« Nach dieser Äußerung erstarb das Gespräch sofort – Religion gehörte nicht zu den Themen, über die in unserer Schule viel gesprochen wurde.

Allmählich kam ich in die Pubertät, was die Paranoia meines Vaters nur verstärkte. Wenn ein muslimisches Mädchen aus unserer Gemeinschaft die Periode bekommt, darf sie nicht in die Moschee, sie darf den Koran nicht berühren und auch das rituelle Gebet nicht verrichten. Im Koran steht klipp und klar, dass die Menstruation ein Leiden und eine menstruierende Frau unrein ist.

Die Pubertät bedeutete neue Tabus. Mutter hatte mit mir nie über Dinge wie die Menstruation gesprochen, und beim Sexualkundeunterricht in der Schule wurde leider nicht erklärt, wo man Tampons und Binden herbekam. Zum Glück erklärte mir eine freundliche Schulkrankenschwester alles und gab mir auch ein paar Pakete Binden.

Ich war im Kreis meiner Freundinnen die Erste, die ihre Periode bekam. Die anderen waren ganz begierig darauf, zu erfahren, wie es sich anfühlte, was mir einen kurzen Zeitraum unerwarteter Aufmerksamkeit verschaffte.

Doch zu Hause verhielt es sich damit ganz anders. Weil menstruierende Frauen als unrein gelten, war meine Menstruation für mich wie eine Sünde. Ich verschwieg sie meiner Mutter monatelang, doch schließlich war mein Bindenvorrat erschöpft und ich musste ihr gestehen, was los war.

Mutter sagte mir, dass ich keine Tampons benutzen dürfe, weil es falsch sei, etwas Unnatürliches in seinen Körper einzuführen. Sie ermahnte mich, während der Periode die rituellen Gebete nicht zu verrichten – zum ersten Mal eine religiöse Vorschrift, über die ich mich freute.

Vater merkte etwa ein Jahr lang nicht, dass ich angefangen hatte zu menstruieren. Er war es gewöhnt, dass ich blutete, wenn er mich vergewaltigte. Doch als er es begriffen hatte, ließ er mich in Ruhe, wenn ich menstruierte, denn dann war ich zu unrein für ihn.

Andere Mädchen in meiner Schule stöhnten, wenn sie ihre Periode hatten, für mich war es wie eine Befreiung.

Während meines ersten Jahres auf der weiterführenden Schule vergewaltigte mich Vater mindestens ein Mal im Monat. Die Gruppe meiner neuen Freundinnen fing an, meine blauen Flecken zu bemerken. Es war offenkundig, dass etwas nicht stimmte, vor allem, wenn wir uns zum Sportunterricht umzogen. Dann fielen die Blutergüsse um meine Brüste auf, wo er mich gepackt hatte, und an meinen Oberschenkeln.

Aber keine meiner Freundinnen verlangte nach einer Erklärung, und ich hatte auch nicht das Bedürfnis, zu offenbaren, was mit mir passierte. Wenn Vater einer meiner Schwestern so etwas angetan hätte, hätte ich sofort gewusst, dass es falsch war, aber nicht, wenn er es mir antat. Ich hatte angefangen zu glauben, dass ich die Strafe verdiente.

Ich fing an, über Flucht nachzudenken. Die einzige Möglichkeit, meinem Elend zu entkommen, schien mir der Besuch eines College oder der Universität zu sein – oder Selbstmord.

Ich dachte zwar auch daran, wegzulaufen, aber die einzigen Leute, die ich gut kannte, waren Muslime, die mich meinem Vater wieder übergeben hätten. Was zu Hause passierte, konnte ich ihnen niemals sagen, sie hätten ihrem Imam niemals so etwas zugetraut.

Ich lebte für den Traum meines Entkommens, was mich auch in der Schule anspornte. Wenn ich mich genügend anstrengte, würde ich vielleicht einen Platz in der Aufbauschule ergattern, könnte zwei weitere Jahre auf der weiterführenden Schule bleiben und anschließend studieren.

Ich hatte von Mädchen in unserer Gemeinschaft gehört, die ihre Familie verlassen hatten, um zu studieren. Das wäre mein Ausweg, dann hätte Vater keinen Zugriff mehr auf mich. Das war der einzig sichere Fluchtweg, den ich mir vorstellen konnte.

Aber ob mich meine Eltern je gehen lassen würden, wusste ich nicht. Außerdem war ich erst elf Jahre alt. Das College lag noch sechs Jahre entfernt.

In jenem Sommer freute ich mich wie eine Schneekönigin, als mein Vater beschloss, Urlaub in Pakistan zu machen. Für mich bedeutete das einige Wochen köstliche Ruhe, für meinen Bruder hingegen etwas ganz anderes. Raz war sechzehn, und mein Vater brachte ihn nach Pakistan, um ihn dort in eine Medrese, eine Koranschule, zu stecken. Er wollte, dass sein Sohn ein *hafiz* werden sollte, ein Mann, der den Koran auswendig gelernt hat. Nach drei Jahren würde Raz imstande sein, jede Sure aus dem Gedächtnis auf Arabisch zu zitieren. Das würde ihm einen Ehrenplatz in jeder muslimischen Gemeinschaft sichern.

Vater nahm Raz mit, ohne uns zu sagen, dass er länger wegbleiben würde.

Raz war ein sanfter, anspruchsloser Mensch. Ich war traurig, als er weg war, aber auch besorgt, als Mutter uns schließlich dann doch von Vaters Plan erzählte.

Wie würde es Raz in Pakistan ergehen? Meine Koranstudien waren mir so verhasst, dass ich mir kaum vorstellen konnte, wie es wäre, gezwungen zu werden, jede Zeile auswendig zu lernen, noch dazu in einer fremden Sprache. Nachdem ich in der Moschee oft genug geschlagen worden war, konnte ich mir auch nicht vorstellen, dass in einer pakistanischen Medrese ein besonders förderliches Lernklima herrschte. Meiner Vorstellung nach war es ein Ort der Brutalität und der Gewalt.

In unserer Gemeinschaft gab es ein oder zwei Männer, die sich *hafiz* nennen durften. Sie zitierten bei besonderen Anlässen, etwa im Ramadan, aus dem Koran. Es war bei uns ein großes Statussymbol – ein Status, um den mein Vater, der Imam, sie zweifellos beneidete. Durch Raz hoffte er, diese Ehre zu erlangen – durch meinen Bruder Raz, den ich drei Jahre lang nicht mehr zu Gesicht bekommen sollte.

Das Hockeyteam der Gesamtschule stand zwei Jahre lang an der Spitze der Liga, und ich war eine der wichtigsten Spielerinnen. Ich war furchtlos, liebte es, auf den Ball einzuschlagen und die Mädchen aus der gegnerischen Mannschaft mit der Schulter zu rammen. Das Hockeyfeld war der Ort, an dem ich meine aufgestauten Aggressionen und mein Leid ausagieren konnte.

Ich fand es herrlich, Teil einer Mannschaft zu sein, vor allem, weil Lara mit mir zusammen spielte. Da wir eine sehr gute Saison hatten, lachten und feierten wir viel. Es fühlte sich großartig an, sich hervorzutun und alle Sorgen und Ängste einen Nachmittag lang hinter sich zu lassen.

Aber eines Tages passierte das Unvermeidliche: Nach einem Spiel entdeckte Lara in der Dusche, dass meine Brüste mit Blutergüssen übersät waren. Unwillkürlich streckte sie die Hand aus, doch dann zog sie sie rasch zurück und legte sie entsetzt an ihr Gesicht. Mit weit aufgerissenen Augen starrte sie mich an und deutete auf die abstoßenden schwarzblauen Flecken.

»Was ist dir denn passiert?«, japste sie. »Das ist doch bestimmt nicht vom Hockey?«

Ich schüttelte den Kopf.

Am liebsten wäre ich im Abfluss verschwunden, so sehr schämte ich mich, dass sie es gesehen hatte.

»Also wie kommt es … hat jemand … ich meine, wer hat dir das angetan?«

»Ich bin hingefallen.«

Ich griff nach der Seife und wich Laras Blick aus. »Ich bin einfach nur hingefallen.«

»Wie kommt es, dass du dir beim Hinfallen nur deine Brüste angehauen hast?«

Ich zuckte die Schultern. »Keine Ahnung. Ich bin die Treppe runtergefallen.«

Lara starrte mich eine Weile stumm an, dann wandte sie sich ab.

Ich kam mir schmutzig vor. Ich rubbelte meinen Körper mit der Seife ab und bildete mir ein, der Geruch meines Vaters hafte an mir. Aber egal, wie kräftig ich schrubbte, ich hatte nie das Gefühl, sauber zu werden. Ich hatte meine beste Freundin angelogen. Ich hatte es nicht geschafft, ihr zu sagen, dass die Flecken von den groben Händen meines Vaters stammten, als er mich in den Keller eingesperrt und vergewaltigt hatte.

Als ich Lara die Lüge auftischte und die Zweifel in ihrem Blick bemerkte, kam ich mir wie eine Betrügerin vor.

Während ich unter der Dusche stand und mir die Haut rubbelte, bis sie knallrot war, begriff ich, dass mein Körper und mein Leben nicht mehr mir gehörten.

Ich gehörte meinem Vater.

9
Knospen der Rebellion

Nach wie vor las ich vor dem Einschlafen meist im Koran. Ich verstand die arabischen Worte zwar nicht, aber mir war eingebläut worden, dass es tugendhaft sei, sie aufzusagen. Ein Teil von mir versuchte noch immer, die Zuneigung meines Vaters zu gewinnen, doch gleichzeitig dachte ich mir, dass Vater seine Religion benutzte, um seinen permanenten Missbrauch zu rechtfertigen.

Wenn ich im Koran las, betete ich, dass mein Leben besser werden möge, aber das geschah einfach nicht.

Schließlich fing ich an zu beten, dass mein Vater sterben möge. Ich wusste, dass das eine Sünde war, aber das hielt mich nicht davon ab. Alles Schmerzliche in meinem Leben kam durch ihn – wenn er tot war, würde mein Leben sich bestimmt zum Positiven ändern.

Und so betete ich zu Allah, dass er meinem Vater das Leben nehmen möge. Ich glaubte nicht ernsthaft daran, dass es dazu kommen würde, aber es half mir, mit meiner Wut umzugehen. Wie dem auch sei – meine Gebete wurden nicht erhört. Ich fing an zu denken, dass Gott – der Gott meines Vaters – mir nicht zuhörte. Ich begann zu glauben, dass der Gott meines Vaters grausam und rachsüchtig sei und dass in seinem Herzen keine Liebe und keine Freude weilten. Immer deutlicher sah ich Allah in der Vorstellung meines Vaters. Allah warf Menschen ins

Höllenfeuer und hängte sie an ihren Haaren auf – das behauptete zumindest mein Vater. Ich lebte in der Furcht vor Allah und seinen irdischen Vollstreckern, meinen Eltern.

Aus den Geschichten, die uns der Pfarrer in der Grundschule erzählt hatte, wusste ich, dass die Christen an einen liebevollen und fürsorglichen Gott glaubten. Der Gott der Christen unterschied sich offenbar sehr von Allah.

Ich war völlig verwirrt, was das Wesen Gottes anging. Das war der Anfang – von da an trachtete ich danach, zu verstehen, und hinterfragte den Islam.

Inzwischen war ich zwölf und hatte eine neue beste Freundin. Alle riefen sie nur bei ihrem Spitznamen Skip. Sie war eine muslimische Pakistanerin und fünf Jahre älter als ich. Ich bewunderte Skip, denn sie war mutig, ehrlich und selbstbewusst – eine richtige Draufgängerin und eine geborene Rebellin. Wir spielten im Hinterhof ihres Zuhauses Fußball und lachten und alberten herum.

Wenn Vater uns erwischte, erging er sich in einer seiner Schimpftiraden. Fußballspielen sei schändlich, knurrte er, wir sollten drinnen bleiben und kochen und sauber machen für die Männer. Sobald Vater weg war, verdrehte Skip die Augen und äffte den Vortrag meines Vaters nach, einschließlich der heftigen Armbewegungen und der wackelnden Augenbrauen. Für Skip war Vater ein Fossil aus grauer Vorzeit.

Skips größte Sorge war es, dass ihr Vater sie zu einer arrangierten Ehe zwingen würde. Er war zwar nicht besonders religiös, aber das bedeutete nicht, dass eine Zwangsheirat nicht in Frage kam. Bei solchen Ehen ging es ja nicht nur um Religion, es ging auch um Kultur und Tradition und natürlich auch um die Ehre.

Skip und ich sprachen oft von den Ehen, zu denen manche Mädchen aus unserer Straße gezwungen worden waren.

Skip gehörte zu den Menschen, die sich zu nichts zwingen lassen wollten. Sie wollte sich verlieben und aus Liebe heiraten. Wir fantasierten darüber, wie wir den perfekten Mann finden und dann eine Traumhochzeit feiern würden.

Skip hegte außerdem wie ich den Traum, eine Ausbildung zu machen. Sie sehnte sich jedoch danach, sich aus der Kontrolle der muslimischen Gemeinschaft in der East Street zu befreien, während ich mich danach sehnte, der Düsternis meiner Familie zu entkommen.

Gegen Ende des ersten Jahres unserer Freundschaft erzählte mir Skip, dass sie ihre Ferien mit ihren Eltern in Pakistan verbringen würde.

Zwei Tage nach ihrer Abreise klingelte bei uns das Telefon. »Hi, Skip, wie geht es …«

»Hannan? Hannan? Gott sei Dank bist du dran«, fuhr mir Skip mit angespannter, ängstlicher Stimme ins Wort. »Ich brauche deine Hilfe. Ich kann nicht lang reden. Wenn sie mich am Telefon erwischen …«

Skip erklärte mir, sie sei bei entfernten Verwandten im Nordosten Pakistans. Gleich nach ihrer Ankunft im Dorf sei sie einem Pakistaner vorgestellt worden, einem Cousin, den sie bis dahin noch nie getroffen hatte. Und ihr sei erklärt worden, dass er der Mann sei, den sie heiraten würde.

Man hatte sie in ein dunkles Zimmer gesperrt und ihr weder zu essen noch zu trinken gegeben, bis sie der Hochzeit zugestimmt hatte. Immerhin war das besser, als zu verhungern oder zu verdursten. Kurz nachdem sie freigelassen worden war, hatte sie es zu einem Telefon geschafft, und in ihrer Verzweiflung hatte sie als Erste mich angerufen. Sie war entschlossen zu fliehen und bat mich, mit ihrer älteren Schwester, Saira, zu reden, die ihr ein Flugticket von Pakistan nach England beschaffen sollte.

Ich eilte zu Saira. Wenn mein Vater herausfände, dass ich Skip half, einer Zwangsheirat zu entfliehen, würde ich grausam bestraft werden, denn das würde er als Rebellion gegen alles sehen, was ihm wichtig war. Aber das war mir egal, ich musste Skip helfen. Außerdem – was konnte er mir schon antun, was schlimmer wäre als seine üblichen Strafen? Nur mein Tod hätte alles Bisherige übertroffen.

Saira war aus demselben Holz geschnitzt wie Skip. Sobald sie gehört hatte, was passiert war, machte sie sich an die Arbeit. Noch am selben Tag besorgte sie ein Ticket für Skip und kümmerte sich darum, dass ein Freund es persönlich nach Pakistan brachte.

Drei Tage später rief mich Saira an. Skip war entkommen! Sie befand sich wieder in Großbritannien und war erst einmal bei Saira untergekommen, um sich von dieser schrecklichen Strapaze zu erholen. Bemerkenswerterweise hatte ihr Verlobter ihr den Pass zurückgegeben und sie sogar zum Flughafen gefahren. Ohne seine Hilfe hätte sie es wahrscheinlich nicht geschafft.

Skip war völlig schockiert. Sie schwor, nie wieder ein Wort mit ihren Eltern zu wechseln. Tatsächlich zog sie sich völlig von ihnen zurück, begann zu arbeiten und nahm sich eine eigene Wohnung. Ihr Handeln hatte natürlich große Schande über die Familie gebracht, und deshalb wollten die Eltern auch keinen Kontakt mehr mit ihr haben.

Alle in unserer Straße wussten, was Skip getan hatte. Sie war bei allen unten durch, weil sie die Familienehre befleckt hatte. Mein Vater verurteilte sie besonders heftig. Er schien wie von einer finsteren Wut gepackt. Wie konnte ein Mädchen aus seiner Straße, aus seiner Gemeinde, sich so dem Willen ihres Vaters widersetzen? Die Schmach wurde von der gesamten Gemeinschaft als unerträglich empfunden, und vor allem von ihm, dem Imam.

Ich ließ natürlich nichts über meine Rolle bei ihrer Flucht verlauten. Wir hielten Kontakt, so gut es uns möglich war. Skip reiste sehr gern und rief mich ab und zu aus Ägypten oder aus

Israel oder von irgendeinem anderen Ort an. Richtig gefährlich waren diese Anrufe nicht, sie musste nur Englisch sprechen, und schon reichte Mutter mir das Telefon.

»Englisch sprechendes Mädchen«, war dann alles, was sie auf Punjabi murrte.

Skips Auflehnung beflügelte meine eigenen rebellischen Gedanken, auch wenn ich mit zwölf noch nicht viele Möglichkeiten zur Rebellion hatte.

Meine Haare waren lang und unten kerzengerade geschnitten, ich trug sie in einem dicken Zopf. Mehrere Mädchen in unserer Straße hatten sich einen Pony schneiden lassen, und ich fand, dass das toll aussah. Aber Mutter sagte mir, Allah würde mich dafür strafen. Eine Ponyfrisur sei *haram,* meinte sie.

Wenn es nach meinen Eltern gegangen wäre, wäre alles *haram* gewesen – manchmal wunderte ich mich, dass das Atmen erlaubt war. Ich fand diese Ponyfransen einfach unwiderstehlich modisch, also beschloss ich, mir selbst welche zu schneiden. Ich musste es eben geheim halten. Da ich immer, auch im Haus, ein *hijab* trug, musste ich einfach nur darauf achten, dass meine verbotene Frisur nie zu sehen waren.

Eines Abends ging ich also nach der Schule ins Bad und sperrte die Tür ab. Viele Muslime nehmen nur ungern ein Vollbad, weil es unrein ist, in Wasser zu liegen, das man bereits verschmutzt hat. Aber es gilt auch als verpönt, beim Waschen zu stehen, also ist Duschen ebenfalls nicht erlaubt. Ich wusste nicht, warum das so war, ich ging davon aus, dass es einfach eine weitere Vorschrift sei, die im Koran stand. Wir füllten immer Wasser in einen gelben Eimer, kauerten uns in die Badewanne und begossen uns mit dem Wasser.

Ich stellte den gelben Eimer vor mich, um darin meine Haare zu sammeln, dann spähte ich in den Spiegel über dem Waschbecken, nahm die rosa Schere zur Hand, die ich immer in meinem

Federmäppchen aufbewahrte, und schnips – die Strähne leistete keinerlei Widerstand. Ich ließ sie in den Eimer fallen, in dem sie geräuschlos landete. Der Nervenkitzel der Auflehnung fühlte sich enorm befreiend an.

Schnips, schnips, schnips – fertig! Ich leerte den Eimer ins Klo und spülte den Beweis weg. Erst dann fing ich an, mir Sorgen zu machen. Würde Mutter es merken? Ich zog das *hijab* tiefer in die Stirn.

Dann sperrte ich die Tür auf, schlich aus dem Bad und gesellte mich zu Mutter in die Küche. Sie würdigte mich keines Blickes. Warum auch? Meine verbotenen Ponyfransen waren unter dem Tuch versteckt, ich sah genauso aus wie vorher.

Einige Wochen später nahm ich mein *hijab* ab, bevor ich ins Bett ging, als Mutter hereinkam. Ich versuchte, mich wegzudrehen, aber zu spät – sie hatte meine selbstgemachte Frisur entdeckt.

»Du dummes, dummes Mädchen«, rief sie. »Was hast du getan? Dummes Ding, so wertlos und dumm!«

Sie trat zu mir und versetzte mir eine schallende Ohrfeige.

»Dafür wirst du in der Hölle an deinen Haaren aufgehängt«, kreischte sie. »Dafür sollst du in der Hölle brennen.«

Ich war so schockiert, dass ich nichts sagen konnte. Mutter hatte mich noch nie geschlagen. Mir die Haare zu schneiden war falsch gewesen, aber doch nicht so falsch – oder etwa doch?

Als sie mich verfluchte, fürchtete ich, dass ihr Fluch in Erfüllung gehen würde. Doch gleichzeitig versuchte ich zu verstehen, warum so etwas Geringfügiges wie das Haareschneiden so sündig sein konnte. Welchen Schaden hatte ich schon angerichtet? Was war das denn für ein Gott, wenn ihn so etwas beleidigen konnte?

Aber ich würde ohnehin in der Hölle landen. Ein Muslim soll sich an die fünf Säulen des Islam halten, um ins Paradies zu gelangen, und dieses Gebot verletzte ich schon allein dadurch, dass ich statt fünfmal am Tag zu beten davonschlich, um britische Seifenopern im Fernsehen anzuschauen.

Ich war ein hoffnungsloser Fall, Haarschnitt hin oder her.

Raz weilte noch immer von der Außenwelt abgeschnitten in der pakistanischen Medrese, der Koranschule, aber Zakir und Billy, die inzwischen das Teenageralter erreicht hatten, zettelten zu Hause ihre eigenen kleinen Aufstände an.

Wir sollten jeden Abend etwa um die Zeit, in der unsere Lieblingsserie *Nachbarn* im Fernsehen lief, unser Gebet verrichten. Meine Brüder und ich marschierten also gemeinsam in den ersten Stock, als machten wir uns zum Gebet auf, und drängten uns dann in Zakirs Zimmer, um die neueste Folge anzusehen. Wenn ein Bruder sich beschwerte, dass ich mit im Zimmer war, musste ich nur drohen, bei Mutter zu petzen, dass sie fernsahen.

Anfangs sah ich mir *Nachbarn* nur an, weil das viel interessanter und lustiger war als zu beten. Aber in meinem zweiten Schuljahr auf der weiterführenden Schule hatte ich genug über andere Religionen gehört, um das Glaubenssystem meiner Familie generell zu hinterfragen. An diesem Punkt begann ich darüber nachzudenken, ob ich wirklich eine Muslimin sein wollte. Doch in meiner Vorstellung steckte ich einfach durch meine Geburt und meine Erziehung in diesem religiösen Getto fest.

Fast alles, was sich mein Vater über die britische Kultur zusammenreimte, erfuhr er aus dem, was wir im Fernsehen sahen. Wenn die Darsteller Alkohol in einem Pub tranken und flirteten, murrte er: »Typisch *gora!* Das ist alles, was diese Engländer den lieben langen Tag tun – Alkohol trinken und herumhuren.« Da er keine direkten Erfahrungen mit der englischen Kultur hatte, glaubte er einfach, dass alle *goras* sich so verhielten. Wenn junge Menschen im Fernsehen ihren Eltern widersprachen, sah er darin einen weiteren Beweis dafür, dass in der englischen Kultur kein Respekt vor den Älteren herrschte.

Je mehr er die Serien ablehnte, desto gieriger wurden meine Brüder und ich darauf. Sie waren ein Fenster zu einer anderen Welt. Doch trotz der Befürchtungen unseres Vaters wollten wir gar nicht so sein wie die Darsteller in den Serien. Ich sah die Serien hauptsächlich deshalb an, weil ich zur Welt meiner Freundinnen gehören wollte. Seifenopern waren das Einzige, bei dem ich mitreden konnte, alles andere – Ferien, Freunde, Kleidung, Frisuren, Make-up – war für mich verboten. Das Fernsehen war unsere einzige Gemeinsamkeit.

Wenn uns Vater dazu zwang, den Fernseher an einer entscheidenden Stelle auszuschalten, wusste ich, dass ich am nächsten Tag in der Schule wieder einmal nicht würde mithalten können.

»Hast du gestern Abend die *East Enders* gesehen?«, fragte Lara am nächsten Tag. »Wow! Hättest du gedacht, dass sie wirklich fremdgehen?«

Karen lachte. »Yeah. Ziemlich pikant, eh?«

»Wer geht fremd?«, fragte ich, denn ich wollte unbedingt die Details erfahren, die ich gezwungenermaßen verpasst hatte.

»Hast du die Folge nicht gesehen?«, fragte Karen.

»Schon, aber diesen Teil nicht.«

Karen wirkte verwirrt. „»Aber warum versäumst du immer das Beste?«

»Ich darf das eben nicht sehen«, erwiderte ich wütend. »Mein dummer Vater lässt mich nicht.«

»Aber warum denn nicht?«, fragte Lara.

»Wegen unserer Religion«, murrte ich und kam mir vor wie eine Idiotin, dass ich so etwas zugeben musste. »Er behauptet, es sei unislamisch, so etwas zu sehen.«

»Aber es wird doch nur geküsst und so«, warf Karen ein. »Sie tun doch nichts Schlimmes.«

Um eine weitere Brücke zu meinen Schulfreundinnen zu bauen, fing ich an, mich für Popmusik zu interessieren. Das führte natürlich unweigerlich wieder zu heimischem Ärger. *Top of the Pops,* die Hitparade im Fernsehen, war eines von Vaters Reizthemen. Wir Kinder durften keine Musik hören – das war *haram.*

Mutter hörte sich gern ihre Bollywoodmusik-Kassetten an, und Vater seine pakistanischen *qawwali,* das sind religiöse Gesänge ähnlich denen, zu denen die Derwische tanzen. Aber bei *Top of the Pops* hasste Vater die Musik, den Text und die Kleidung der Leute sowie die provozierenden Tanzschritte.

Aber wie können Singen und Tanzen sündig sein, wenn mein Vater mich im Keller missbrauchen darf?, fragte ich mich immer wieder. Ich begriff es nicht ganz, aber ich wusste irgendwie, dass Vaters moralischer Kompass gewaltig in die Irre wies.

Ich ließ mich nicht davon abhalten, mir *Top of the Pops* anzuschauen, vor allem, wenn Vater nicht zu Hause war. Ich versuchte, mir die Texte einzuprägen, um sie mit meinen Freundinnen nachsingen zu können. Meistens ging es dabei um die romantische Liebe zwischen Mann und Frau.

Romantische Liebe kam mir extrem aufregend und geheimnisvoll vor, wild und frei, im Vergleich zu dem sterilen und gewaltsamen Umgang, den meine Eltern miteinander pflegten. Ich habe nie erlebt, dass mein Vater meine Mutter auch nur mit dem geringsten Zeichen von Zuwendung oder Wertschätzung bedachte. In seinen Augen war sie nichts weiter als eine häusliche Vorrichtung mit vielen Funktionen.

Bei meinen Eltern war wirklich nichts zu entdecken, was auf Liebe hingewiesen hätte, es fiel nicht einmal ein gelegentliches liebevolles Wort. Vater behandelte Mutter wie eine Sklavin. Instinktiv ahnte ich, dass das falsch war. In meinem Herzen wusste ich, dass er sie ehren sollte. Sie war seine Frau, seine Partnerin, die Mutter seiner Kinder. Doch er begegnete ihr nur mit Verachtung und Gewalt.

So wie meine Mutter wollte ich nicht enden. Aber bei älteren Cousinen und Freundinnen bekam ich mit, dass sie in Ehen gesperrt wurden, die genauso lieblos und nüchtern zu sein schienen. Sie wirkten nicht im Geringsten glücklich oder verliebt. In unserer Gemeinschaft sah ich überhaupt wenig, was auf eheliche Liebe hätte schließen lassen. Natürlich wusste ich nicht, wie es bei den Familien privat zuging, aber ich bekam nie mit, dass Männer und Frauen in der Öffentlichkeit ihre Zuneigung zeigten. Jede Art von Berührung war außerdem sowieso verboten.

Auch Zakir und Billy wussten, dass Musik tabu war, aber trotzdem waren sie große Fans von The Smiths und Morrissey. Sie hörten spätabends oder wenn Vater in der Moschee war ihre Musik. Beide hatten Aufkleber von Morrissey in ihren Schränken, und eines Tages beschlossen sie, ihre Haare wie die Popidole mit Gel zu einer Tolle zu frisieren.

Als sie zum ersten Mal mit ihren Tollen nach unten kamen, bedachte Vater sie mit einem seltsamen Blick, sagte jedoch nichts. Meine Brüder frisierten sich weiter so, und irgendwann konnte Vater es nicht mehr ignorieren. Ihm war nicht klar, dass sie einen Rockstar anhimmelten, aber er merkte, dass seine Sprösslinge von den verfluchten westlichen Sitten verdorben wurden.

»Was soll das?«, fauchte er und deutete auf Zakirs Tolle. »Lange Haare wie ein Mädchen. Das sieht blöd aus. Warum macht ihr das?«

»Nur so«, murmelte Zakir. »Mir gefällt das eben.«

»Aber es sieht blöd aus«, erwiderte Vater. »Eine blödsinnige *gora*-Frisur.«

In Vaters Augen war diese Haartracht eine gefährliche Provokation. Seine Söhne waren nur einen Schritt davon entfernt, die Haare lang zu tragen – etwas, was er hasste.

Er war der Meinung, dass Männer sich die Haare so kurz schneiden lassen müssten, wie es die islamische Tradition vorsah. Üppige, buschige Bärte waren vollkommen in Ordnung, aber lange Haare waren verboten.

Morrissey war Vegetarier, eines seiner Lieder trägt den Titel: *Meat is Murder.* Das war der Lieblingssong meiner Brüder. Der nächste Schritt in dem Versuch, sich ihrem Idol anzugleichen, bestand also darin, kein Fleisch mehr zu essen.

Eines Tages erklärten sie Mutter, dass sie Vegetarier geworden seien. Mutter fing an, ihnen fleischlose Gerichte zu kochen, oder sie servierte ihnen eben nur Gemüse. Einige Wochen lang schien Vater nichts zu bemerken. Aber irgendwann konnte er wie bei den Haaren einfach nicht mehr darüber hinwegsehen.

»Was soll denn das nun wieder, warum esst ihr euer Fleisch nicht?«, schnaubte er. »So werdet ihr nie stärker werden, und Muskeln bekommt ihr auch keine. Wie wollt ihr zu richtigen Männern werden?«

»Was geht dich das an?«, entgegnete Billy, ohne nachzudenken. »Wir wollen eben kein Fleisch essen.«

Vater zürnte, aber er konnte seine Söhne nicht dazu zwingen, Fleisch zu essen. Er hätte nie verstanden, warum sie Vegetarier sein wollten. So wurde ein weiterer Keil des Unverständnisses zwischen meinen Vater und seine Söhnen getrieben.

Ich fand die angestrengten Vegetarierbemühungen meiner Brüder ziemlich lustig, obwohl ich mir dachte, dass sie einfach nur im Trend mitschwimmen wollten. Bald darauf weigerten sie sich auch noch, Eier zu essen, die nicht aus Freilandhaltung kamen, und Mutter, die für ihre Söhne alles getan hätte, änderte brav ihre Einkaufsgewohnheiten.

Wir Mädchen hänselten Billy und Zakir gnadenlos. Wir klaubten die saftigsten Hühnerstückchen aus unserem Currygericht und hielten sie ihnen direkt unter die Nase.

»Hm, riecht das nicht gut?«, verspottete meine kleine Schwester sie.

Mutters Lamm-Spinat-Curry war schon immer Zakirs Leibspeise gewesen. Am besten schmeckte ihm das Curry am nächsten Tag in einem getoasteten Sandwich, denn dann hatten die

Gewürze richtig gut durchgezogen. Wir fingen also an, unsere Lammcurry-Sandwiches direkt vor Zakirs Nase zu verspeisen, nur um ihn zu ärgern.

»Ah, köstlich, so zart, und die Gewürze – hm, perfekt!«

Natürlich entging Vater der Witz. Er aß wie immer schweigend und zum Glück ohne zu wissen, dass der Vegetarismus seiner Söhne einem weißen Rockstar geschuldet war. Er erduldete das Abweichlertum seiner Söhne in finsterer, stummer Wut.

Ich konnte nicht auf die gleiche Weise wie meine Brüder rebellieren. Die drohende Strafe sorgte dafür, dass ich mich nicht allzu deutlich auflehnte. Ich versuchte es nicht mit dem Vegetarismus und versteckte meine Popmusik-Kassetten im Schlafzimmer, obwohl wir inzwischen zu viert dort schliefen – Mutter, Sabina, Aliya und ich.

Jede hatte ein Fach im Schrank für ihre Kleider. Es gab keine Poster oder Bilder an den Wänden, die eine Blümchentapete im Stil der 1970er-Jahre zierte, dieselbe wie im Wohnzimmer. In solch beengten Verhältnissen wurde es immer schwieriger, selbst die kleinste Auflehnung vor Sabina zu verbergen. Wenn sie etwas herausfand, verpetzte sie mich sofort bei unseren Eltern. Wir schienen so verschieden wie Tag und Nacht und kamen einfach nicht miteinander aus. Sie war Vaters perfekte Tochter, ich war die verfluchte Rebellin, die nur seinen Missbrauch und seine Wut verdiente.

Unter meinen Schulsachen bewahrte ich ein Federmäppchen auf, auf das ich die Namen meiner Freundinnen geschrieben hatte. Darin verborgen waren Aufkleber von Popstars und Schauspielern aus der Zeitschrift *Smash Hits,* von Bros, New Kids on the Block und den Stars aus der Fernsehserie *Beverly Hills.* Gegen eine arrangierte Ehe mit Luke Perry hätte ich nichts einzuwenden gehabt.

Meine Eltern durchwühlten meine Schulsachen nie, meine

Sticker waren also in Sicherheit. Aber einmal schnappte sich Sabina meine Schultasche und richtete verheerenden Schaden an: Sie zerstörte all meine Aufkleber.

Meine Schultasche war das Einzige, was ich an Privatleben hatte, und nicht einmal die war mehr sicher. Ich war stocksauer. Wie konnte sie nur! Sie hatte mir mein letztes Bisschen an Privatsphäre geraubt, und jetzt wussten alle darüber Bescheid.

Ein andermal erwischten Zakir und Billy mein Federmäppchen und machten sich schrecklich darüber lustig. Bros sei eine alberne Popgruppe für kleine Mädchen, fanden sie, und ich täte ihnen aufrichtig leid, wenn mir diese Band gefiele. Sie lachten mich aus, weil ich versuchte, die Sticker zu verbergen, und sagten mir, ich solle aufhören, so albern zu sein. Wochenlang hänselten sie mich, weil ich in Luke Perry verknallt war.

Ich war unendlich empört. »Was geht euch das an? Es ist ein Geheimnis! Wer hat euch gesagt, dass ihr euch an meinen Sachen zu schaffen machen dürft?«

Je mehr ich mich ärgerte, desto mehr verspotteten sie mich und lachten mich aus. Aber immerhin wusste ich, dass sie Vater nichts erzählen würden.

Wir alle hatten unsere Geheimnisse, und zumindest in dieser Hinsicht beschützten wir uns gegenseitig.

10

Auflehnung, o süße Auflehnung

Mit dreizehn begann ich, meine Welt ernsthaft in Frage zu stellen. Warum nur war mein Leben so düster und schändlich? Warum ging meine Lebensfreude in der täglichen Schufterei unter? Die Säulen meines Lebens – meine Kultur, meine Familie, meine Religion – begannen zu wanken und drohten zu kippen.

Es war, als würde mein pubertierender Körper die schrecklichen Begierden meines Vaters noch weiter anfachen. Ich konnte ihm nur entgehen, wenn ich zur Schule ging und so lange wie möglich von zu Hause fernblieb. Doch irgendwann erwischte er mich unweigerlich und zerrte mich in den Keller.

Wenn er genug von mir hatte, befahl er meiner Mutter, mich freizulassen. Danach schaffte er es nicht einmal, mir in die Augen zu sehen, vermutlich, weil ich ihn allzu deutlich an seine Niedertracht gemahnte. Wahrscheinlich wäre er glücklicher gewesen, wenn ich gestorben wäre, denn lebendig war ich ein ständiger Vorwurf.

Wenn ich ihm doch einmal über den Weg lief, nachdem er mich missbraucht hatte, beschimpfte er mich wüst, egal, wer sonst noch im Zimmer war, und ohrfeigte mich.

»Sie wird nie einen Ehemann finden«, schnaubte er vor meiner Schwester Sabina. »Sie ist viel zu hässlich und zu dumm! Wer würde sie schon wollen? Sie ist nicht gut genug für einen

Mann.« Während ich stumm auf den Boden starrte, fauchte er: »Das wird ihr eine Lehre sein dafür, dass sie so schmutzig und nutzlos ist.«

Meine gestörte Familie war mir vollkommen unverständlich. So etwas wie natürliche Liebe zwischen Eltern und Kindern gab es einfach nicht, meine Familie schien eine böse Parodie normaler Verhältnisse zu sein. Ich begriff auch überhaupt nicht, warum Mutter bei der Sache mitspielte. Warum ließ sie das alles zu?

Allmählich gestand ich mir ein, wie sehr ich meinen Vater hasste. Ich lebte nicht mehr in der Hoffnung, dass er sich auf wundersame Weise ändern und mich wie eine Tochter akzeptieren und lieben würde. Ich wusste, dazu würde es nie kommen. Und ich begriff, dass ich seiner Verzeihung nicht bedurfte; denn die eigentliche Finsternis ging einzig von ihm aus.

Ich glaubte immer weniger an dieselben Dinge wie meine Familie, aber gleichzeitig hatte ich keine Alternative.

In der Schule brachte man uns die Weltreligionen näher. Ich wusste kaum etwas über das Judentum, den Buddhismus oder den Hinduismus. Zum ersten Mal machte ich mir Gedanken über die vielen verschiedenen Wege des religiösen Denkens und Glaubens. Unsere Lehrerin sprach respektvoll über jede Religion und erweckte den Eindruck, dass die großen Glaubensrichtungen der Welt eine Art Speisekarte seien, aus der wir unsere Wahl treffen könnten.

Für Vater zählte nur der Islam, alle anderen Religionen und auch der Atheismus waren ihm verhasst. Der Islam war für ihn der einzig wahre Glaube. Doch gerade seine täglich lautstark verkündete Fremdenfeindlichkeit und Intoleranz brachten mich dazu, mich für andere Glaubensrichtungen und Ideen zu interessieren. Neugierig und suchend schrieb ich jeden Tag in mein Tagebuch und dachte auf meinem Schulweg darüber nach.

In der Schule erfuhren wir, dass manche Menschen zu einer anderen Religion konvertierten. Das war ein wahrhaft revolutionärer Gedanke für mich. Ich war immer davon ausgegangen, dass man in eine bestimmte Religion hineingeboren wird und ihr anhängt, bis man stirbt. Es war mir unvorstellbar, dass ein Mitglied unserer Gemeinschaft sich vom Islam lossagen könnte. Aus geflüsterten Gerüchten ging eindeutig hervor, dass solche Abtrünnigen einzig den Tod verdienten.

Ich begann, nach Antworten auf meine Fragen über den Islam zu suchen, doch diese Antworten erhielt ich erst viele Jahre später. In der Schulbibliothek entdeckte ich zwar eine englische Übersetzung des Korans, wagte aber nicht, sie zu lesen, denn ich wusste, mein Vater hätte es mir nie erlaubt. Vater beharrte darauf, dass der auf Arabisch verfasste Koran die genaue Niederschrift von Allahs Worten sei. Koranübersetzungen hielt er für Verfälschungen. In anderen Sprachen fehle dem Koran die spirituelle Wahrheit, meinte er. Dass keiner von uns – ihn eingeschlossen – Arabisch verstand, schien keine Rolle zu spielen. Mein Vater hatte alles, was seiner Meinung nach im Koran stand, in seiner Jugend in der Medrese in Pakistan und aus der Art und Weise gelernt, wie die Leute in seinem Heimatdorf den Islam praktizierten.

So kam es, dass ich – wie alle anderen in meiner Straße – wenig Ahnung davon hatte, was wirklich in den Schriften stand. Alles, was wir wussten, entstammte den Lehren meines Vaters und einer Handvoll anderer religiöser Führer. Damals stellte keiner von uns diese Lehren in Frage.

Doch in der Schule zeigte mir mein Religionslehrer andere religiöse Texte, die ich lesen konnte: die Bibel, den achtfachen Pfad des Buddhismus, die Bhagavad Gita des Hinduismus, die Thora des Judentums.

Nach all den Jahren, in denen ich mich mit dem Koran befasst hatte, beschäftigte ich mich endlich mit religiösen Texten, die für mich einen Sinn ergaben. Sie sprachen zu mir. Einige Geschichten hatten es mir besonders angetan, zum Beispiel die vom guten Samariter. Der Unterschied zu meinem eigenen Glauben hätte nicht deutlicher sein können.

Besonders interessant fand ich, was in den anderen Religionen über die Beziehung zwischen den Gläubigen und ihrem Gott gesagt wurde. So, wie ich erzogen worden war, ging es im Islam vor allem um Gehorsam, um blinde, schmerzhafte Unterwerfung. Viele andere Glaubensrichtungen hingegen kamen mir wahrhaftig erleuchtend vor. Dort trachteten die Anhänger nach einer persönlichen, erbaulichen Beziehung zu ihrem Gott, einer Beziehung, die darauf gründete, dass man Gottes heilige Botschaft verstand.

Ich war völlig verwirrt. Warum beteten wir Muslime fünfmal am Tag auf Arabisch, wenn wir doch kein Wort dieser Gebete verstanden? Mein gesamtes spirituelles Leben kam mir wie ein auswendig gelerntes Gebet vor – ein unverständliches Murmeln.

Auf meinem Heimweg von der Schule sah ich eines Tages im Garten einer weißen Frau, die in unserer Straße wohnte, einen laut herumbrüllenden Weißen mit einem Messer in der Hand. Panisch rief ich bei der Polizei an. Rasch kamen ein paar Beamte und stellten den Frieden wieder her, doch ich wurde von meinen Eltern wüst beschimpft.

»Wie konntest du es wagen, die *gora*-Polizei zu rufen!«, fauchte Vater. »Warum mischst du dich überhaupt ein? Die Frau ist keine von uns, kannst du diese Leute nicht in Ruhe lassen?«

Die Frau lebte zwar in unserer Straße, doch sie war weiß und eine Engländerin, und das machte sie zu einer Außenseiterin. Wenn jemand sie mit einem Messer angriff, war das eine Angelegenheit der *goras.* Schließlich ging von dem Mann keinerlei Gefahr für uns pakistanische Muslime aus.

Die Moralvorstellungen meiner Gemeinschaft waren mir unbegreiflich. Wieso sollte man dem Opfer eines Überfalls nicht helfen, nur weil sie keine von uns war? Was waren das für Leute, die sich so verhielten? Da meine Gemeinschaft in meiner Vorstellung unauflöslich mit meiner Religion verbunden war, zog ich aus diesem Vorfall eine vernichtende Lehre über den Islam.

Zum ersten Mal überlegte ich mir ernsthaft, wegzulaufen. Die Bürde des Missbrauchs und meine Sklavenrolle in meiner gestörten Familie belasteten mich immer schwerer. Ich konnte mir nicht vorstellen, nur meiner Gemeinschaft und meiner Religion zuliebe so weiterzuleben. Doch wohin konnte ich gehen? Außerhalb meiner Familie und meiner Straße hatte ich keinen einzigen Verwandten und auch keine Freundin, die mir Zuflucht hätten bieten können.

Und nicht zu vergessen: Wenn ich Reißaus nahm und geschnappt würde, wären die Folgen unvorstellbar. Abgesehen von dem, was mein Vater unweigerlich mit mir anstellen würde, wusste ich nur zu gut, was mit Mädchen unserer Gemeinschaft passierte, die ihre Grenzen ausloteten: Sie wurden »zurück« nach Pakistan geschickt und zwangsverheiratet. Und noch nie war eines dieser Mädchen von dort zurückgekehrt.

So erwog ich schließlich, mich umzubringen. Obwohl Vater Mutter jahrelang nicht mehr geschlagen hatte, litt sie unter chronischen Kopfschmerzen, die sich verschlimmerten, wenn er mich missbrauchte. Mutter nahm dann immer eine große Menge Paracetamol. In einer Küchenschublade lagen mehrere Schachteln, aus denen wir uns bedienen durften, wenn wir Kopfweh hatten.

Ich klaubte eine kleine Schachtel aus dem Müll und begann, einen Vorrat an Schmerzmitteln anzulegen. Immer wieder entwendete ich eine Pille aus dem Familienvorrat, wobei ich mir sicher war, dass Mutter es nicht bemerken würde. Nach und nach vergrößerte ich meinen Bestand, um damit Selbstmord zu begehen. Ich versteckte die Schachtel zwischen meinen Kleidern auf meinem Fach im Schrank.

Noch war ich nicht endgültig entschlossen, mich umzubringen, aber die Entscheidung wurde immer greifbarer. Ich sah keinen anderen Ausweg. Falls ich den Punkt erreichte, an dem ich absolut nicht mehr weiter konnte, wusste ich, wo meine Pillen waren. Sie bargen das Versprechen der endgültigen Befreiung von meinem Vater.

Ich war inzwischen fast vierzehn Jahre alt. Wenn mir mitgeteilt worden wäre, dass ich nach Pakistan verheiratet werden sollte, hätte ich zweifellos zu den Tabletten gegriffen. Sie waren meine Versicherungspolice, mein letzter dunkler, verzweifelter Ausweg.

Mir war stets bewusst, dass ich zwischen zwei Welten feststeckte. Ich passte nicht in meine eigene Kultur, weil ich mich zu der Welt meiner englischen Freundinnen hingezogen fühlte. Aber auch in ihre Kultur passte ich nicht, weil ich eine pakistanische Muslimin mit brauner Haut war. Ich war alles andere als glücklich mit meiner Identität, fing sogar an, sie abzulehnen. Aber welche Alternative hatte ich?

Ständig in einem *salwar kamiz* herumlaufen zu müssen, vergrößerte mein Elend. In unserer Schule gab es jeden Monat ein paar Tage, an denen wir keine Schuluniformen tragen mussten. Die Mädchen führten dann die neueste Mode vor, der letzte Schrei waren damals grellfarbige, glänzende Nylon-Jogginganzüge. Dazu wurden riesige Ohrreifen getragen, die Haare zu einem Pferdeschwanz gebunden und das Make-up zentimeterdick ins Gesicht geschmiert. Ich hatte immer nur meinen *salwar kamiz* an und trug dazu ein knallgelbes Kopftuch. Make-up oder Schmuck besaß ich nicht – eine schreckliche Demütigung.

Meine Freundinnen taten, als würden sie meine Aufmachung nicht bemerken, aber andere waren nicht so freundlich. Ich war ein schüchternes Mädchen, und meine Schüchternheit verstärkte sich, wenn mir Mitschüler auf den Gängen »Paki!« nachriefen. Dabei wollte ich doch so gern dazugehören.

Ich sehnte mich nach einem Jogginganzug. Ich träumte von einem schillernden, türkisfarbenen Anzug, und dazu stellte ich mir einen knallrosa Lippenstift und blauen Lidschatten vor. Ich war mir sicher, dass ich umwerfend aussehen würde.

Nachdem Skip nicht mehr da war, verbrachte ich die meiste Zeit mit Sonia, einem zierlichen, hübschen Mädchen mit langen schwarzen Haaren und großen braunen Augen, die in die Klasse meiner Schwester Sabina ging. Obwohl sie erst elf war, hatte Sonia etwas Rebellisches an sich, das mich zu ihr hinzog.

Sonia lebte in einem viktorianischen Reihenhaus zwischen unserer Straße und der Haltestelle des Schulbusses. Ihre Eltern kamen aus Indien und lebten etwa so lange in Großbritannien wie meine Familie. Doch im Gegensatz zu meinen Eltern sprachen die beiden ausgezeichnet Englisch und arbeiteten außerhalb ihres Viertels, der Vater in einem Büro, die Mutter als Krankenschwester. Sonias Großmutter hatte in Indien als Ärztin gearbeitet, in ihrer Familie war es eine Selbstverständlichkeit, dass auch Mädchen eine gute Ausbildung anstrebten, die ihnen ein unabhängiges Leben ermöglichen würde.

Sonias Leben war wesentlich freier als meines. Sie durfte sich mit ihren Freundinnen in der Stadt treffen und trug stets westliche Kleidung. Dennoch litt sie ein wenig unter ihrer Mutter, die ihr ständig vorhielt, dass ihre Nase zu groß sei. Es wurde sogar eine Schönheitsoperation erwogen.

Sonia sprach mit mir über ihre Probleme. Sie erzählte mir, dass sie allmählich zu glauben anfinge, ihre Nase mache sie hässlich. Ich bemühte mich um Mitgefühl, aber eigentlich fand ich, dass sie wenig Grund zur Klage hatte. Im Gegenzug vertraute ich ihr an, wie sehr ich meinen *salwar kamiz* hasste und dass ich keine Freundinnen in der Stadt treffen durfte.

Doch die schlimmsten Geschichten behielt ich für mich. Ich konnte mich nicht überwinden, darüber zu sprechen, dass mein

Vater mich seit acht Jahren verprügelte und vergewaltigte. Irgendwie fühlte ich mich noch immer schuldig und schämte mich für das, was mir passierte. Und das konnte ich einfach niemandem anvertrauen, da ich befürchtete, eine wunderbare Freundin zu verlieren, wenn sie herausfand, wie schrecklich es bei mir zu Hause zuging. Deshalb musste ich mich darauf beschränken, mich über meine Kleidung zu beklagen.

»Na ja, das lässt sich doch leicht ändern«, erklärte Sonia eines Tages schelmisch grinsend. »Morgen dürfen wir ohne Uniform in die Schule, stimmt's? Komm doch vor der Schule bei mir vorbei. Meine Eltern gehen früh aus dem Haus. Wir haben ungefähr die gleiche Größe, du kannst dir ein paar Sachen von mir ausleihen. Wir können uns gemeinsam chic machen.«

Ich war begeistert. Ohne weiter über das Risiko nachzudenken, ging ich eine Viertelstunde früher als sonst aus dem Haus und eilte zu Sonia. Sie machte die Tür auf und zog mich hinein.

Sonia hatte ein eigenes Zimmer im ersten Stock, ein hübsches, ordentliches Zimmer im Vergleich zu dem Raum, in dem ich hauste. Es war mit Postern von Fernsehshows und Popstars dekoriert, die wir beide verehrten.

Wir durchsuchten ihren Kleiderschrank und entschieden uns für eine enge Jeans und ein schlichtes T-Shirt. Beim Anziehen durchströmte mich eine köstliche Erregung. Es war das erste Mal in meinem Leben, dass ich eine richtige Jeans trug und spürte, wie der Stoff meine Haut berührte.

Ich stopfte *salwar kamiz* und *hijab* in meine Schultasche. Bevor wir das Haus verließen, schminkten wir uns noch rasch mit Lidstrich, Wimperntusche und rotem Lippenstift. Mutter hatte mich ein oder zwei Mal für eine Hochzeit in der Moschee geschminkt, ich wusste also ungefähr, was zu tun war. Sonia zeigte mir den Rest, dann frisierte sie mich.

Wir blickten in den Spiegel ihrer Frisierkommode und beschlossen, dass wir beide umwerfend aussahen.

Auf der Veranda überkam mich plötzlich die Angst. »Sonia, was passiert, wenn mich jemand sieht?«, flüsterte ich.

Sie lächelte nur.

»Jetzt komm schon, du siehst toll aus. Es wird schon keinem auffallen. Wir müssen los, sonst kommen wir zu spät zur Schule.«

Ich war mir sicher, dass mich jemand aus meiner Gemeinschaft entdecken würde, und ich sollte Recht behalten. An der Bushaltestelle fiel mein Blick auf Amina und Ruhama. Sie mussten zweimal hingucken.

»Wow! Hannan, bist du das?«, fragte Amina.

»Woher hast du diese Klamotten?«, fragte Ruhama.

»Geht euch nichts an«, fauchte ich und versuchte, meine Stimme bedrohlich klingen zu lassen.

Ich wollte nicht, dass jemand das an die große Glocke hängte, schließlich wusste ich, wie schnell Klatsch in der East Street die Runde machte. Dass ich geschminkt und ohne *hijab* in die Schule ging, hätte sich wie ein Lauffeuer verbreitet. Aber ich war wild entschlossen, mich wenigstens einen Tag lang ganz normal zu fühlen, egal, was danach passierte, und hoffte, dass Amina und Ruhama, die immer westliche Kleidung tragen durften, den Mund halten würden.

Als wir an der Schulpforte ankamen, schämte ich mich zum ersten Mal in meinem Leben nicht meiner Kleider. Ich hatte sie selbst ausgesucht! Am liebsten hätte ich vor lauter Freude ein Rad geschlagen.

Natürlich gab es jemand, der einen gemeinen Kommentar ablassen musste: meine kleine Schwester Sabina.

»Warum hast du diese Sachen an?«, fragte sie mich auf Punjabi mit vor Abscheu verzerrtem Gesicht. »Woher hast du dieses Zeug, dieses *gori*-Zeug?«

»Es gehört Sonia«, erwiderte ich, wobei ich absichtlich Englisch sprach. »Hast du ein Problem damit?«

»Sie ist eine Hindu«, sagte Sabina und zog die Nase kraus. »Warum trägst du Kleider von einer Hindu?«

»Das ist doch völlig egal«, entgegnete ich. »Mir gefallen die Sachen, und ich werde sie auch weiterhin tragen.«

Ich glaubte nicht, dass mich Sabina zu Hause verpfeifen würde, und wenn, würde ich allen ihren Schulfreundinnen stecken, dass sie eine Petze war. Zu Hause petzte Sabina ständig, aber in der Schule waren solche Leute nicht beliebt.

Endlich fühlte ich mich meinen Freundinnen zugehörig.

Nach der Schule war die Luft rein. Sonia und ich fuhren mit dem Schulbus nach Hause und gingen zu ihr, wo ich mich wieder zurückverwandelte. Die Jeans und das T-Shirt wurden ausgezogen, die Schminke abgewischt, meine Haare wieder geflochten. Ich zog den gelben *salwar kamiz* und mein *hijab* an und betrat meine Straße in derselben Kleidung, in der ich sie verlassen hatte.

Das war die köstlichste Rebellion, die ich bislang gewagt hatte. Von da an machten wir es immer so, wenn keine Schuluniform getragen werden musste. Sonia war meine Komplizin. Was meine Eltern tun würden, wenn sie davon erfuhren, wollte ich mir lieber nicht vorstellen. Vaters Wut würde grenzenlos sein. Aber ich war bereit, dieses Risiko einzugehen. Der Lohn war ein schlichtes, beseligendes Gefühl von Freiheit, und für dieses Gefühl hätte ich alle Risiken auf mich genommen. Alles andere in meinem Leben – wen ich wie anbetete, was ich trug, wie ich meine Zeit verbrachte, ja selbst mein eigener Körper – wurde von meiner Familie kontrolliert.

Endlich hatte ich etwas aus freiem Willen getan – und das weckte mein Verlangen nach mehr.

11

Braunhäutige Außenseiterin

Als ich vierzehn geworden war, kehrte Raz wieder in unser Leben zurück. Er war über drei Jahre weggewesen, und niemand hatte seine Rückkehr angekündigt. Als Mutter ihn umarmte, brach Raz in Tränen aus. Ich war entsetzt über sein Aussehen und darüber, wie bedrückt er wirkte.

Die Zeit in der pakistanischen Medrese hatte einen völlig anderen Menschen aus ihm gemacht. Er wirkte viel älter und hatte stark abgenommen. Das Schlimmste jedoch war, dass sein Selbstvertrauen und seine Lebensfreude völlig verschwunden zu sein schienen. Es wirkte, als sei das Licht in seinen Augen erloschen und an dessen Stelle eine dunkle Leere getreten.

Raz erwähnte mir gegenüber mit keinem Wort, was ihm in Pakistan widerfahren war.

Eines Tages erfuhren wir, dass ein Freund von Raz demnächst auch eine pakistanische Medrese besuchen sollte.

»Er darf nicht dorthin gehen«, entfuhr es Raz. »Lasst ihn nicht weg. Er wird es hassen. Es wird ihn umbringen.«

Mutter wusste gar nicht, was sie sagen sollte.

»Warum? Warum wird er es hassen?«, wollte ich wissen. »Was ist denn so schlimm daran, Raz?«

Mein Bruder starrte auf den Boden.

»Es ist schrecklich, sie schlagen dich dort ständig«, murmelte er. »Sie schlagen dich, wenn du ein Wort falsch aussprichst. Und sie schlagen dich nicht nur mit einem Stock, wie bei uns in der Moschee. Sie dreschen auf dich ein, bis du am Boden liegst, und dann wirst du stundenlang mit Fäusten und Füßen traktiert. Es ist die reinste Folter. Das tun sie dort mit dir: Sie foltern dich.«

Seine Worte lösten maßloses Entsetzen bei mir aus. »Einmal«, fuhr er fort, »habe ich es nicht geschafft, eine der Suren richtig auszusprechen. Ich hab es immer wieder versucht, aber ich habe es einfach nicht hinbekommen. Deshalb haben sie mich zusammengeschlagen und dann tagelang in einen grauenhaften, dunklen Raum gesperrt. Dort bleibst du, bis du es richtig gelernt hast, und wenn du es nicht schaffst, dann stirbst du eben, haben sie gesagt. Und außerdem …«

Seine Stimme erstarb, er konnte vor Angst nicht weiterreden.

»Ich will nie mehr zurück«, sagte er schließlich. »Und wenn jemand versucht, mich wieder dorthin zu schicken, bringe ich mich um.«

Der Bruder, den ich gekannt und geliebt hatte, war gebrochen und zerstört worden, und an seine Stelle war ein zutiefst verletzter, von Ängsten erfüllter junger Mann getreten. Später bekam Raz ernste psychische Probleme, die Narben der Medrese verheilten nie völlig. Vater war es jedoch gelungen, Raz nach seinen Vorstellungen umzumodeln.

Was Raz passiert war, ist leider kein Einzelfall. Viele Medresen in Pakistan bereiten junge Männer auf den Dschihad gegen den Westen vor. Sie nehmen die Jungen in einem verletzlichen Alter aus ihren Familien, quälen sie und brechen ihren Mut. Wenn sie die jungen Leute unter ihre Kontrolle gebracht haben, impfen sie ihnen ihren Hass ein, und dann schicken sie sie als Kanonenfutter in die Welt hinaus.

Raz ist diesem grausamen Schicksal entgangen, aber er wurde gezwungen, einen einsamen, steinigen Weg zu beschreiten.

* * *

Am oberen Ende unserer Straße hatte die Stadt eine neue Schule für junge Langzeitarbeitslose und Menschen mit Lernbehinderungen errichtet. Viele in unserer Gemeinschaft waren dagegen, dass die Behinderten und die Sozialschmarotzer – also Leute, die von staatlicher Unterstützung lebten – in unsere Straße kamen. Viele der Erwachsenen betrachteten diese Menschen als den Abschaum der britischen Gesellschaft und mieden den Umgang mit ihnen.

Für die meisten aus der Generation meiner Eltern galt ein behindertes Kind als Fluch Allahs für elterliche Sünden. So ein Kind war eine Schande für die ganze Familie. In den ländlichen Gegenden Pakistans wurden Kinder mit Behinderungen getötet oder aber im Haus versteckt – manchmal ihr Leben lang.

Skips älteste Schwester Zaria hatte eine behinderte Tochter. Die Kleine litt unter einer angeborenen Muskelschwäche und konnte sich kaum aufrecht halten. Wenn in ihrem Haus eine Versammlung stattfand, versteckte Zarias Familie das kleine Mädchen in einem Schlafzimmer. Obwohl sie das Kind liebten, entkamen sie nicht den Zwängen von Religion und Tradition. Wenn Skip und ich mit der Kleinen spielten, wurde mir klar, dass die Menschen meiner Gemeinschaft falsch mit Behinderungen umgingen.

An den Werktagen herrschte in unserer Nachbarschaft eine spürbare Spannung, wenn die Behinderten und die »Schmarotzer« kamen. Das schien mir der Gipfel der Heuchelei, denn eine ganze Reihe von Leuten in unserer Straße, darunter mein Vater, lebten ebenfalls von staatlicher Unterstützung. Doch das war in ihren Augen selbstverständlich etwas ganz anderes.

Mein Vater konnte allein durch seinen Status als Imam tun und lassen, was er wollte. Er behauptete, sein schwacher Rücken mache es ihm unmöglich, zu arbeiten, und strich Geld vom Staat ein, während er täglich in der Moschee sein Amt verrichtete. Er hätte Englisch lernen oder seinen Führerschein machen und Taxifahrer werden können. Aber er war der Meinung, dass ihm zustand, was er von den *goras* bekam. Er schien nicht einen Funken Schuldgefühl zu haben, dass seine achtköpfige Familie nur dank staatlicher Unterstützung überlebte. Für ihn stellte es kein moralisches Dilemma dar, Geld von einem Staat zu nehmen, den er verachtete. Schließlich ermöglichte ihm diese Unterstützung, der spirituelle Führer seiner Gemeinde zu sein.

Die Sozialhilfeempfänger waren natürlich mit Vater nicht zu vergleichen. Sie erschienen ihm als völlig degenerierte Menschen. Sie trugen zerlöcherte Jeans und Lederjacken, und in der Pause standen sie vor der Schule und rauchten und tranken. Vielleicht fanden Billy und Zakir diese Jugendlichen insgeheim ziemlich cool, aber meine Brüder hatten ein ausgeprägtes Arbeitsethos und wollten es durch harte Arbeit im Leben zu etwas bringen.

Meist ignorierten uns die Sozialhilfeempfänger. Ich hatte Angst, wenn ich an ihnen vorbeimusste, vor allem, wenn sie getrunken hatten, aber sie riefen uns keine Beleidigungen nach und wurden auch nie handgreiflich.

Das änderte sich allerdings, als der zweite Golfkrieg begann. Die Jugendlichen machten uns danach das Leben sehr schwer. Wenn wir an ihnen vorbeikamen, schrien sie: »Paki! Saddam-Freunde! Elende Paki!«

Die Tatsache, dass die meisten von uns aus Pakistan stammten, wir also keine irakischen Araber waren, schien ihnen entgangen zu sein. Wir hatten braune Haut und waren Muslime, das reichte ihnen.

Eines Tages kam ich mit meinem ältesten Bruder Zakir an der Schule vorbei. Eine Gruppe kahlrasierter Jugendlicher überschüttete uns mit ihrem Hass und Schmährufen.

»Paki-Mistkerle! Kleine Paki-Mistkerle! Warum verpisst ihr euch nicht in eure verdammte Heimat?«

»Haltet den Mund«, erwiderte Zakir erbost. »Haltet bloß euer blödes Maul! Meine Heimat ist hier!«

Einer der Skins sprang von der Steinmauer, auf der er gesessen hatte, und verpasste Zakir einen Kinnhaken. Sogleich stürzten sich auch die anderen wie eine Meute Hunde auf ihn. Sie schlugen und traten meinen Bruder und feuerten sich gegenseitig an.

»Los, zeigt's ihm.«

»Macht den Paki-Mistkerl fertig!«

»Tretet ihm seinen Paki-Schädel ein!«

Kurz versuchte Zakir, sich zu wehren, doch bald ging er unter dem Hagel von Schlägen zu Boden. Er rollte sich zusammen und versuchte verzweifelt, den Kopf mit den Armen zu schützen. Ich schrie mir die Lungen aus dem Leib, während die Meute weiter auf ihn eintrat. Zum Glück hörte mich Onkel Kramats Sohn Ahmed und eilte herbei, um Zakir zu helfen. Nach und nach kamen weitere Männer, und als die Skinheads sahen, dass sie unterlegen waren, nahmen sie Reißaus.

Zakir lag noch immer auf dem Boden und krümmte sich vor Schmerzen. Ich war schreckerstarrt. Wie schwer war er verletzt? Aus seiner Nase strömte Blut. Langsam und vorsichtig halfen die Männer Zakir aufzustehen. Er erklärte stockend, dass seine Rippen schmerzten, wo die schweren Stiefel der Skinheads ihn getroffen hatten.

»Soll ich dich ins Krankenhaus fahren?«, fragte Ahmed.

»Nein, nicht nötig«, erwiderte Zakir, spuckte jedoch noch immer Blut. »Macht kein Getue. Ich will kein Getue, ich will nur nach Hause. Mutter kann sich um mich kümmern.«

Zakirs Nase wirkte gebrochen, seine Lippen waren aufgeplatzt und bluteten, ein Auge schwoll zu. Mutter war natürlich außer sich über das, was dieser *gora*-Abschaum ihrem Sohn angetan hatte.

Nachdem sie seine Wunden gesäubert hatte, ging sie zu dem pakistanischen Polizisten in der Nachbarschaft, der die Polizei benachrichtigte. Einige Beamte machten sich zur Schule auf und stellten dort ein paar Fragen, aber es kam nichts dabei heraus. Es wurde auch nichts weiter unternommen, doch im Grunde war das den Leuten in unserer Straße ganz recht so.

Alle wollten die Sache am liebsten möglichst schnell vergessen. Wenn jemand verhaftet und vor Gericht gestellt worden wäre, hätte das nur ein schlechtes Licht auf unsere Gemeinschaft geworfen. Wir blieben unter uns und hielten uns aneinander – so lief es in der East Street.

Von da an ging niemand mehr allein an der Schule vorbei. Die Skinheads merkten, dass die ganze Gemeinschaft auf der Hut war, und riefen uns nur noch Beleidigungen hinterher, handgreiflich wurden sie nie mehr.

Der Angriff änderte nichts an meiner Einstellung zu den Weißen. Die meisten meiner Schulfreundinnen waren weiß, und sie hielten immer zu mir. Allerdings änderte sich meine Einstellung zu den Skinheads. Ich stellte fest, dass die Skinheads ganz ähnlich waren wie die Gruppe, aus der ich stammte: von blinden Vorurteilen und Ignoranz beherrscht.

Auch auf meiner Schule begannen ältere Jungs, die mich nicht kannten, mich »Paki« und »Saddam-Freundin« zu nennen. Zum Glück stand mir Lara bei, und keiner der Jungs wollte das hübschste Mädchen unseres Jahrgangs beleidigen.

»Lass sie in Ruhe, du Idiot«, fauchte Lara zornig, wann immer so etwas passierte. »Sie geht das alles nichts an. Pakistan hat mit dem Irak überhaupt nichts zu tun, kapiert? Halt lieber den Mund, bevor du noch größeren Schwachsinn verzapfst!«

In unserer Gemeinschaft pakistanischer Muslime waren die meisten gegen Saddam, weil er ein säkulares Staatsoberhaupt war. Im Irak galt nicht das Recht der Scharia, und auch andere islamische Bräuche zählten kaum. Doch gleichzeitig missfiel Männern wie meinem Vater die Tatsache, dass britische Soldaten gegen ein muslimisches Land Krieg führten.

»Seht sie euch an«, schrie Vater erbost, wenn im Fernsehen

Nachrichten kamen. »*Goras,* die über muslimischen Boden trampeln. Sie erobern muslimisches Land!«

Dass kein muslimisches Land sich bereit erklärt hatte, für die Kuwaitis in den Krieg zu ziehen, war meinem Vater wohl völlig entgangen.

In der Schule bekam ich von meiner Englischlehrerin, Mrs Zorba, den Auftrag, der Klasse ein Buch vorzustellen. Ich suchte mir den Roman *Wer die Nachtigall stört* von Harper Lee aus. Es geht darin um eine weiße Familie im amerikanischen Süden. Der Vater, Atticus Finch, muss einen Schwarzen verteidigen, der zu Unrecht beschuldigt worden ist, ein weißes Mädchen vergewaltigt zu haben. Für mich war dieser Roman ein leidenschaftlicher Aufruf zur Toleranz und zeigte, wie wichtig es ist, in Eintracht miteinander zu leben – eine Botschaft, die mein Vater und die Skinheads bestimmt nie vernommen hatten.

An dem Tag, an dem ich mein Referat halten sollte, war ich schrecklich aufgeregt. Ich stand vor der Klasse, doch plötzlich gingen meine Nerven mit mir durch: Ich rannte aufs Klo und heulte mir die Augen aus dem Kopf, wobei ich mir vorkam wie die letzte Versagerin.

Am Anfang der nächsten Englischstunde stellte sich Mrs Zorba an die Tafel und verkündete, sie werde eine ausgezeichnete Buchbesprechung vorlesen, um der Klasse ein Beispiel zu geben. Die Farbe wich mir aus dem Gesicht, während Mrs Zorba mein Referat vorlas. Zum Glück sagte sie nicht, dass der Aufsatz von mir stammte.

Bei mir zu Hause sagte nie jemand, dass ich etwas gut gemacht hatte, aber in der Schule wurden meine Leistungen anerkannt. In jenem Jahr bekam ich eine Auszeichnung für hervorragende Leistungen in Englisch. Keiner meiner Brüder hatte in der Schule je einen Preis erhalten. Stolz wie nie las ich Mutter das Schreiben vor, und sie schien sich zu freuen. Vater ignorierte es natürlich, aber immerhin nahm er es nicht als Vorwand, um mich zu missbrauchen.

Damals waren Zakir und Billy bereits auf der Universität. Die Feier, bei der die Auszeichnungen verteilt wurden, sollte am Abend stattfinden, aber meine Eltern wollten nicht hingehen. Da ich bei Dunkelheit nicht allein aus dem Haus durfte, befürchtete ich schon, ich würde die Feier verpassen. Doch zum Glück bot mir Raz an, mich zu begleiten.

»Weißt du«, meinte Raz auf dem Weg zur Schule, »du hast dich wirklich wacker geschlagen. Du kannst stolz auf dich sein, heute ist dein großer Tag.«

Am liebsten hätte ich ihn umarmt und ihm gesagt, wie dankbar ich ihm für seine Begleitung war. Aber in unserer Familie zeigte nie jemand seine Zuneigung. Der einzige körperliche Kontakt, den ich je hatte, war das obszöne Gegrapsche meines Vaters im Keller.

Zu meinem Preis gehörte ein Scheck über neunundzwanzig Pfund, der für Bücher ausgegeben werden sollte. Ich hatte mich für das *Oxford Kompakt-Wörterbuch* entschieden, das teuerste Buch im Laden. Unser Bürgermeister überreichte mir den Preis und das Wörterbuch in Anwesenheit der Lokalpresse. Ich konnte mein Glück kaum fassen.

Das Wörterbuch war, abgesehen vom Koran, mein erstes eigenes Buch. Es bildete meinen kostbarsten Besitz. Ich legte es ehrfürchtig in mein Versteck oben auf dem Schrank und hoffte inständig, dass es niemand finden möge.

12

Auf dem absteigenden Ast

Leider blieb meine Auszeichnung in Englisch der einzige strahlende Moment in meiner zunehmend düsteren Schulkarriere. Seit ich zum ersten Mal Sonias Kleider getragen hatte, wuchs meine Auflehnung, und das zeigte sich auch in einem immer unberechenbareren und störenderen Verhalten in der Schule.

Einmal waren wir in einem Klassenzimmer mit einer Schrankkammer. Als unsere neue Lehrerin in die Kammer ging, um ein paar Sachen zu holen, sprang ich blitzschnell auf, schlug die Tür zu und verriegelte sie.

Eine Sekunde lang starrten mich alle verwundert an, dann brachen sie in schallendes Gelächter aus. Ich war bis zu diesem Zeitpunkt eine ausgesprochen ruhige Schülerin gewesen.

»Wow! Das haben wir ja gar nicht gewusst, dass Hannan zu solchen Streichen fähig ist«, ertönte es ringsum.

Ich hörte die Lehrerin rufen und gegen die Tür schlagen. Ich konnte es selbst kaum fassen, was ich da angerichtet hatte. Mit der Zeit wurde die Lehrerin immer panischer.

Kurz vor Ende der Stunde sperrte ich die Tür auf und rannte mit den anderen in einem Schwarm nach draußen, sodass ich mitsamt meinem schlechten Gewissen darin unterging. Ich wusste, dass mich keiner verpetzen würde. Doch schließlich kam man mir auf die Schliche, und ich musste nachsitzen und fünfhundert Mal schreiben: Ich werde meine Lehrerin nie mehr in einen Schrank sperren.

Mrs Zorba stellte mich zur Rede. »Ich habe erfahren, dass du eure neue Lehrerin in den Schrank gesperrt hast. Das sieht dir gar nicht ähnlich. Was ist mit dir los?«

Ich zuckte nur stumm mit den Schultern, denn ich wusste nicht, was ich darauf sagen sollte. Ich verstand ja selbst nicht, warum ich das getan hatte.

Ich rebellierte, wo ich nur konnte, aber es war mir nicht bewusst. Ich hatte zu Hause so selten Gelegenheit, aus der Zwangsjacke auszubrechen, die mein Leben in meiner Familie für mich darstellte, dass ich in der Schule jede Chance beim Schopf packte.

Und so fing ich an, die Schule zu schwänzen. Ein paar Straßen von unserer Schule entfernt gab es einen schmalen Durchgang zwischen den Häusern, wo wir Mädchen sitzen und plaudern konnten. Jungs, mit denen wir hätten flirten können, gab es kaum, aber dafür Alkohol und Zigaretten. Ein Verkäufer in einem Laden um die Ecke war froh, wenn er ein paar billige Flaschen Apfelwein und Zigaretten – zehn Pence das Stück – an Schulschwänzer verkaufen konnte.

Ich zog an einer Zigarette und probierte den Apfelwein. Nichts davon schmeckte mir wirklich. Aber da Rauchen und Trinken in meiner Kultur *haram* waren, erregte mich die Macht, die ich in den Händen hielt, meinen Eltern zu trotzen.

Da meine Eltern Englisch weder lesen noch schreiben konnten, wusste ich, dass ich wegen des Schuleschwänzens zu Hause keinen Ärger bekommen würde: Ich konnte mir immer selbst eine Entschuldigung schreiben und dafür sorgen, dass sie nichts mitbekamen.

Mein größtes Problem bestand jedoch weniger darin, der Schule zu entkommen, als vielmehr überhaupt das Haus verlassen zu können. Meine nicht enden wollenden häuslichen Pflichten und die Angst, was Vater mit mir anstellen würde, wenn ich ihm nur den geringsten Anlass gab, belasteten mich mehr und mehr. Während meine Freundinnen die Schule schwänzten, um mehr Zeit zu Hause zu verbringen, wollte ich mein Zuhause um jeden Preis meiden.

Manchmal hatte ich so viel Angst davor, nach Hause zu gehen, dass ich am Ende des Unterrichts einfach im Klassenzimmer sitzen blieb. Das tat ich vor allem in der Stunde von Mrs Zorba, weil ich das Gefühl hatte, ihr vertrauen zu können. Mrs Zorba packte ihre Sachen ein und wischte die Tafel, bis ihr Blick auf mich fiel, die ich allein an meinem Pult saß.

»Hannan, warum bist du denn noch da?« fragte sie dann. »Hast du kein Zuhause, in das du heute Abend zurückkehren möchtest?«

»Es gibt schon ein Zuhause«, murrte ich. »Aber ich möchte nicht dorthin.«

»Warum denn nicht?«, fragte sie mich freundlich.

»Es ist grässlich bei mir zu Hause«, murmelte ich. »Ich hasse es.«

Mrs Zorba versuchte immer wieder, mir eine Erklärung zu entlocken. Schließlich gab ich zumindest einen kleinen Teil des Grundes preis.

»Ich muss meine ganze Familie bedienen. Ich muss für alle kochen, sauber machen, waschen … Ich bin so müde und habe alles so satt!«

Manchmal brach ich in Tränen aus, wenn ich mit Mrs Zorba sprach. Sie war sehr mitfühlend und reichte mir dann immer ein Taschentuch. Doch obwohl sie versuchte, mir zu helfen, hatte sie keine Vorstellung davon, wie mein Leben wirklich aussah. Sie schlug vor, dass ich mich mit meinen Eltern zusammensetzen und ihnen meine Kümmernisse klarmachen sollte. Ich musste mich zurückhalten, um ihr nicht zu sagen, wie naiv und unangebracht ihr Vorschlag war. Jeder Versuch eines offenen

Gesprächs mit meinen Eltern hätte mir nur einen weiteren wüsten Übergriff eingebracht.

Ich sagte Mrs Zorba, dass ich versuchen würde, ihren Rat zu befolgen, aber das war gelogen. Je unberechenbarer ich mich verhielt und je häufiger ich die Schule schwänzte, desto besorgter wurde sie. Schließlich wurde ihr wohl klar, dass bei mir zu Hause wirklich etwas nicht stimmte.

»Hannan, ich mache mir große Sorgen um dich«, sagte sie eines Tages. »Offenbar läuft bei dir zu Hause etwas schief, nicht wahr? Deshalb willst du nicht heimgehen. Na komm schon, sag's mir. Ich kann dir nicht helfen, wenn ich nicht weiß, was wirklich los ist.«

Ich begann zu weinen. Ich schaffte es einfach nicht, ihr zu gestehen, dass ich sexuell missbraucht wurde. Was würde sie von mir denken? Sie würde empört und angewidert sein. Meine Lieblingslehrerin würde bestimmt nichts mehr mit jemandem zu tun haben wollen, der so schmutzig war wie ich.

»Mein Vater ist nicht nett zu mir«, schluchzte ich schließlich. »Manchmal schlägt er mich.«

»Das tut mir leid, Hannan, das tut mir wirklich sehr leid«, versuchte Mrs Zorba mich zu trösten. »Kein Elternteil sollte seinem Kind weh tun. Ist da noch etwas, was du mir sagen möchtest?«

Ich sagte nichts mehr, aber ich konnte gar nicht aufhören zu weinen.

»Sieh mal, Hannan, ich würde gern mit der Konrektorin über deine Sorgen reden«, schlug Mrs Zorba vor. »Du hast doch nichts dagegen, oder?«

»Nein, das dürfen Sie nicht. Bitte sagen Sie niemandem etwas davon. Bitte!«

Ich wollte nicht, dass Mrs Zorba mit jemand anderem darüber redete, weil ich nicht wollte, dass mein Vater etwas mitbekam. Wenn er auch nur den geringsten Verdacht schöpfte, dass ich ihn verraten hatte, würde er mich unvorstellbar schlimm bestrafen. In meinen Augen war mein Vater allmächtig. Wie konnte ich ihm da die Stirn bieten?

Mrs Zorba seufzte.

»Hannan, es tut mir wirklich leid, aber ich darf solche Probleme nicht für mich behalten. Es ist meine Pflicht als Lehrerin, solche Vorfälle anzuzeigen. Wenn eine Schülerin so aufgewühlt ist wie du, ist das ein Zeichen, dass sie wirklich Hilfe braucht. Ich muss das melden, vor allem, wenn ich das Gefühl habe, dass dir oder einem anderen Familienmitglied aus der Familie heraus Gefahr droht.«

Bestimmt hegte Mrs Zorba den Verdacht, dass die physische Gewalt nicht alles war. Die Zeichen waren offensichtlich. Sie hoffte, dass ich mich einem Sozialarbeiter öffnen würde, aber diese Aussicht versetzte mich nur in Panik.

»Ich kann nicht mit einer anderen Person reden, Mrs Zorba! Ich bekomme großen Ärger, wenn ich das tue. Ich will nur mit Ihnen sprechen.«

»Hannan, hör mir zu – du wirst keinen Ärger bekommen. Mach dir keine Sorgen. Diese Leute sind sehr erfahren, und du hast das Recht zu reden, wenn du es willst. Sie sprechen ständig mit Teenagern. Sie sind es gewöhnt, Dinge für sich zu behalten. Sie sind da, um zu helfen. Es wird schon klappen, alles wird gut.«

Schließlich ließ ich mich von Mrs Zorba beruhigen und willigte ein, mit einer dritten Person zu reden.

Eine Woche später wartete ich vor dem Büro der Konrektorin auf mein Gespräch. Mir war fast schlecht vor Sorge, aber andererseits wollte ich mich wirklich gern jemandem anvertrauen. Ich sehnte mich verzweifelt nach einem Ausweg. Vielleicht konnte ich endlich all den Schmutz, die Schuldgefühle und die Scham loswerden?

Ich wurde in das Sprechzimmer geführt.

»Hannan, das hier ist dein Sozialarbeiter«, verkündete der Lehrer, der mich hineingeführt hatte, und deutete auf eine am Fenster stehende Gestalt. »Er heißt Omer.«

Mir war, als hätte man mir einen Schlag in die Magengrube versetzt. Ich hielt mich am Schreibtisch fest, weil mir schwindlig wurde und sich mein Blickfeld zu einem schwarzen Tunnel verengte. Das konnte doch nicht sein! Hatten sie wirklich? Ja, sie hatten: Omer, mein Sozialarbeiter, mein angeblicher Retter, war ein pakistanischer Muslim. Ich kannte ihn nicht persönlich, aber das war auch nicht nötig. Er war einer von uns.

Omer war Anfang dreißig und ziemlich groß. Er hatte Bartstoppeln am Kinn und wirkte in seinen Jeans und einem Baumwollhemd so, als habe er sich ganz dem Westen angepasst. Während ich um Atem rang, bemühte er sich um ein Lächeln.

»Hallo. Du bist Hannan, nicht wahr? Ich heiße Omer. Ich bin aus unserem Büro in South Bermford gekommen, um mich mit dir zu unterhalten.«

South Bermford? Das war viel zu nah. Zweifellos kannte Omer meinen Vater. Ich geriet in Panik. Was sollte ich tun? Sollte ich einfach behaupten, es wäre ein großes Missverständnis?

Bei mir zu Hause ist alles in Ordnung, meine Lehrerin hat da etwas falsch verstanden. Mein Leben ist die reine Freude.

Keine Sekunde hatte ich daran gedacht, dass sie womöglich einen pakistanischen Muslim bitten würden, mit mir zu reden. Vielleicht glaubten sie, dass ich mich bei jemand, der den gleichen religiösen und kulturellen Hintergrund hatte, unbefangener fühlen würde? Aber in Wahrheit hätte mich kein Sozialarbeiter stärker verängstigen können. Ich fragte mich, ob mich mein Vater diesmal umbringen würde.

Ich merkte, dass Omer mich seltsam anstarrte.

»Hannan? Hannan?«, fragte er. »Hast du eigentlich gehört, was ich gerade zu dir gesagt habe?«

Ich schüttelte den Kopf. »Nein, tut mir leid. Was?«, murmelte ich völlig verschüchtert.

»Ich habe dich gefragt, ob alles in Ordnung ist«, wiederholte Omer. »Du siehst schrecklich aus, du bist ja kreidebleich. Ich bin doch kein böser Geist, ich bin nur ein Sozialarbeiter. Von mir hast du nichts zu befürchten.«

Alles habe ich zu befürchten, dachte ich.

»Deine Lehrer meinen, du hättest Probleme zu Hause«, sagte er, dann lächelte er wieder. »Was für Probleme sind das denn, Hannan?«

Omer versuchte, mich zum Reden zu bewegen. Er lächelte so viel und wirkte so beruhigend, dass ich mich schließlich etwas entspannte. Er stellte mir viele Fragen und benahm sich sehr mitfühlend.

Vielleicht habe ich ihm Unrecht getan und ihn zu schnell in eine Schublade gesteckt, dachte ich. Auch in unserer Gemeinschaft gab es viele gute Menschen. Vielleicht konnte ich doch mit ihm reden?

Omer fragte mich, warum ich nach der Schule nicht nach Hause gehen wollte. Ich sagte ihm, dass ich mir in meiner Familie wie eine Sklavin vorkäme, weil ich alle Arbeiten im Haus erledigen müsse, und dass ich mein Leben und mein Zuhause hasste. Er wollte wissen, wovor ich solche Angst hätte und warum mir alles so verhasst sei. Ich erklärte ihm, mein Vater sei extrem streng und konservativ, und ich gestand ihm auch, dass ich Angst hätte, nach Pakistan geschickt und zwangsverheiratet zu werden.

Ich vermutete, dass ich einen Cousin ersten Grades von Mutters Seite heiraten sollte.

Vor Kurzem erst hatten sie mir ein Foto von ihm gezeigt. Er war ein armer Landarbeiter und lebte in dem Heimatdorf meiner Mutter in Pakistan. Mutter hatte eher scherzhaft gemeint, sie hätten beschlossen, dass ich ihn heiraten solle.

Ich hatte nur gedacht: Du magst das ja als Scherz hinstellen, aber wahrscheinlich stimmt es.

Mutter sagte nur immer wieder, wie gut dieser Mann doch aussehe und was für ein perfektes Paar wir beide abgeben würden. Ich hatte kaum einen Blick auf das Foto geworfen.

In unserer Gemeinschaft sollen Mädchen so früh wie möglich heiraten, bevor sie in Versuchung geraten, sich zu verlieben und die Familie entehren. Schon die Vorstellung, aus Liebe zu heiraten, war der Gipfel der Ehrlosigkeit, weil das bewies, dass es vorher zu unstatthaften Begegnungen gekommen sein musste. Wenn ein Mädchen einen Mann liebte, hatte sie vor ihrer Hochzeit bestimmt Zeit mit diesem Mann verbracht. Ehrbar war es nur, wenn man vor der Hochzeit keinen Kontakt mit dem Bräutigam gehabt hatte.

Eltern waren so begierig darauf, ihre Töchter zu verheiraten, dass sie dem Bräutigam eine stattliche Mitgift zahlten. Oft erhielt der Mann dann eine erkleckliche Summe, eine jungfräuliche Teenagerbraut aus Großbritannien und ein Ticket nach England. Dort lebte er dann mit der Braut und ihrer Familie, lernte die Sprache und versuchte, eine Arbeit zu finden. In der Regel war er völlig ungebildet und praktisch nur für die einfachsten Arbeiten geeignet. Dennoch sahen die Eltern darin eine gute Verbindung, die der Ehre zuliebe geschlossen worden war.

Omer wollte weitere Einzelheiten wissen. »Aber wovor hast du solche Angst, Hannan? Deine Lehrerin hat mir gesagt, dass du Angst hast, nach Hause zu gehen. Gibt es etwas, was du mir bisher verschwiegen hast?«

»Er … er schlägt mich«, murmelte ich.

»Dein Vater? Dein Vater wird dir gegenüber gewalttätig? Und auf diese Weise versucht er, dich zu Dingen zu zwingen, die du nicht tun möchtest? Wie etwa in einer arrangierten Ehe zu heiraten? Ist das so?«

Ich nickte. »Ja, mehr oder weniger.«

Ich wollte nicht mehr dazu sagen, und außerdem war unsere Zeit fast vorbei. Omer hatte eine Stunde für mich eingeplant, und die war beinahe um.

»Ich komme nächste Woche wieder, Hannan, dann können wir unser Gespräch fortsetzen«, versicherte Omer mir. »Wir können so viel oder so wenig reden, wie du möchtest. Also mach dir keine Sorgen, okay?«

Ich wusste nicht, was ich von der Sache halten sollte. An jenem Nachmittag ging ich völlig gedankenverloren nach Hause. Omer war eigentlich ganz nett gewesen. Vielleicht sollte ich mich doch noch einmal mit ihm unterhalten. Ich ging in die Küche. Mutter sagte mir, ich solle Tee und Kaffee machen und zusammen mit ein paar Keksen zu Vater und seinem Gast ins vordere Wohnzimmer bringen.

In Gedanken versunken klopfte ich an und ging ins Männerzimmer. Dort fiel mein Blick auf Omer, der auf dem Sofa neben Vater saß und mich anlächelte.

Mir stockte das Blut in den Adern. Mit zitternden Händen stellte ich das Tablett auf den Tisch und eilte rückwärts hinaus, wobei ich über den hochstehenden Teppichrand stolperte.

Panisch rannte ich nach oben. Sollte ich weglaufen? Sollte ich meine Pillen schlucken und alles beenden, bevor mein Vater mich in die Hände bekam?

Doch vielleicht reagierte ich zu heftig? Vielleicht stand Omer ja noch immer auf meiner Seite? Vielleicht wollte er sich nur persönlich umsehen und meinen Vater kennenlernen? Vielleicht hatte dieser Besuch ja sogar sein Gutes – diese Möglichkeit bestand schließlich auch.

Mir blieb nicht viel Zeit zum Nachdenken. Mein Vater rief nach mir, ich ging mit schlotternden Knien nach unten. Vater stand im Wohnzimmer, seine Miene wirkte wie die eines Heiligen, der mit einer missratenen Tochter gestraft ist, die Hilfe braucht. Sofort wusste ich, dass Omer Vater alles erzählt hatte und dass Vater jetzt eine Glanzvorstellung in der Rolle als Heiliger hinlegen würde.

Entweder Omer glaubte ihm, oder es war ihm egal, wie es mir wirklich ging.

»Hannan, ich habe deinem Vater erzählt, was du mir gesagt hast«, verkündete Omer. »Er meint, das stimmt alles nicht. Er hat mir versichert, dass er deine Heiratsmöglichkeiten offen mit dir besprechen wird. Und er hat mir gesagt, dass er nicht im Traum daran denken würde, eine seiner Töchter zu schlagen.«

Ich bekam kaum noch Luft. Omer und mein Vater, zwei muslimische Pakistaner, hatten eine Übereinkunft erzielt.

»Was mich angeht, haben wir damit alles geklärt. Es tut mir leid, dass ich Sie gestört habe, Sir. Ich bin mir sicher, dass Ihre Tochter im Herzen ein braves Mädchen ist.«

Die Sache war glasklar. Omer schüttelte meinem Vater die Hand, drehte sich zu mir um und lächelte mich an, dann begleitete Vater ihn an die Haustür.

Als er zurückkam, rastete er völlig aus.

Er hieb mit den Fäusten auf meine Brust ein, beim zweiten Schlag ging ich zu Boden. Dann trat und schlug er mich am ganzen Körper. Ich rollte mich zu einer Kugel zusammen und versuchte, mich irgendwie zu schützen. Mutter war in der Küche, aber ich wusste, sie würde nicht eingreifen.

»Wenn du noch einmal, nur ein einziges Mal, einem Fremden gegenüber auch nur ein Wort verlauten lässt, bringe ich dich um!«, fauchte Vater, das Gesicht zu einer Fratze des Bösen verzerrt. »Ich bringe dich um, und es wird mir das größte Vergnügen bereiten. Du dummes, dummes, blödes, verfluchtes, wertloses, böses Mädchen!«

Er packte mich an den Haaren und schleifte mich durch die Küche, stieß die Kellertür auf und schubste mich kopfüber die Treppe hinunter. Ich landete auf dem harten Steinfußboden, ein schmerzerfülltes Häufchen Elend. Ich wusste, was nun kommen würde, und flehte ihn an, mich zu verschonen.

Doch Vater ignorierte mein Flehen.

Als er schließlich genug von mir hatte, stieg er die knarzenden Stufen hoch. Es gab einen Moment Helle, als er die Tür aufmachte, der Lichtstrahl fuhr durch den dunklen Keller wie ein Suchscheinwerfer. Dann wurde die Tür zugeschlagen. Ich hörte, wie der Schlüssel im Schloss umgedreht wurde, und dann kehrte Stille ein. Ich ertrank in der Finsternis.

Ich betete, meine Einsamkeitsvögel möchten kommen und mich holen.

Plötzlich sah ich einen hellen Sonnenstrahl vor mir, und über mir hörte ich eifriges Flügelschlagen. Sie waren gekommen! Meine geliebten weißen Tauben waren gekommen, um mich zu retten; sie trugen mich aus dem Schrecken und dem Schmutz an meinen hellen Ort der Ruhe, die Lavendelfelder.

Es dauerte eine ganze Weile, bis ich wieder zu Bewusstsein kam. Mein Körper war von Platzwunden und Blutergüssen übersät, alles tat mir weh. Doch wie üblich hatte Vater sorgfältig darauf geachtet, mich nicht ins Gesicht zu schlagen. Unter meinem *salwar kamiz* würde niemand die Blutergüsse sehen können, die sich auf meiner geschundenen Haut ausbreiteten.

Tatsächlich bekam mich die Außenwelt ziemlich lange nicht zu Gesicht, ich blieb tagelang im Keller eingesperrt, obwohl ich eigentlich zur Schule hätte gehen müssen.

Gelegentlich klopfte Mutter an die Tür und brachte mir einen Teller Curry. Sie reichte ihn mir mit gesenktem Kopf. Mutter hatte beschlossen, die Realität des unaussprechlich Bösen, das im Herzen ihrer Familie hauste, zu ignorieren.

Während ich im Keller darbte, wurde mir klar, dass es keinen Ausweg für mich gab. Ich dachte wieder daran, die Tabletten zu schlucken.

Mrs Zorba oder der Konrektorin gab ich keine Schuld, ich

hatte nach Hilfe gerufen, doch mein Leben war nur noch höllischer geworden. Mir blieb nichts anderes übrig, als den Mund zu halten und zu überleben – oder mit den Pillen einen Ausweg zu suchen.

Eine Woche später war ich wieder in der Schule und lief Omer über den Weg.

»Hannan«, rief er. »Wir wollten uns doch treffen. Wie sieht es aus? Ich hätte heute Nachmittag eine Stunde Zeit für dich.«

Ich schüttelte den Kopf, ich war stinksauer auf ihn, dass er mich hintergangen hatte. »Nein danke.«

»Nein? Warum denn nicht? Willst du nicht mehr mit mir reden?«

Ich sah ihm in die Augen. »Nein. Sie sind ein mieser Dreckskerl, darum nicht.«

Ich sah, wie schockiert er war. »Hey, ich habe doch nur getan, was ich für richtig hielt, das weißt du doch. Es ist nicht richtig, seine Gemeinschaft zu hintergehen.«

»Kommen Sie nie mehr in meine Nähe«, fiel ich ihm ins Wort. »Und wissen Sie was? Sie leisten schlechte Arbeit, richtig miese Arbeit!«

Ich kehrte ihm den Rücken und ging. Omer würde die Ehre der Gemeinschaft immer über die Rechte eines Individuums stellen, selbst wenn es sich bei diesem Individuum um ein Kind handelte, das der Imam vergewaltigte.

13
Schmutziges kleines Ich

Ich war inzwischen fünfzehn, und je näher meine Abschlussprüfung an der weiterführenden Schule rückte, desto verzweifelter wurde ich.

Ich hasste mein Leben zu Hause und war meiner Familie, meiner Kultur und meinem Glauben völlig entfremdet. Nur in der Schule fühlte ich so etwas wie Normalität, doch ich wusste, dass meine Schullaufbahn bald ein plötzliches und bitteres Ende nehmen würde.

Inzwischen war ich war mir ziemlich sicher, dass mein Vater dabei war, eine Ehe für mich zu arrangieren. Sobald ich die Prüfungen hinter mir hatte, würde ich zu dem Cousin nach Pakistan verfrachtet werden. Das Problem wäre damit gelöst und Vaters rebellische Tochter Vergangenheit. Wie viele Mädchen in unserer Straße würde auch ich am Ende meiner Schulzeit einfach verschwinden.

Vater wusste, ich würde es nie wagen, mich über seine Missetaten zu beklagen, sobald ich im Haus meines Mannes im ländlichen Pakistan eingesperrt war; andernfalls hätte womöglich auch mein Ehemann mich missbraucht. So wäre ich für immer zum Schweigen gebracht.

Meine schulischen Leistungen waren nicht besonders gut, und meine Eltern hatten mir bereits erklärt, dass ich nicht auf die Universität gehen konnte. Pakistanische Mädchen studieren nicht, hatten sie gemeint. Ich widersprach ihnen nicht. Ich hielt den Mund und hoffte, dass sich doch noch etwas ändern würde.

Zu der Zeit wurde in den Nachrichten von einem britischen Mädchen berichtet, das in Pakistan zur Ehe gezwungen worden war. Sie hatte es geschafft, vom britischen Konsulat Hilfe zu bekommen, und war geflohen. Meine Schulfreundinnen waren entsetzt.

»Mein Gott, wie schrecklich«, meinte Lara. »Wie kann man mit jemandem verheiratet werden, den man gar nicht kennt? Jemanden, den man nicht liebt? Stell dir das nur vor! Igitt, das ist ja widerlich.«

»Ich muss mir das nicht vorstellen«, erwiderte ich bedrückt. »Genau das ist einer Freundin von mir passiert – Skip.«

Lara konnte es kaum fassen. »Wie bitte? Wem? Hier bei uns oder in Pakistan?«

»Hier«, sagte ich. »Sie hat in meiner Straße gelebt. Dann haben sie sie nach Pakistan geschickt, auf Urlaub, wie sie behauptet hatten, und wollten sie zwingen zu heiraten.«

»Aber wie können Eltern einer Tochter so etwas antun?«, fragte Lara. »Und warum hat sie ihnen nicht gesagt, sie sollen sie in Ruhe lassen?«

»So läuft das eben in unserer Kultur«, erwiderte ich verbittert. »Sie tun es, um die Ehre der Familie zu wahren. Das ist viel wichtiger als das Glück ihrer Tochter.«

»Du meine Güte! Wird dir das auch passieren? Bitte sag mir, dass dir das nicht passieren wird!«

Ich zuckte mit den Schultern. »Tja, wahrscheinlich schon. Ich weiß es nicht genau, aber wahrscheinlich werden sie es auch mit mir so machen. Und wahrscheinlich wird es gar nicht mehr lange dauern.«

»Aber das kannst du nicht zulassen«, meinte Lara aufgebracht. »Du darfst da nicht mitspielen. Du musst etwas unternehmen. Rede mit deinen Eltern. Sag ihnen, dass du das nicht willst.«

Ich seufzte. »Lara, das verstehst du nicht. Es hat keinen Zweck, mit ihnen zu reden. Es würde alles nur noch schlimmer machen.«

Für Lara und meine anderen weißen Freundinnen war so ein Verhalten unbegreiflich. In der Schule hatten wir zwar über Mitgift und arrangierte Ehen gesprochen, und theoretisch hatten sie das auch verstanden, aber praktisch war das etwas ganz anderes, praktisch ging es um mich.

Die düstere, frauenverachtende Seite einer Zwangsheirat war in meiner politisch korrekten Schule nicht angesprochen worden. Man hatte solche Ehen als kulturelle und religiöse Praxis dargestellt, die zwar den meisten Briten seltsam vorkommen mochte, jedoch mit Respekt und Verständnis behandelt werden sollte. Über die Realität – dass dies in vielen Fällen einen schockierenden, brutalen Missbrauch von Frauen darstellte – sprach niemand.

Meiner Meinung nach war nichts dagegen einzuwenden, wenn zwei Leute in eine arrangierte Ehe einwilligten. Aber eine Zwangsheirat war etwas ganz anderes. Ich hatte Geschichten gehört von Frauen in Pakistan, die einen gewalttätigen Ehemann, den zu heiraten sie gezwungen worden waren, verlassen hatten. Aber weil dies eine Befleckung der Ehre des Ehemanns war, hatten sie sich verstecken müssen.

Wenn der Mann oder seine Familie oder auch die eigene Familie einer solchen Frau sie gefunden hätte, wäre sie umgebracht worden. Eine Tochter zu ermorden war besser, als entehrt zu werden.

Ich hatte erlebt, wie Skip in diese Falle gelockt worden war, und ich wusste, dass ihre Flucht an ein Wunder grenzte. Da ich fest damit rechnete, dass Vater plante, mich zu verheiraten, beschloss ich, die Dinge auf die Spitze zu treiben und eine

Konfrontation zu provozieren. Darin sah ich meine einzige Chance – und ich war entschlossen, sie zu nutzen.

Mittlerweile war ich ziemlich entspannt, wenn ich an uniformfreien Tagen in den Kleidern meiner Freundin Sonia zur Schule ging. Eines Tages beschloss ich, in Jeans und T-Shirt und ohne *hijab* unsere Straße entlangzulaufen. Viele Leute erkannten mich. Als ich sah, wie schockiert und bestürzt sie waren, durchzuckte mich die Angst, aber auch die Erregung, endlich einmal öffentlich zu rebellieren.

Es war nicht weiter verwunderlich, dass es jemand meinem Vater erzählte. Zu Hause erwartete mich wieder einmal seine schäumende Wut. »Was hast du da getan?«, schrie er, sobald er mich sah. Er packte mich an den Haaren und zog wüst daran. »*Gora*-Kleider! Du wirst eine von ihnen!«

Er fing an, auf mich einzuschlagen. »Fleisch! Du hast dein nacktes Fleisch gezeigt! Du hast Fleisch gezeigt wie eine *gori*-Hure.«

Inzwischen war Zakir erwachsen und körperlich stark genug, meinem Vater Einhalt zu gebieten oder ihn zurückzuhalten. Ich wusste, dass er gerade zu Hause war. Bestimmt bekam er mit, wie die Schläge meines Vaters auf mir landeten.

Aber er zog es vor, nicht einzugreifen, selbst als mein Vater mich zum Keller schleifte. Auch diesmal vergewaltigte er mich nicht nur, sondern schlug mich auch dabei, um das Ganze als Bestrafung hinzustellen und nicht als das, was es war, nämlich die Befriedigung seiner krankhaften sexuellen Triebe. Er sperrte mich vier Tage in den Keller.

Auch als ich wieder herausgelassen wurde, wandte ich mich nicht an meine Brüder um Hilfe. Im letzten Jahr hatte ich mich zunehmend von meiner Familie distanziert. Ich kam mir vor wie eine Fremde und fühlte mich ständig bedroht. Ich fühlte mich verfolgt von meiner Vergangenheit, terrorisiert von der

Gegenwart und verängstigt, was meine Zukunft anging. So führte ich mich immer ungebärdiger auf, und in der Schule zog ich mich oft zurück. Manchmal wurde ich auch gewalttätig.

Meiner Englischlehrerin, Mrs Zorba, fiel wohl auf, wie bekümmert und verstört ich wirkte. Eines Tages meinte sie: »Hannan, ich weiß, dass es dir schwerfällt, deine Gefühle zu äußern, aber versuch doch einmal, einen Aufsatz für mich zu schreiben. Betrachte es einfach als eine ganz normale Englischarbeit. Schreib alles auf, was dir zu schaffen macht.«

Ich gab meinem Aufsatz den Titel: »Muslimische Mädchen in Großbritannien.«

Wenn man ein Teenager ist, lassen einen die Eltern kaum aus den Augen, und man hat so gut wie keine Freiheit. Man fängt an, sie zu hassen, weil sie einem befehlen, schreckliche Dinge zu tun, die man nicht tun will. Sie bürden einem die ganze Hausarbeit auf, auch wenn man es nicht ausstehen kann. Sie wollen, dass die Tradition gewahrt wird. Sie wollen ihre Lebensweise nicht ändern. Man kann überhaupt nicht mit ihnen reden, weil sie einen bestrafen können, indem sie einem das bisschen Freiheit wegnehmen, das man hat. Nur in der Schule genießt man echte Freiheit, aber sie können dafür sorgen, dass man nicht mehr zur Schule gehen darf, auch wenn das gesetzwidrig ist. Man hasst seine Brüder, weil sie viel mehr Chancen haben als man selbst. Man muss sie von vorn bis hinten bedienen wie die Könige. Man hat schreckliche Angst, mit der Schule aufzuhören, denn dann wird das Leben zu Ende gehen. Dann hat man gar keine Freiheit mehr. Tag und Nacht denkt man nur noch ans Weglaufen.

Mrs Zorba gab mir eine gute Note für meinen Aufsatz. Aber als sie ihn gelesen und gemerkt hatte, wie sehr ich unter Druck stand, versuchte sie abermals, einen Weg zu finden, um mir zu helfen. Sie fragte mich, ob ich nicht noch einmal mit einem

Sozialarbeiter reden wollte. Aber ich sagte ihr, dass ich lieber sterben wolle – was ich ohnehin tun würde, so oder so, dessen war ich mir ganz sicher.

Damit war Mrs Zorba mit ihrer Weisheit am Ende, es gab nichts, was sie für mich hätte tun können.

Als mein sechzehnter Geburtstag näher rückte, wurden meine Ängste immer größer. Eines Tages entdeckte Sabina auf dem Küchentisch einen Antrag auf einen Reisepass, der in meinem Namen ausgefüllt war. »Vater wird dich nach Pakistan verfrachten«, meinte sie höhnisch. »Ich hoffe, du freust dich schon darauf. Bald wirst du deinen pakistanischen Liebhaber kennenlernen.«

Ich war nicht besonders überrascht, ich hatte ja schon länger damit gerechnet, dass es dazu kommen würde. Noch immer bewahrte ich die Tabletten in meinem Versteck auf; allein der Gedanke daran verlieh mir eine dunkle, bittere Kraft.

Trotzdem hing die Zwangsehe über meinem Kopf wie eine wütende Faust, die darauf wartet, zuzuschlagen.

14

Braut in Fesseln

An meinen sechzehnten Geburtstag stand ich kurz vor dem Selbstmord. Bei meiner Abschlussprüfung schnitt ich ziemlich schlecht ab, und ich wusste, damit würde ich Vater den letzten Vorwand liefern, um mich nach Pakistan zu schaffen.

Meine Noten erwiesen sich als miserabel. Meine beste Note war eine Zwei in Englisch, daneben hatte ich noch zwei Dreier, der Rest waren Vierer und Fünfer. Trotzdem bewarb ich mich ohne das Wissen meiner Eltern an einem weiterführenden College, wo ich die Prüfung noch einmal machen wollte. Im Sommer sollte es einen Einführungstag geben, und ich wollte mich erkundigen, welche Hauptfächer ich dort belegen könnte. Mit einem Abschlusszeugnis wie meinem hatte ich leider nicht viel Auswahl, aber dennoch klammerte ich mich an die winzige Hoffnung. Ich fragte Mutter, ob ich an dem fraglichen Morgen von der Hausarbeit frei bekäme, und zu meiner Überraschung willigte sie ein. Ich glaube, Vater gegenüber erwähnte sie gar nichts davon.

Am Einführungstag erfuhr ich, dass ich die Prüfung noch einmal machen konnte mit den Schwerpunktfächern Mathematik, Religion, Soziologie und Wirtschaft.

Und siehe da – zu meiner großen Verblüffung war Vater einverstanden, dass ich weiter zur Schule ging. Es schien, als wäre ihm völlig egal, was ich tat. Ich fragte mich, was seinen Stimmungswandel bewirkt haben mochte.

Ich konnte es kaum fassen, als der September kam und ich eine neue Schule besuchte, das sechsklassige South Bermford College. Ich hatte fest damit gerechnet, zu dem Zeitpunkt schon längst in Fesseln zu meinem »Ehemann« nach Pakistan geschafft worden zu sein. Sabina hatte mir gesagt, dass sie die Eltern belauscht hätte, als sie Pläne für meine Hochzeit besprachen. Trotzdem erlaubten sie mir, aufs College zu gehen.

War ich zwei weitere Jahre sicher? Oder stellten sie mich nur ruhig, während sie die letzten Vorbereitungen für meine Hochzeit trafen?

An meinem ersten Tag am College traf ich Mrs Jones, die Dozentin, die meine Lieblingslehrerin werden sollte. Mrs Jones unterrichtete Religion. Sie war Anfang vierzig, groß und schlank, mit modisch blondem Haar. Im Unterricht erzählte Mrs Jones freimütig von ihrer Familie, und am Anfang jeder Stunde illustrierte sie den Unterrichtsstoff mit persönlichen Geschichten.

Mrs Jones war auch die Beratungslehrerin der Schule. Nach einem Monat beschloss ich, sie aufzusuchen. Ich musste mit jemandem über meine Angst vor einer drohenden Zwangsheirat reden.

»Mrs Jones, ich habe schreckliche Angst. Ich weiß, dass meine Eltern vorhaben, mich zu verheiraten und nach Pakistan zu schicken. Aber ich will nicht dorthin.«

»Du Ärmste«, tröstete mich Mrs Jones. »Ich muss leider sagen, dass ich solche Geschichten schon öfter gehört habe. Du bist nicht die Erste, die deshalb zu mir kommt. Solche Sachen sind also bedauerlicherweise überhaupt nichts Neues für mich. Hast du denn mit deinen Eltern darüber gesprochen, wie du dich dabei fühlst? Kannst du das überhaupt?«

»Nein, auf keinen Fall«, erwiderte ich. »Vater ist der Imam unserer Gemeinde, und meine Familie ist sehr streng und engstirnig. Reden hilft nichts, im Gegenteil, es macht die Sache nur noch schlimmer. Das weiß ich einfach.«

»Ich bin jedenfalls immer für dich da, wenn du gern mit jemandem sprechen möchtest. Aber wenn du eifrig lernst und gute Noten bekommst, sehen deine Eltern ja vielleicht ein, dass du auf dem College bleiben solltest. Diese Zwangsehen werden ein echtes Problem. Das College versucht Möglichkeiten zu finden, wie man damit umgehen kann. Wir hören dir zu, Hannan, und wir sind da, um dir zu helfen.«

Bei dem Gespräch mit Mrs Jones fühlte ich mich relativ sicher – etwas, was ich so noch nie erlebt hatte. Aber ich schaffte es nicht, ihr in die Augen zu sehen, das schaffte ich bei keinem Erwachsenen. Ich starrte immer auf den Boden oder an die Wand, denn ich wollte nicht, dass jemand in mich hineinblickte, aus Angst vor dem, was er dort finden würde.

Am Ende unseres Gesprächs sagte Mrs Jones: »Ich weiß, dass ich das nicht sagen sollte, weil du eine Muslimin bist – aber Gott liebt dich, weißt du das?«

»Gott liebt mich?« Ich lachte nur. »Das glaube ich erst, wenn ich es sehe.«

Der Gott, den ich kannte, war unfähig zu lieben. Er war ein grausamer, rachsüchtiger Gott, der sich über Ungemach freute. Er fällte grausame Urteile und hatte mich bereits zur Hölle verdammt. Das behauptete jedenfalls mein Vater, der Imam, der mir gleichzeitig versicherte, dass er in den Himmel einkehren würde.

Wenn mein Vater zu denen gehörte, denen ich im Himmel begegnen würde, wollte ich ohnehin nicht dorthin.

Die Tage wurden kürzer, und mein Leben ging weiter wie gehabt. Ich erledigte zu Hause alle Verrichtungen, ging jeden Tag ins College und machte abends, wenn ich meine häuslichen Pflichten erledigt hatte, meine Hausaufgaben.

Bei meiner nächsten Verabredung mit Mrs Jones fragte sie mich, ob ich mit einem Sozialarbeiter reden wolle. Auf keinen

Fall wollte ich eine Wiederholung des Albtraums, den Omer, der Betrüger, mir beschert hatte. Aber schließlich willigte ich ein, unter einer Bedingung: kein Muslim.

Ein paar Tage später traf ich Barry. Er war weiß, Ende dreißig, klein und stämmig mit einem dicken Schnauzer. Er trug einen Anzug und ein Hemd mit offenem Kragen. Sein Blick wirkte sanft, und ich fühlte instinktiv, dass ich ihm vertrauen konnte. Sein Lächeln war so breit wie echt.

Barry sprach mit mir nie über Ehre, Schande oder den Ruf meiner Familie. Er fragte mich einfach nur nach meinen Ängsten und Sorgen. Er forderte mich auf, frei von allen religiösen oder kulturellen Zwängen über mich zu reden. Schließlich versprach er mir hoch und heilig, mir zu helfen.

»Hannan, wenn du je das Gefühl hast, dass deine Eltern dich gegen deinen Willen zu etwas zwingen wollen oder dass du dich bedroht fühlst, kannst du es mir sagen, und ich werde dir helfen. Ich werde mich darum kümmern. In diesem Land gibt es Möglichkeiten, dich wirklich zu beschützen.«

So etwas hätte ich nie zu träumen gewagt. Aber würde er sein Versprechen auch halten können? Barry war ein Außenseiter, in der East Street war mein Vater fast allmächtig. Er konnte mich jederzeit nach Pakistan verfrachten, und meine Familie und meine Gemeinschaft würden sich geschlossen hinter ihn stellen. Schließlich erwarteten sie so etwas nicht nur, nein, sie billigten es sogar. Die meisten Eltern auf meiner Straße hatten mit ihren eigenen Töchtern dasselbe vor. Wenn jemand Nachforschungen anstellen würde, wo ich abgeblieben wäre, würden sie einen Wall aus Lügen und Schweigen errichten. Alle würden behaupten, ich wäre freiwillig weggegangen und sei glücklich in meinem neuen Leben in Pakistan.

Barry sprach mit mir auch über Möglichkeiten, mein Selbstvertrauen zu stärken. Er forderte mich auf, alle Eigenschaften aufzuschreiben, die andere vielleicht an mir schätzten, und auch solche, die ich selbst an mir mochte. Er half mir, Blickkontakt zu ihm aufzunehmen, wenn wir uns unterhielten. Ich stellte fest, dass ich viel effektiver mit jemandem reden konnte, wenn ich ihn direkt ansah. In der Klasse beobachtete ich meine Lehrer – ihre Mimik und ihre Augen –, und mein Vertrauen wuchs. Es war ein ausgesprochen positiver Kreislauf.

Vielleicht hatte Mrs Jones recht – wenn ich an meinen Leistungen arbeitete und gute Noten bekam, würden mich meine Eltern unter Umständen doch studieren lassen. Ich war so fleißig wie noch nie in meinem Leben.

Im Oktober schlug Mrs Jones vor, meinen Eltern einen Statusbericht zu schicken und ihnen mitzuteilen, wie gut meine Leistungen geworden seien. Ein paar Tage später brachte ich einen Umschlag versehen mit dem Stempel des South Bermford College nach Hause. Ich übersetzte das Schreiben auf Punjabi und las es meinen Eltern vor:

Hannan ist sehr fleißig, und die Ergebnisse ihrer Mühen zeigen sich immer deutlicher. Sie ist eine sehr vielversprechende Schülerin. In den letzten Mathematik- und Religionsklausuren hat sie hervorragende Noten bekommen, sie ist unter den Klassenbesten. In diesen Fächern hat sie auch eine Eins für besonderen Fleiß erhalten. Es ist ein Vergnügen, sie zu unterrichten.

Mutter freute sich. »Gut gemacht«, meinte sie lächelnd.

Ich war sehr stolz und ließ mir auch vom Kommentar meines Vaters nicht die Laune verderben.

Er schnaubte nur abfällig. »Na gut. Sonst noch was?«

Zwei Wochen später bügelte ich im Obergeschoss. Als ich nach unten ging und am Wohnzimmer vorbeikam, hörte ich meinen Vater telefonieren. Etwas in seiner Stimme ließ mich stehen bleiben und seinen Worten lauschen.

»Ja, ja, wir fliegen übermorgen los und kommen am Nachmittag in Karatschi an. Ihr trefft uns dort, nicht wahr? Ist für die Hochzeit alles vorbereitet?«

Das Herz klopfte mir bis zum Hals, während ich das Ohr an die Tür presste. Ich war schockiert und entsetzt. Mittlerweile hatte ich mir eingeredet, dass Sabina sich geirrt hatte und dass keine geheimen Hochzeitspläne geschmiedet würden. Ich hatte angefangen zu glauben, dass die Schule ein Ausweg für mich sein könnte. Soweit ich wusste, besaß ich nicht einmal einen Reisepass. Und nun das!

Da Vater wusste, wie rebellisch ich war, hatte er alles hinter meinem Rücken geregelt und organisierte in diesem Moment die letzten Details meiner Hochzeit. Mich aufs College gehen zu lassen war nur eine Finte gewesen, um mich zu kontrollieren, bis er mich nach Pakistan verfrachten konnte. Wenn ich erst einmal irgendwo in den Stammesgebieten an einen entfernten Verwandten verheiratet worden war, würde sein Problem – seine ungeliebte, unwürdige älteste Tochter – verschwinden.

Am nächsten Tag würde ich abends nach der Schule gezwungen werden, ins Flugzeug zu steigen, und mein verhasster Vater würde neben mir sitzen.

Ich rannte keuchend ins Schlafzimmer. Ich war so panisch, dass mein Atem von den Wänden widerzuhallen schien.

Dann fasste ich einen eisernen Entschluss: Am nächsten Morgen würde ich wie üblich ins College gehen. Doch ich würde nie mehr nach Hause kommen.

15
Flucht ohne Ausweg

Unser Telefon befand sich im Wohnzimmer, aber es gab auch einen Anschluss in unserem Schlafzimmer. Meine Brüder nahmen das Telefon oft mit nach oben, wenn sie Privatgespräche führten. Ich wartete, bis Vater das Haus verlassen hatte, dann schlich ich nach unten und holte das Telefon, während der Rest der Familie im hinteren Wohnzimmer saß und fernsah.

Ich wählte die Nummer des einzigen Menschen, der mir einfiel. »Skip! Ich bin's, Hannan. Morgen ist es soweit. Die Hochzeit! Sie haben schon einen Reisepass und ein Flugticket für mich besorgt. Ich komme um vor Angst!«

»Oh, mein Gott! Also gut, lass uns nachdenken. Morgen Abend nach der Schule soll's losgehen, oder?«

»Nach der Schule, der Nachtflug nach Karatschi.«

»Dann musst du sofort abhauen.«

»Ich kann nicht. Ich darf abends nicht aus dem Haus, vor allem nicht allein. Und wo soll ich denn hin?«

»Na gut, na gut, dann musst du eben morgen früh weg, sonst steckst du in der Falle. Geh einfach in die Schule, und ich komme und hole dich nach der Schule mit dem Auto ab, okay?«

»Okay.«

»Ich warte in der Nähe der Pforte auf dich. Du kennst ja mein Auto, sobald du es siehst, springst du rein.«

Skip arbeitete mittlerweile als Sekretärin und verdiente genug

Geld, um sich ein eigenes Auto leisten zu können. Momentan war sie auf der Suche nach einer neuen Wohnung und lebte solange bei ihren Eltern. Es war für die Familie weniger schändlich, eine unverheiratete Tochter bei sich wohnen zu lassen, weshalb sie sie auch wieder aufgenommen hatten. Das bedeutete jedoch für mich, dass ich nicht bei ihr bleiben konnte.

»Wohin soll ich gehen?«, fragte ich.

»Keine Ahnung, uns wird schon etwas einfallen. Schlimmstenfalls übernachtest du eben in meinem Auto. Alles ist besser, als dich von deinem Vater in dieses elende Pakistan verschleppen zu lassen.«

In dieser Nacht tat ich kein Auge zu. Ängste und düsterste Befürchtungen ließen mich nicht zur Ruhe kommen. Jetzt ging es ums Ganze. Ich musste verschwinden. Ich durfte mir am nächsten Tag keinen Fehler erlauben.

Ich stand auf wie immer und machte das Frühstück für alle, auch wenn es mich die größte Mühe kostete, die Milch nicht zu verschütten. Als ich meine Schultasche packte, versteckte ich eine Jeans von Sonia zwischen den Ordnern. Dann verabschiedete ich mich vielleicht zum letzten Mal von meiner kleinen Schwester Aliya. Trotz des wilden Durcheinanders von Gefühlen, die in mir tobten, bemühte ich mich, ganz normal zu klingen.

Mit dem Gedanken, dass ich wahrscheinlich nie mehr zurückkommen würde, ging ich unsere Straße entlang. Ich konnte zu keiner meiner Freundinnen in dieser Straße, denn deren Eltern hätten meinem Vater sofort Bescheid gesagt. Ich wusste auch nicht, ob die Lehrer im College mir helfen konnten, aber ich musste es versuchen.

Und nicht zuletzt stand das Versprechen von Barry, dem Sozialarbeiter, im Raum. Nie hatte ich es nötiger gehabt als in diesem Augenblick, dass ein Hilfsversprechen eingehalten wurde.

Ich kam fünf Minuten zu spät zum Unterricht. Einen Moment lang stand ich nur da und starrte stumm die Lehrerin, Mrs

Smith, an. Sie wusste von meinen Problemen, denn Mrs Jones hatte den anderen Lehrkräften davon berichtet. Plötzlich schrie ich, so laut ich konnte: »Ich bin weggerannt. Ich gehe nie mehr zurück. Nie mehr! Egal, was man mir sagt.«

Alle im Klassenzimmer drehten sich um und starrten mich besorgt an. Normalerweise war ich schüchtern und still, aber jetzt stand ich am Rand der Hysterie.

Mrs Smith kam zu mir und sagte leise: »In Ordnung, Hannan, es ist alles in Ordnung. Wir finden einen Weg. Mach dir keine Sorgen. Beruhige dich!« Sie trug den Schülern auf, sich fünf Minuten selbst zu beschäftigen, und ging mit mir ins Direktorat. Es war niemand im Zimmer, aber sie drückte mich auf einen Stuhl und meinte, ich solle warten.

»Ich sage Mrs Jones und deinem Sozialarbeiter Bescheid«, versicherte sie mir. »Sie werden gleich da sein. In der Zwischenzeit sei unbesorgt.«

Ein paar Minuten später kamen Mrs Jones und Barry ins Zimmer. Es sprudelte sofort aus mir heraus: »Gestern Abend hat mein Vater telefoniert, ich habe das Gespräch mitbekommen, es ist alles vorbereitet für heute Abend, sie wollen mich nach Pakistan schaffen und zwangsverheiraten. Aber ich komme nicht mit, und ich kann heute Abend unmöglich nach Hause. Auf gar keinen Fall!«

Barry warf einen Blick auf Mrs Jones. »Na gut. Also zum einen: Mach dir keine Sorgen. Wir müssen nur einen sicheren Ort für dich finden. Ich kümmere mich gleich darum. Du hast meine Büronummer, oder? Gut, ruf mich an, sobald die Schule aus ist, dann habe ich alles geregelt. Du brauchst dir wirklich keine Sorgen zu machen, bei uns bist du sicher. Okay?«

Ich wusste nicht, ob Barry die Macht oder die Mittel hatte, aber ich war überzeugt, er würde sein Bestes versuchen. Nur eines wusste ich ganz genau: Ich würde nicht nach Hause gehen. Ich war vollkommen verängstigt und allein, und ich wollte meine erste Nacht als Ausreißerin nicht in Skips Auto verbringen. Aber nach Hause wollte ich auf gar keinen Fall.

Den restlichen Tag verbrachte ich damit, mir den Kopf zu zerbrechen, was passieren würde, wenn ich nicht heimkäme, und wo ich schlafen würde. Ich war so aufgeregt, dass ich mich nicht auf den Unterricht konzentrieren konnte und nur sinnloses Zeug in mein Notizbuch kritzelte. Als jemand in der Klasse aus Versehen seinen Füller fallen ließ, fuhr ich erschrocken zusammen. Als die Lehrkraft mich aufrief, fuhr ich erschrocken zusammen. Am Ende dieses Tages war ich am Ende mit den Nerven, und ich wusste noch immer nicht, was passieren würde.

Ich schlich mich aus der Schule. Tatsächlich – am Straßenrand saß Skip in ihrem kleinen blauen Wagen. Ich rannte zu ihr und sprang ins Auto. Während sie ins Stadtzentrum fuhr, erzählte ich ihr alles, was in der Zwischenzeit passiert war. Als wir in die Nähe von Barrys Büro kamen, bat ich sie anzuhalten, und ging in eine Telefonzelle. Ich war zu Tode verängstigt, dass meine Familie mich entdecken könnte, und hatte keine Ahnung, ob Barry etwas für mich gefunden hatte, ja, nicht einmal, ob ich ihm wirklich vertrauen konnte.

Sobald ich seine Stimme hörte, war mir klar, dass er etwas erreicht hatte.

»Ich habe einen Ort für dich gefunden«, verkündete er. »Alles ist in bester Ordnung. Komm in mein Büro, dann bring ich dich gleich dorthin.«

Mein Herz hüpfte vor Hoffnung. Skip umarmte mich und fuhr mich zu Barrys Büro.

»Ich habe einen sicheren Unterschlupf für dich gefunden«, erklärte Barry, während er mich zu seinem Auto führte. »Es ist nicht weit. Steig ein.«

Wir fuhren durch die Stadt. Bald merkte ich, dass wir am Ende meiner Straße vorbeikommen würden, und einen Moment lang flackerte wieder Angst in mir auf. Einen schrecklichen Moment lang befürchtete ich, dass Barry mich meinem Peiniger ausliefern würde. Ich dachte, er wolle mich zu meinem Vater zurückbringen und ihm sagen, dass ich versucht hatte wegzulaufen. Ich dachte, er würde genauso handeln wie Omer, mein erster Sozialarbeiter, und erstarrte. Aber kurz darauf hatten wir meine Straße hinter uns gelassen und fuhren weiter aus der Stadt hinaus.

Zwanzig Minuten später hielten wir von einem großen Backsteinhaus mit einem grünen Vorgarten. Barry klopfte an die Haustür, ich stand wie gelähmt neben ihm. Angesichts meiner Notlage und meiner völlig unsicheren Zukunft konnte ich mich kaum noch auf den Beinen halten. Wo befand ich mich? Und wer würde mir helfen?

Als Mrs Jones die Tür aufmachte, brach ich vor Erleichterung fast zusammen.

»Willkommen, Hannan«, meinte sie lächelnd. »Ich freue mich, dass du da bist. Komm rein.«

Barry und ich wurden ins Wohnzimmer geführt. Mrs Jones sperrte ihre zwei Jack-Russel-Terrier in die Küche und bot uns Tee und Kekse an. Nervös und voller Unbehagen klammerte ich mich an meine Schultasche. Mein Leben lang hatte ich davon geträumt, wegzulaufen und meiner Familie zu entkommen. Nun war es endlich so weit, doch ich hatte bislang kaum Zeit gehabt, über mein Tun nachzudenken oder es zu verarbeiten. Der Schock war überwältigend.

Ich versuchte, mich auf das zu konzentrieren, was Mrs Jones sagte.

»Wir haben ein freies Zimmer, und mein Mann und ich freuen uns, wenn du bleiben willst. Was meinst du, Hannan? Würdest du gern ein Weilchen bei uns wohnen?«

Ich brachte ein schwaches Lächeln zustande. Noch immer stand ich unter Schock und hatte grässliche Angst, dass meine Familie herausfinden würde, wo ich mich aufhielt, und mich holen würde. Mein Vater kam mir so mächtig vor wie keiner sonst, Barry, Mrs Jones und alle anderen eingeschlossen. Ich war überzeugt, dass er mich finden würde.

Inzwischen war es sechs Uhr. Mein Flug nach Karatschi sollte um Mitternacht starten. Wahrscheinlich ging meine Familie davon aus, dass ich in diesem Augenblick mit Freundinnen vom College heimgehen würde. Und dabei saß ich auf dem Sofa meiner Lehrerin in einem Vorort.

»Warum rufst du nicht deine Mutter an?«, schlug Barry vor. Es war, als hätte er meine Gedanken gelesen. »Du solltest ihr Bescheid sagen, dass es dir gut geht. Sie macht sich bestimmt Sorgen.«

»Nein«, erwiderte ich verzagt. »Sie dürfen nicht herausfinden, wo ich bin.«

»Das werden sie nicht«, meinte Mrs Jones freundlich. »Nicht bei einem kurzen Telefonat. Sag ihnen einfach, du übernachtest bei einer Freundin. Du brauchst ja keine näheren Angaben zu machen. Aber du musst sie anrufen, damit sie nicht anfangen, nach dir zu suchen. Das gehört dazu, wenn du dich weiter versteckt halten willst.«

Mrs Jones zeigte mir das Telefon in der Diele. Mit zitternden Fingern wählte ich die Nummer. Sobald jemand abhob, sprudelte ich los: »Es geht mir gut, aber ich komme heute nicht heim. Ich übernachte bei Freunden. Bye!«

Ohne eine Antwort abzuwarten, hängte ich ein. Ich wusste nicht einmal, mit wem ich gesprochen hatte.

Kurz darauf fuhr Barry weg. Ich setzte mich zum Abendbrot mit Mrs Jones, ihrem Mann und ihrem Sohn Jonathan an den Tisch und staunte, wie es beim Essen zuging.

Mrs Jones und ich – die Frauen im Haushalt – saßen mit den Männern an einem Tisch und aßen und plauderten mit ihnen! Der erwachsene Sohn half beim Tischdecken. Mrs Jones servierte eine seltsame, graue Flüssigkeit – Pilzsuppe. Bis zu diesem

Zeitpunkt kannte ich nur ein einziges Gericht aus der englischen Küche – Pommes Frites. Die Suppe kam nicht an das würzige Curry meiner Mutter heran, aber Mrs Jones hätte mir auch Glasscherben servieren können, es wäre mir egal gewesen.

Ich war geflohen. Ich war in Sicherheit. Das war das Einzige, was zählte.

Beim Essen sagte ich kaum ein Wort. Danach zeigte mir Mrs Jones ein Schlafzimmer. Es gehörte ihrer Adoptivtochter Julie. In dem Zimmer befanden sich ein Bett, ein Schrank und ein Schreibtisch.

»Mach's dir gemütlich«, meinte sie. »Julie studiert in einer anderen Stadt, sie hat bestimmt nichts dagegen, wenn du ein Weilchen in ihrem Zimmer übernachtest.« Sie machte eine kleine Pause, dann fragte sie: »Hannan, willst du morgen zur Schule gehen, oder willst du lieber hier bleiben?«

Ich dachte kurz darüber nach. »Ich würde gern zur Schule gehen, wenn das möglich ist.«

»Sehr schön.« Mrs Jones umarmte mich, überreichte mir einen gefalteten Schlafanzug und wünschte mir eine gute Nacht.

Ich hatte noch nie einen Schlafanzug getragen. Zu Hause schliefen wir immer in den Kleidern, die wir tagsüber getragen hatten. Allerdings hatte ich im Fernsehen Schlafanzüge gesehen und wusste also, was man mit solchen Kleidungsstücken anfängt. Mrs Jones machte die Tür hinter sich zu und ließ mich allein.

Ich fühlte mich einsam und unsicher. Was würde als Nächstes passieren? Wir hatten uns nicht darüber unterhalten, wie lange ich bei ihnen bleiben konnte.

Aber trotz meiner Sorgen war ich erfüllt von einer herrlichen Erleichterung. Endlich war ich der drohenden Entführung und Zwangsheirat entkommen. Ich würde nicht mehr missbraucht werden. In Mrs Jones Haus fühlte ich mich sicher, weitaus sicherer, als ich mich zu Hause je gefühlt hatte. Ich weinte noch ein wenig ins Kopfkissen, dann fiel ich in tiefen Schlaf.

16

Bei Mrs Jones zu Hause

Am nächsten Morgen gab es Cornflakes und Tee zum Frühstück. Wir aßen am Tisch in der Küche. Es kam mir fast wie ein Traum vor: Da saß ich in einem fremden Haus zusammen mit einer *gora*-Familie und aß seltsame Speisen.

Der Mann von Mrs Jones war ruhig und freundlich, das genaue Gegenteil meines Vaters. Bevor er sich zum Essen hinsetzte, lächelte er seine Frau an und gab ihr einen Kuss. Am Tisch bemerkte er zu ihr, was für ein hübsches, charmantes Mädchen ich sei. Ich lächelte und errötete. Aus seinem Mund klang das Kompliment ganz natürlich.

Mr Jones war Dozent an der Universität von Leeds, einer benachbarten Stadt. Jonathan, ihr Sohn, war Anfang zwanzig und arbeitete in einer Baufirma. Er war schüchtern, freundlich und ruhig wie sein Vater, hatte aber von seiner Mutter die Größe und das gute Aussehen geerbt.

Auf dem Weg ins College erzählte mir Mrs Jones die Geschichte von Julie, dem Mädchen, in deren Zimmer ich übernachtete. Die Familie Jones hatte auch Julie im Teenageralter bei sich aufgenommen. Nach einer Weile hatten sie sie offiziell adoptiert und behandelten sie nun wie eine richtige Tochter. Sie finanzierten ihr das College und ein Studium. Vor Julie hatte Mrs Jones schon ein chinesisches Mädchen gerettet, das Probleme mit seiner Familie gehabt hatte.

Falls Mrs Jones mir diese Geschichten erzählt hatte, um mich zu trösten, so war ihr das gelungen.

Wir fuhren auf den Collegeparkplatz, und ich betrat die Schule durch den Hintereingang, der dem Personal vorbehalten war. Ich hatte schreckliche Angst, dass mein Vater und meine Brüder auf mich warten würden, aber zum Glück war nichts von ihnen zu sehen. Dennoch wusste ich, dass sie früher oder später auftauchen würden; und insgeheim wünschte ich mir diese Konfrontation eher früher als später.

Auch Mrs Jones war klar, dass diese Begegnung unausweichlich war.

»Möglicherweise kommt jemand aus deiner Familie heute in die Schule«, sagte sie mir, während sie mich ins Klassenzimmer begleitete. »Aber mach dir keine Sorgen. Wir sind für dich da, du hast unsere volle Unterstützung.«

Gegen halb zehn tauchte der Direktor in meiner Klasse auf und redete kurz mit der Lehrerin. Instinktiv wusste ich, dass mein Vater gekommen war.

»Hannan, gehst du bitte zu Mrs Jones?«, forderte mich die Lehrerin auf. »Unser Direktor wird dich begleiten.«

Im Zimmer von Mrs Jones erklärte mir der Direktor, was passiert war.

»Dein Vater ist in meinem Büro und will dich sehen. Wenn du willst, schicke ich ihn wieder weg. Es liegt allein bei dir.«

Ich warf einen Blick auf Mrs Jones, dann auf den Direktor.

»Schicken Sie ihn nicht weg«, erklärte ich schließlich. »Ich will ihn sehen und es hinter mich bringen. Ich will ihm sagen, dass ich nicht mehr heimkomme. Ich will ihm erklären, dass ich mich von ihm niemals zu einer Ehe zwingen lassen werde. Ich will, dass er das von mir erfährt. Er muss zur Kenntnis nehmen, dass es meine Entscheidung ist und dass ich ihm die Stirn biete.«

Wir gingen gemeinsam zum Büro des Direktors. Sobald die Tür aufging, fiel mein Blick auf meinen Vater. Er saß da und weinte – in aller Öffentlichkeit! An sich war er ein äußerst verschlossener Mensch, sein Gefühlsleben schien nur aus Lust oder Hass zu bestehen. Doch nun weinte er in aller Öffentlichkeit vor den *goras.* Einen Moment lang geriet mein Entschluss ins Wanken.

Doch dann dämmerte mir, dass es gar nicht um mich ging. Ich erkannte, dass seine Tränen kalt und berechnend waren. Nun zahlte sich aus, dass ich gelernt hatte, Erwachsenen in die Augen zu sehen.

»Wie soll ich den Kopf in unserer Gemeinschaft hoch halten, wenn du uns solch eine Schande machst?«, jammerte er. »Diese Schande! Du machst uns grauenhafte Schande!«

Damit kam er bei mir nicht mehr an. Die sechzehn Jahre, die ich geschlagen und vergewaltigt worden war, hatten mich alles gelehrt, was es über die angebliche Schande meines Vaters zu wissen gab. Während er weiter jammerte und gestikulierte, konzentrierte ich mich auf die gnadenlose Wut in seinem Blick.

Ich sah in sein Innerstes und verstand, dass er mich nicht mehr verletzen konnte, egal, wie sehr es ihn danach gelüstete.

»Die Schande! Diese Schande!«, jammerte er immer weiter. »Sieh nur, was du uns angetan hast.«

Doch ich hörte ihm nicht mehr zu. Es war mir nicht mehr wichtig.

»Nein«, erwiderte ich auf Punjabi. »Ich komme heute nicht nach Hause. Und ich komme auch morgen nicht nach Hause. Ich komme nie mehr nach Hause.«

Ich wandte mich an den Direktor.

»Ich habe ihm nichts mehr zu sagen. Ich habe ihm erklärt, dass ich nicht mehr nach Hause komme. Mein Entschluss steht fest.«

Ohne ein weiteres Wort an meinen Vater zu verlieren, ging ich hinaus.

Mrs Jones begleitete mich.

»Geht es dir gut? Du warst sehr tapfer.«

»Es geht mir gut«, erwiderte ich. »Ich bin froh, dass es vorbei ist. Kann ich zurück in meine Klasse?«

Das war aber noch nicht alles. In den nächsten Tagen schickte mein Vater sämtliche Familienmitglieder ins College. Zuerst kamen meine Brüder, einer nach dem anderen, dann Mutter und meine Schwestern, und danach versuchten es meine Onkel.

Ich weigerte mich, mit ihnen zu reden. Ich hinterließ an der Pforte die Nachricht, dass ich niemanden aus meiner Familie sehen wollte. Ich kappte sämtliche Verbindungen.

Ich war viel zu beschäftigt, mich an meine neue Familie und mein neues Leben zu gewöhnen, um mir darüber Gedanken zu machen, wie sich meine Flucht auf meinen Vater oder die Gemeinschaft auswirken mochte. Was ging mich das überhaupt noch an?

Wenn ich doch einmal darüber nachdachte, bereitete es mir kein Vergnügen, dass sie nun wahrscheinlich vor Schande vergehen würden. Ich wollte meiner Familie nicht wehtun und ihnen auch keinen Anlass liefern zu leiden, aber ich verspürte auch keine Schuldgefühle. Ich war mir absolut sicher, dass ich das Richtige getan hatte: Ich wurde nicht mehr missbraucht, und die Zwangsehe drohte mir auch nicht mehr.

Nachdem ich etwa eine Woche bei Mrs Jones gewohnt hatte, luden sie mich zum Mittagessen in ein Restaurant ein. Ich hatte vorher niemals auswärts gegessen, weder mit meiner Familie noch ohne. Es kam mir äußerst seltsam vor, dass mir jemand, den ich gar nicht kannte, etwas zu essen zubereitete, und dafür nach meinen Begriffen ein Vermögen bekam. Aber ich sah genau hin, was die anderen taten, und bemühte mich, nicht aufzufallen.

Die Familie Jones unterhielt sich munter und aß in aller Ruhe. Sie forderten mich auf, sie bei ihren Vornamen zu nennen: James, Felicity und Johnny. James erzählte von seiner Arbeit und was momentan in ihrer Kirchengemeinde vorging. Felicity fragte Johnny, ob er seine Freundin Zoe zum sonntäglichen Mittagessen einladen wollte. Das war alles eine völlig fremde Welt für mich.

In meinem neuen Leben hatte ich so viel Freiheit, dass ich gar nicht wusste, was ich damit anfangen sollte. In der Vorstadt, in der die Jones' lebten, kannte mich keiner. Ich konnte völlig unerkannt herumspazieren. Plötzlich war ich von all der Sklavenarbeit befreit, die ich zu Hause hatte verrichten müssen. Selbstverständlich half ich im Haushalt mit, aber ich wurde nicht dazu gezwungen, und ich wurde auch nicht geschlagen, wenn ich etwas falsch gemacht hatte. Die Freiheit, die freie Wahl und die Anonymität waren für mich neue Bürden, mit denen ich umzugehen lernen musste.

Mrs Jones ermunterte mich, mit meiner Familie in Verbindung zu bleiben. Als ich eines Abends zu Hause anrief, war mein Bruder Raz am Telefon.

»Hi, Raz, hier ist Hannan«, sagte ich. »Es geht mir gut. Das wollte ich euch nur kurz sagen. Ich wohne bei Freunden.«

»Wo steckst du denn?«, fragte Raz. Er klang besorgt, nicht verärgert. »Warum kommst du nicht heim?«

»Ich wohne im Haus einer Freundin, Raz. Ich komme nicht mehr nach Hause. Ich bleibe, wo ich bin.«

»Rede doch bitte noch mit Mutter«, meinte Raz. »Sie steht direkt neben mir.«

»Nein. Ich mach jetzt Schluss, Raz. Bye.«

Ich legte auf. Ich wollte nicht mit Mutter reden, denn ich wusste, dass sie versuchen würde, mich mit Tränen zu erpressen und mir Schuldgefühle einzuflößen. Sie würde sämtliche Register ziehen, um mich zur Heimkehr zu bewegen.

Ich bin so krank, und das ist alles deine Schuld. Ich bin krank vor Sorge. Ich vermisse dich so sehr. Komm heim!

Das wäre für mich schwer erträglich gewesen.

Die einzige Verbindung zu meinem alten Leben war Skip, meine Ausreißergenossin. Ich telefonierte oft mit ihr. Sie hielt mich über den Klatsch in der East Street auf dem Laufenden, auch wenn er mich nicht besonders interessierte.

»Deine Eltern fragen mich ständig, ob ich weiß, wo du steckst«, erzählte sie mir. »Es ist gut, dass ich das nicht weiß. Halten wir es lieber weiter so, dann muss ich nicht schwindeln.«

Es wunderte mich nicht, dass sie versuchten, mich aufzustöbern. Zum Glück kannten meine Eltern die Gegend nicht, in der die Jones' wohnten. Dort lebten keine Landsleute, es gab also niemanden, der ihnen von mir hätte berichten können. Allerdings befürchtete ich, dass sie mir vor der Schule auflauern und mich verfolgen könnten, wenn ich mit Felicity heimfuhr. Deshalb fingen wir an, die Augen nach Autos offen zu halten, die uns möglicherweise nachfuhren, vor allem nach lilafarbenen Skodas.

Ein paar Wochen nach meiner Flucht ging Felicity mit mir Kleidung einkaufen.

In meinem ganzen Leben hatte ich so etwas Ähnliches wie einen Einkaufsbummel nur dann gemacht, wenn ich mir im Stoffgeschäft gleich um die Ecke das kanariengelbe Tuch für den *salwar kamiz* besorgen musste, den Mutter mich ausschließlich tragen ließ.

Felicity zeigte mir Oberteile und Pullover und Jeans und fragte mich, was mir gefiel. Ich wusste gar nicht, was ich sagen sollte, ich war zu verlegen.

Auf dem Heimweg – auf dem Rücksitz stapelten sich die Einkaufstüten – plauderte Felicity über Johnny und Zoe. Die beiden waren schon seit einigen Jahren befreundet, und Felicity hoffte, sie würden bald heiraten. Das waren ganz andere Verhaltensweisen als das, was ich gewohnt und dem ich nur mit knapper Not entkommen war – Entführung und Zwangsheirat.

»Ich werde nie im Leben heiraten«, verkündete ich wild entschlossen.

Und das war wirklich mein fester Vorsatz. Nach all dem, was mein Vater mir angetan hatte, war mir allein der Gedanke an eine körperliche Beziehung zu einem Mann widerwärtig. Ich glaubte nicht, dass ich einem Mann in dieser Hinsicht je würde vertrauen können. Alles, was ich kannte, waren Schmutz und Schmerz, Missbrauch und Finsternis. Ich hatte Felicity nichts davon erzählt und dachte, sie würde meine Ablehnung einer Ehe darauf zurückführen, dass ich mit knapper Not einer Zwangsehe entkommen war.

Felicity lachte nur. »Vielleicht ändert sich deine Meinung ja noch.«

»Darauf würde ich nicht wetten«, erwiderte ich.

»Na, man kann nie wissen. Vielleicht triffst du ja doch eines Tages deinen Traummann und verliebst dich in ihn.«

Wir fuhren stumm weiter. Ich starrte mit entschlossener Miene aus dem Fenster und versuchte, nicht über das nachzudenken, was Felicity gerade gesagt hatte.

Ich konnte mich nie in einen Mann verlieben, ich würde mich nie in einen Mann verlieben. Ich nicht.

17
Vorboten des Wandels

Kurz nach meiner Flucht wollte Felicity eines Sonntagnachmittags mit der Familie in die Kirche.

»Mach es dir zu Hause gemütlich, Hannan«, meinte sie. »Wir bleiben nicht lange weg.«

Einer Eingebung folgend fragte ich, ob ich nicht mitkommen könne. Ich hatte zwar keine Angst vor dem Alleinsein, ich war sogar ganz glücklich damit, aber ich wollte gern ihre Kirche sehen.

Felicity zögerte. »Du musst nicht mitkommen. Das ist wirklich nicht nötig.«

»Aber ich möchte es gerne. Ich möchte gern sehen, wie es dort zugeht.«

Felicity war noch nicht überzeugt. Da sie meine Religionslehrerin war, achtete sie darauf, mich in dieser Hinsicht nicht zu beeinflussen. Ich musste ihr mehrmals versichern, dass ich wirklich aus freien Stücken mitkommen wollte.

Diese Frau ließ mich trotz der möglichen Gefahren in ihrem Haus wohnen. Ich wollte einfach mehr über sie und ihre Familie erfahren, und dazu gehörte auch ihr Glauben. Niemals hätten meine Eltern eine fremde Person auf der Flucht, die einer anderen Rasse angehörte und einem anderen Glauben anhing, in ihr Haus eingeladen. Womöglich trug die Religion von Mrs Jones dazu bei, ihre unglaubliche Großzügigkeit zu erklären?

Es war mir mein Leben lang eingebläut worden, ich sei nutzlos, ein gottloses Kind, dem bestimmt sei, in der Hölle zu landen; und schließlich glaubte ich das auch selbst. Ich wusste, dass ich für den Gott meiner Eltern nie gut genug sein würde. Als Felicity mir vor einigen Monaten erklärt hatte, dass ihr Gott mich liebte, hatte ich nur höhnisch geschnaubt. Wie konnte es einen liebevollen Gott geben? Dennoch hatte mich Felicitys Vorstellung von Gott fasziniert, obwohl ich sie ihr damals nicht recht abnehmen konnte.

Die Kirche war ein altes Gebäude aus grauem Stein. Es sei eine Methodistenkirche, erklärte mir Felicity, auch wenn mir das nichts sagte. Als wir hineingingen, drängten sich die Kirchenbesucher bereits in den Bänken.

Ich war die einzige nicht-weiße Person im Raum.

Anfangs wurde ich mit ein paar seltsamen Blicken bedacht, aber sobald Felicity mich vorgestellt hatte, wurden die Mienen freundlich. Die Gespräche versiegten – worüber ich recht froh war –, als Felicitys Mann auf dem Klavier zu spielen begann, das vorne in der Kirche stand. Während die Melodie immer flüssiger und bewegter wurde, musterte ich die wunderschönen Buntglasfenster und die mit üppigen Schnitzereien verzierten Säulen.

In diesem Raum herrschte eine ganz besondere Stimmung, ein Gefühl des Friedens, das ich so noch nie erlebt hatte. Ich war völlig gebannt. Ein Lied wurde angestimmt. Ich lauschte, aber ich kannte die Worte nicht. Felicity versuchte, mir den Text im Liederbuch zu zeigen, indem sie beim Singen mit den Fingern unter den Zeilen entlangfuhr. Danach gab es eine Bibellesung, gefolgt von einer Predigt.

Der Pastor – er war Mitte fünfzig – hieß Bob. Ich war sofort beeindruckt von der Wärme und Menschlichkeit seiner Predigt. Anfangs erzählte er von einem ziemlich lächerlichen Vorfall, der ihm am letzten Wochenende widerfahren war. Ich blickte mich heimlich um und staunte, als alle über Bobs Missgeschick lachten. Niemand hätte gewagt, über einen muslimischen heiligen Mann wie meinen Vater zu lachen, und dieser wiederum hätte sich nie dazu herabgelassen, eine solch selbstkritische, menschliche Geschichte zu erzählen.

Ich hörte nicht auf, mich zu wundern. In Bobs Stimme schwangen Frohsinn und Spaß mit, eine echte Zuneigung für sein Thema wie auch für seine Gemeinde schien darin zum Ausdruck zu kommen.

Beim nächsten Lied begleitete uns Bob mit seiner Gitarre. Allerdings war sein Repertoire an Griffen so begrenzt, dass er zu den Liedern oft nur eine Art Luftgitarre spielen konnte.

Am Ende des Gottesdienstes wurde ein letztes Lied gesungen. Als die Gemeinde die Melodie anstimmte, tauchten die Worte plötzlich aus den Tiefen meines Gedächtnises auf, ich hatte *Amazing Grace* nämlich in den ersten Jahren auf der Sekundarschule im Chor gesungen. Da ich dieses Lied als Kind ausgesprochen gern gehabt hatte, sang ich einfach mit, auch wenn ich ein wenig befangen war. Ich wunderte mich noch immer, wie freudig die Menschen wirkten. Der Gesang schwoll an und stieg bis zum Dach. Ich hatte den Eindruck, dass dieses Lied zu den Lieblingsliedern der Gemeinde gehörte.

Froh und fasziniert ging ich hinaus. Es beeindruckte mich, dass der Pastor so entspannt gewirkt, ja, sich sogar in einem öffentlichen Gotteshaus über sich selbst lustig gemacht hatte. Bob schien richtig ergriffen von seinem Glauben und besonders von Jesus' Leben.

Mein Vater hatte mir verboten, den Namen Jesus in seinem Haus auch nur zu erwähnen. Was fanden Bob und viele andere so interessant an diesem Mann?

Am folgenden Samstag fragte ich Felicity, ob ich in die Kirche mitgehen könne. Am Sonntag hielt Bob wieder eine Predigt, am Ende erklang *Amazing Grace,* und dazwischen gab es ein paar lustige Geschichten. Auch über Jesus sprach Bob erneut ganz aufgeregt. Zum ersten Mal in meinem Leben genoss ich es, mich in einem Gotteshaus aufzuhalten.

Da Predigten und Lesungen auf Englisch stattfanden, verstand ich jedes Wort. Vor allem die Gebete fand ich sehr ergreifend. Die Menschen beteten für die Armen und Kranken und sogar für arme oder unglückliche Menschen in anderen Ländern und mit anderen Religionen. Wenn sich in der Woche davor irgendwo auf der Welt eine Naturkatastrophe ereignet hatte – ein Erdbeben in Südamerika oder eine Überschwemmung in Bangladesch – beteten sie für die Opfer. Man schien an alle Menschen zu denken, egal welchen Glaubens.

In der Moschee hingegen bestanden unsere Gebete stets aus den immer gleichen Koranzeilen:

Gott ist groß.
Gott ist groß.
Es gibt nur einen Gott.

Am meisten wunderte mich, dass Christen auch für die Heilung und Hilfe von Andersgläubigen beteten. Im Islam gibt es zwar das Konzept der *zakat,* der Wohltätigkeit, aber gemäß der Interpretation meines Vaters ging es ausschließlich darum, anderen Muslimen zu helfen, obwohl im Koran *zakat* allen Bedürftigen und Armen gilt. Für meinen Vater hingegen galt *zakat* nur für die *umma* – die religiöse Gemeinschaft der Muslime. In der Moschee sammelten wir Spenden für Erdbebenopfer in muslimischen Ländern, aber ein Erdbeben in Peru hätte nie auch nur die geringste Erwähnung verdient.

Die Monate, die ich bei Familie Jones verbrachte, gehören zur glücklichsten Zeit meines Lebens. Ich fuhr sogar mit ihnen in Urlaub. Wir verbrachten zwei Wochen am Meer in Cornwall und kampierten auf einem Zeltplatz in Coverack nahe Land's End. Zum ersten Mal in meinem Leben sah ich das Meer und planschte sogar ein bisschen in den Wellen.

Unser Campingplatz bot einen atemberaubenden Blick aufs Meer. Jeden Morgen frühstückten wir im Freien mit Blick auf den weiten Ozean, dessen Wogen unter uns an den Strand schwappten. Ich war sprachlos, fand es herrlich und befreiend.

Als Muslimin durfte ich zwar den Schinken oder die Würstchen nicht essen, die Johnny auf dem Campinggasherd brutzelte, aber bei dem Duft lief mir das Wasser im Mund zusammen.

Einmal besuchten wir nach einem morgendlichen Strandausflug eine lokale Kunstgalerie in einem hübschen steinernen Cottage. Wir bewunderten Meereslandschaften und andere Bilder, und danach gab es einen üppigen Tee in dem Café, das der Galerie angeschlossen war.

Mir war, als sei ich aus einem Albtraum erwacht und in einen wunderbaren Traum eingetaucht.

Auf dem Campingplatz hoch auf den Klippen in der frischen Meeresbrise dachte ich kaum mehr an mein altes Leben. Ich war vor allem erleichtert, es hinter mir zu lassen. Die Sklaverei, die Drohungen, die Angst, die Isolation, der Missbrauch – am liebsten hätte ich alles dem Wind übergeben, damit er es über die Schaumkronen weit von mir weg trüge.

Seit ich meine Familie verlassen hatte, hatte ich mich nicht mehr von meinen Einsamkeitsvögeln zu den Lavendelfeldern bringen lassen müssen. Aber es schmerzte zu wissen, dass meine Familie mich nicht geliebt hatte. Ich war für sie nicht liebenswert gewesen. Dabei wollte ich doch nur dazugehören, und nun wünschte ich mir, dass der Wind für alle Zeiten das Gefühl von Schmutz und Schuld davontrug, das mich überkam, wenn ich an meinen Vater dachte.

* * *

Woche für Woche saß ich still in meiner Kirchenbank und lauschte und sah zu.

Die Fürsorge und Liebe, die die Familie Jones mir zukommen ließ, mussten von irgendwoher kommen, dachte ich.

Wenn sie von ihrem Gott kamen, dann wollte ich versuchen, ihn kennenzulernen. Ich schloss mich der kirchlichen Jugendgruppe an und lernte dort Rachel kennen.

Rachel stammte aus einer typischen weißen Familie aus Nordengland. Ihr Vater war Sozialarbeiter, ein richtiger Gentleman. Ihre Mutter arbeitete als Lehrassistentin in einer Grundschule. Rachel war klein, blond und sehr attraktiv. Sie war etwas jünger als ich und in der Schule sehr beliebt.

Ich fand es witzig, dass dieser zierliche Engel so einen starken nordenglischen Akzent hatte. Ich sprach noch immer mit einem pakistanischen Einschlag, der allerdings zunehmend schwächer wurde, je länger ich mich von der East Street fernhielt. Ich war froh, dass er allmählich verschwand. Abgesehen von meiner Hautfarbe, die ich nie würde ändern können und auch nicht ändern wollte, war ich froh, alles über Bord zu werfen, was mich an mein früheres Leben erinnerte.

Rachel half mir, eine lockere junge Frau zu werden. Sie ging mit mir zum Einkaufen und half mir, mit Schminke und Schmuck zu experimentieren. Wir spielten Scrabble, mein Lieblingsspiel, nachdem ich festgestellt hatte, dass mir die vielen einsamen Stunden, die ich mit Lesen zugebracht hatte, einen großen Wortschatz beschert hatten. Manchmal übernachtete ich bei Rachel, und wir quasselten stundenlang.

Wann immer wir es uns leisten konnten, gingen Rachel und ich ins Kino. Ich war bis dahin noch nie in einem Kino gewesen. Am tiefsten beeindruckte mich der Film *Titanic* und seine Liebesgeschichte – dass der von Leonardo DiCaprio verkörperte Held sein Leben gab, um seine Liebste zu retten. Mir gefiel auch DiCaprios Humor und die Tatsache, dass er einen Künstler spielte. Diese Art von Liebe hätte ich zu gerne kennengelernt – eines Tages vielleicht, in ferner Zukunft.

Ich ging weiter eifrig aufs College und versuchte, mein neues Leben zwischen dem College unter der Woche und Rachel und anderen Freundinnen am Wochenende aufzuteilen. Doch allmählich verspürte ich das Bedürfnis, etwas zu meinem Lebensunterhalt beizutragen. Felicity schlug mir vor, mich um ein Stipendium und um Wohngeld zu bemühen. Sie fuhr mich zu einem Amt, wo ich dem Sachbearbeiter, einem jungen Weißen, meine Geschichte erzählte – dass ich von zu Hause und vor einer Zwangsheirat geflohen war. Er führte mich in ein rückwärtiges Büro und begann, mich mit Fragen zu löchern. Zum Schluss wollte er alles über meine Familie wissen.

»Sie müssen mir die Telefonnummer Ihrer Eltern geben«, sagte er. »Ohne die Nummer kann ich nichts in die Wege leiten.«

»Aber warum brauchen Sie diese Nummer?«, fragte ich.

»Na ja, schließlich muss ich Ihre Geschichte überprüfen. Ich kann sie Ihnen nicht so ohne Weiteres abnehmen.«

»Aber verstehen Sie denn nicht?«, protestierte ich. »Ich habe Ihnen doch gerade erklärt, dass ich vor einer Zwangsheirat davongelaufen bin. Ich kann nicht riskieren, dass meine Eltern erfahren, wo ich stecke und was ich tue.«

Er zuckte mit den Schultern.

»Wir können Ihnen keine Unterstützung geben, wenn wir Ihre Angaben nicht verifizieren können. Im Übrigen glaube ich ohnehin nicht, dass wir Ihnen helfen können. Sehr wahrscheinlich müssen Sie wieder nach Hause und bei Ihren Eltern leben.«

Ich bekam es mit der Angst zu tun. Er ging dauernd aus dem Raum, um mit einer anderen Person zu reden, und kam dann mit weiteren Fragen zurück. Schließlich erklärte er mir kurz und bündig, dass ich ins Haus meines Vaters zurückkehren sollte, weil meine Familie mich unterstützen müsse und nicht der

Staat. Er wollte immer wieder die Telefonnummer wissen, um dort anzurufen und »die Sache zu regeln«.

»Ich kann Ihnen unmöglich die Telefonnummer meiner Eltern geben«, sagte ich. »Außerdem ist es schon spät. Ich muss gehen.«

Damit erhob ich mich und eilte hinaus. Sobald ich vor der Tür stand, brach ich in Tränen aus. Aufgebracht ging ich zur nächsten Telefonzelle und rief Felicity an.

»Bleib, wo du bist«, meinte sie. »Ich komme sofort und rede mit denen.«

Sie kam direkt vom College, und wir gingen gemeinsam zurück ins Büro.

Felicity fragte mich, mit wem ich gesprochen hatte, und marschierte geradewegs zu dem Mann, auf den ich deutete.

»Wie können Sie es wagen, diesem jungen Mädchen zu sagen, dass es nach Hause zurück muss«, verkündete sie scharf. »Sie wissen rein gar nichts über ihre Lage. Sie haben nicht die geringste Ahnung. Und trotzdem wollen Sie sie zu ihren Eltern zurückschicken.«

»Wer sind Sie denn überhaupt?«, fragte der Mann unhöflich.

»Ich bin ihre Collegelehrerin«, erwiderte Felicity. »Und außerdem ihre Betreuerin. Wenn Sie so weitermachen, werde ich sofort den Sozialarbeiter des jungen Mädchens darüber informieren. Was Sie da treiben, ist vollkommen inakzeptabel. Vielleicht sollten wir es sogar der Polizei melden. Womöglich gefährden Sie mit Ihrem Verhalten das Leben dieses Mädchens!«

Nun wirkte der Mann doch etwas besorgt. Ihm war klar, dass es Felicity ernst meinte.

»Tut mir leid«, murmelte er zerknirscht. »Ich habe die Lage wohl nicht ganz richtig eingeschätzt. Ich habe doch bloß versucht zu verifizieren …«

»Um ihre Geschichte zu verifizieren, muss man sie ja wohl nicht dazu zwingen, in eine gefährliche, gewalttätige Familie zurückzukehren, oder?«, fragte Felicity schroff. »Oder sehe ich das etwa falsch?«

»Äh – lassen Sie uns doch einfach noch mal von vorne anfangen«, schlug der Mann nervös vor. »Wir füllen die Anträge für Stipendium und Wohngeld aus und reichen sie dann gleich ein. Vergessen wir einfach, was ich über ihre Familie gesagt habe, okay?«

Als wir das Büro verließen, war ich völlig erledigt und gleichzeitig freudig erregt. Zum ersten Mal in meinem Leben hatte sich jemand, der mich gern hatte, für mich eingesetzt.

Mein Vater hatte mir ständig erklärt, dass alle weißen Engländer Trunkenbolde, Huren und Streithähne seien, aber wie so vieles andere war auch das nur gelogen gewesen, geprägt von seinen Vorurteilen. Es gab ein ganz anderes England als das, welches mein Vater uns so oft geschildert hatte. Ein England, in dem Menschen wie Mrs Jones lebten, gute, ehrliche, offene, tolerante Menschen, deren Glauben ihnen den Mut verlieh, dem Bösen die Stirn zu bieten.

Ich dankte Gott für Mrs Jones.

Ich wusste nur nicht genau, bei welchem Gott ich mich bedanken sollte.

Denn ich war völlig verwirrt. Ich war Muslimin, und das würde ich den Rest meines Lebens bleiben. Aber wenn ich in die Kirche ging, hatte ich nicht das Gefühl, etwas Unrechtes zu tun. Ich war auch schon früher bei Schulausflügen in Kirchen gewesen, es war mir also nicht völlig fremd. Doch ich war verunsichert über das Wesen Gottes.

Ich begann, mir zu überlegen, ob ich vielleicht Christin werden und zu Mrs Jones' Gott beten könnte.

18

Wundervolle Weihnacht

Weihnachten feierte ich mit meiner neuen Familie. Bei mir zu Hause hatte sich Weihnachten nicht von anderen Feiertagen unterschieden, nur dass dann im Fernsehen bessere Filme liefen. Wir waren eine muslimische Familie in einer muslimischen Gemeinschaft gewesen, also hatte es zu Hause weder einen Weihnachtsbaum noch Schmuck oder Geschenke gegeben.

Ab und zu hatten mir Freundinnen eine Weihnachtskarte geschickt, und Mutter hatte mir heimlich ein bisschen Geld zugesteckt, damit ich Karten und Briefmarken kaufen konnte, um mich zu revanchieren.

Die Karten, die ich bekam, versteckte ich immer in meiner Schultasche, und sobald Weihnachten vorbei war, warf ich sie weg, damit Vater sie nicht fand.

Bei Felicity schmückten wir einen ganzen Nachmittag lang den Christbaum und das gesamte Haus. Ich atmete den Duft der frisch gekauften Tanne ein, die wir mit blauem und silbernem Christbaumschmuck und passendem silbernen Lametta dekorierten. Kerzen vervollständigten die Pracht.

Danach wickelten wir die Geschenke ein und legten sie unter den Baum. Es sah aus wie eine Regenbogenlawine. Ich genoss die in der Luft liegende knisternde Vorfreude. So etwas hatte ich zu Hause nie verspürt.

Draußen war es feucht und ekelhaft; umso schöner war es,

wenn man in das festlich geschmückte Haus trat und sich vor das Kaminfeuer setzte.

Am 24. Dezember gingen wir zur Mitternachtsmette. Auch dort hing eine Art freudige Erwartung in der Luft, und als Bob uns die Geschichte von Jesu Geburt erzählte, schien der Raum erfüllt von Liebe.

Ich hatte in der Grundschule Krippenspiele gesehen, aber nun verstand ich die Geschichte erst richtig. Bob wiederholte mehrmals den Satz von der Menschwerdung Gottes, die in meinem Herzen einen besonderen Widerhall fand. Die Vorstellung, dass Gott die Gestalt eines ganz normalen, einfachen Mannes annahm, um mit den Menschen in Verbindung zu treten, beeindruckte mich tief. Ich hatte erwartet, dass Gott rasen und toben würde wegen der Schlechtigkeit der Menschen, und nicht, dass er die Liebe in den Vordergrund rücken würde – Gott war aus Liebe als Mensch auf die Welt gekommen, um mit uns in Verbindung zu treten und sich um uns zu kümmern.

Bob betonte diesen Begriff immer wieder: Liebe. Liebe. Die Liebe Gottes. Mein Herz schlug schneller. Ich wollte Jesus kennenlernen, ich wollte Christin werden.

Felicitys Adoptivtochter Julie saß neben mir in der Kirchenbank. Schließlich konnte ich mich nicht mehr zurückhalten, ich beugte mich zu ihr und flüsterte ihr ins Ohr: »Wie wird man Christ?«

Julie lächelte.

»Ganz einfach. Du bittest Jesus, in dein Leben zu treten. Du bittest ihn, dir zu verzeihen, was du an Unrecht getan hast, und bedankst dich bei ihm, dass er für dich am Kreuz gestorben und auferstanden ist.«

»Das ist alles?«

Julie nickte. »Jawohl.«

»Man muss nicht in aller Öffentlichkeit eine Erklärung abgeben oder sonst etwas tun?«

»Nein, nichts. Wenn du willst, kannst du dich taufen lassen, aber du musst es nicht.«

Mir kam das sehr privat und persönlich vor, und gerade das gefiel mir.

Um Muslim zu werden, muss man vor einem Imam dreimal wiederholen: »Ich bezeuge, es gibt keinen Gott außer Allah, und Mohammed ist sein Gesandter.« Danach gilt man als Muslim.

Ich war davon ausgegangen, dass es im Christentum eine ähnliche Formalität gäbe, aber in dieser Kirche reichte offenbar ein privates Zwiegespräch mit Gott.

Als ich mich in dieser Nacht zum Schlafen hinlegte, hoffte ich, von den vielen Geschenken zu träumen, die unter dem Baum lagen. Aber ich konnte nicht einschlafen. Ich dachte immer wieder an Bobs Worte und an das, was Julie mir gesagt hatte. Deshalb begann ich zu beten, und zum ersten Mal in meinem Leben betete ich zum Gott der Christen: »Gott, wenn es dich wirklich gibt und wenn du ein liebender Gott bist, dann möchte ich dich kennenlernen, und ich möchte, dass du in mein Herz einkehrst.«

Bis zu diesem Moment hatte ich es nicht für möglich gehalten, mit Gott in Beziehung zu treten, aber als ich dieses Gebet sprach, hatte ich das Gefühl, tatsächlich eine Antwort zu erhalten. Ich spürte, wie Gott mir sagte: »Ja, ich bin da. Es gibt mich, und ich liebe dich.«

In diesem stillen Augenblick konvertierte ich vom Islam zum Christentum. Das Unmögliche war möglich geworden.

Damals dachte ich allerdings gar nicht weiter darüber nach. Ich dachte weder über die vergangenen sechzehn Jahre meines Lebens nach, in denen ich eine Muslimin gewesen war, noch über den Glauben, in den ich hineingeboren worden war. Ich ging völlig auf in dem Gefühl des Augenblicks. Ich überlegte nicht einmal, was es für Folgen haben könnte, wenn ich den Glauben wechselte.

Ich war überwältigt von dem Gefühl, dass es einen Gott gab, der mich liebte und mit mir in eine Beziehung treten wollte. Mit mir! Am liebsten hätte ich es laut in die Welt hinausposaunt, aber ich beschloss, es erst einmal für mich zu behalten und den Beginn des neuen Grundes, am Leben zu sein – meine Beziehung zu Gott –, heimlich zu genießen.

Am Weihnachtstag überreichten wir einander unsere Geschenke. Ich hatte noch nie ein Geschenk ausgewickelt, weshalb ich die anderen genau beobachtete. Ich sah, wie sie ihre Päckchen aufmachten, wie sie sich darüber freuten und bedankten. Ich versuchte, es ihnen gleichzutun, war aber sehr verlegen, weil ich nicht wusste, wie ich reagieren sollte, wenn mir ein Familienmitglied etwas gab.

Ich wusste nicht, was ich tun und sagen sollte. Aber eines wusste ich: Ich war glücklich, so glücklich, wie ich es mir nie vorgestellt hätte.

Ich begann, in der Bibel zu lesen, und stellte fest, dass ich gar nicht mehr damit aufhören wollte. Erst las ich das Evangelium nach Matthäus, dann nach Markus, nach Lukas und nach Johannes. Die Geschichten über Jesus und seine Gleichnisse erfüllten mich mit großer Erregung. Ich las die Psalmen, die meine Ängste beschwichtigten und mir nachts beim Einschlafen halfen.

Meine Bibellektüre zeigte mir, was es bedeutet, Christ zu sein; ihr entnahm ich, wie Jesus gewollt hätte, dass ich mein Leben lebte. Ich war glücklich über die neu gefundene Freiheit, ich selbst zu sein. Am wichtigsten aber war die Erkenntnis, dass ich geliebt wurde.

Es ging nicht darum, ob man es wert war oder ob man es verdient hatte. Es ging nicht darum, dass man hart arbeiten musste, um akzeptiert zu werden. Es ging darum, zu wissen, dass die Liebe Gottes vorhanden war, trotz allem, was ich womöglich falsch machte.

In mir kehrte innerer Frieden ein, und neue Hoffnung flackerte auf. In meinem Herzen war Licht, wo vorher Finsternis gewesen war.

Ich schaffte es mehrere Wochen, meine Bekehrung geheim zu halten. Eines Nachmittags beschloss ich, es den anderen zu sagen. Wir saßen gerade beim Mittagessen, als ich mich nervös umsah und dann schüchtern bekannt gab: »Am Weihnachtsabend, da, glaube ich … äh … da, glaube ich, bin ich Christin geworden.«

Felicitys Gesicht wurde von einem breiten Lächeln erhellt, als sie aufsprang und mich umarmte. Wir tanzten im Wohnzimmer herum, alle Familienmitglieder umarmten mich abwechselnd, etwas, was mir anfangs natürlich sehr fremd gewesen war, was ich aber immer angenehmer fand.

Mir schoss der Gedanke durch den Kopf, dass die Jones' ein bisschen verrückt waren, weil sie so aufgeregt tanzten und lachten. Aber gleichzeitig gefiel es mir auch, wie ungehindert sie ihre Gefühle zeigten. Es lag eine Freiheit und Leichtigkeit darin, die ich sehr erfrischend fand.

Natürlich verstand Felicity die Bedeutung meines Übertritts. Sie wusste, dass er mir ernste Probleme bescheren, ja, sogar mein Leben gefährden konnte, was ihr große Sorgen machte. Ich hatte mich von meiner Familie und meiner Kultur getrennt, und jetzt auch noch vor meinem angestammten Glauben. Aber erst einmal freute sie sich von ganzem Herzen für mich.

Ich bin froh, dass sie ihre Sorgen nicht sofort geäußert hat. Sie ließ mir die Freiheit, meinen Weg selbst zu finden und, falls nötig, meine Fehler auch selbst zu begehen. Viel zu lange war ich streng kontrolliert worden. Ab sofort waren Ehre und

Schande für meine Entscheidungen nicht mehr ausschlaggebend.

Ich wusste, dass mich die muslimische Gemeinschaft wahrscheinlich ächten würde, sobald meine Bekehrung bekannt wurde. Aber ich sagte mir, sollte es wirklich dazu kommen, waren die Beziehungen nicht echt und waren es wohl auch nie gewesen.

Bei Felicity, Julie, Rachel und Zoe hatte ich beobachtet, wie sie anderen Freundschaft und Liebe anboten, ungeachtet der Gefahren und Risiken auch über kulturelle Schranken hinweg.

Das macht wahre Freundschaft aus, und ich nahm mir fest vor, ab sofort nur noch danach zu trachten.

19

Auf eigenen Füßen

Einige Monate später zog ich um. Ich zog in ein Zimmer, das mir eine städtische Einrichtung angeboten hatte, die jungen Leuten, die von ihrer Familie nicht mehr unterstützt wurden, eine Unterkunft besorgte.

Dass mich Felicity und ihre Familie aufgenommen hatten, rettete mir das Leben, aber nun wollte ich die Grenzen meiner Unabhängigkeit und Freiheit erweitern. Ich wollte zum ersten Mal in meinem Leben auf eigenen Füßen stehen.

Es gab so vieles, was ich noch nie hatte tun müssen: meine Finanzen regeln, einkaufen, für mich kochen, eine Arbeit finden und nach einem eigenen Zeitplan leben.

In meiner neuen Unterkunft blieb ich achtzehn Monate. In dieser Zeit konzentrierte ich mich voll und ganz auf meine Leistungen im College. Ich nahm mir vor, mein Bestes zu geben. Ich hatte meiner Familie, meiner Religion und einer Zwangsehe den Rücken gekehrt, jetzt musste ich mich auf meinen Verstand verlassen, um zu überleben.

Damals besuchte ich Felicity und ihre Familie noch sehr häufig. Am Sonntag ging ich meistens mit Johnny in die Kirche, und drei- bis viermal die Woche fuhr ich mit Felicity nach dem Unterricht nach Hause und aß bei ihr zu Abend.

Doch trotz dieser Unterstützung begann ich, mir Gedanken zu machen, ob ich nicht zu früh nach der völligen Freiheit gestrebt hatte. In meinem Leben war zu schnell zu viel passiert, und es fiel mir immer schwerer, die Dinge zu ordnen.

Ich beging nämlich einen schweren Fehler: Um mich ganz auf eine helle und freie Zukunft zu konzentrieren, leugnete ich den schlimmsten Schrecken, den ich durchlebt hatte, den sexuellen Missbrauch.

Es war kein Wunder, dass ich allmählich das Gleichgewicht verlor. Ich wurde depressiv und begab mich freiwillig in eine psychiatrische Einrichtung. Doch selbst zu diesem Zeitpunkt war ich noch nicht bereit, das volle Ausmaß meines Missbrauchs zu enthüllen.

Wer war ich? Ich war eine britische Pakistani, als Muslimin geboren, zum Christentum konvertiert, mit einer Reihe neuer weißer Freunde.

Wohin gehörte ich? Meine Freunde in der Kirche liebten mich und kümmerten sich um mich, aber sie kannten meine Vorgeschichte nicht ausreichend. Und meine Familie lehnte die Person, zu der ich geworden war, vollkommen ab.

Ich bedauerte es nicht, dass ich mein Zuhause verlassen hatte und Christin geworden war; ganz und gar nicht. Aber ich hatte einfach keine rechte Vorstellung, wie ich mein neues Leben führen sollte.

In der Klinik gab man mir Antidepressiva. Die Medikamente führten dazu, dass ich am liebsten nur noch geschlafen hätte. Dennoch empfing ich einen steten Strom von Besuchern: Felicity kam fast jeden Tag, oft zusammen mit Zoe, Johnny und Rachel. Meine Lehrer aus dem College kamen vorbei, sogar der Direktor kam mich besuchen, und auch mein Sozialarbeiter Barry kümmerte sich um mich.

Im Lauf der Zeit schien sich meine psychische Verfassung zu stabilisieren. Ich wurde entlassen und versuchte, meinen Alltag wieder alleine zu bewältigen. Mir war, als befände ich mich auf dem ersten Abschnitt eines langen Wegs, der mich an den Punkt bringen sollte, die volle Wahrheit über mein Leben zu erzählen. Doch ich wusste, es würde mich viel Überwindung kosten, und die Reise würde schmerzlich lang sein. Ich brauchte viel Kraft, um diesen Weg weiterzugehen.

In Felicitys Haus, in dem ich mich nach wie vor oft aufhielt, kam ich langsam wieder auf die Beine. Eines Morgens stellte Felicity ein Frühstück auf den Tisch: Brot, gebratenen Speck und Tomatensoße. Alle langten zu, und ohne weiter darüber nachzudenken, machte ich mir ein Sandwich mit dem Speck. Schon nach dem ersten Bissen merkte ich, was ich bislang versäumt hatte: Dieses Sandwich gehörte zu dem Köstlichsten, was ich je gegessen hatte.

Ich blickte mich um in der Erwartung, dass jemand etwas sagen würde, doch die anderen blieben stumm. Erst viel später ging mir die Bedeutung dieses Frühstücks auf.

Ach du meine Güte, ich habe Schweinefleisch gegessen!

Ich rechnete fest damit, dass mir übel werden würde; ich wartete richtig darauf, dass irgendetwas Schreckliches passierte. Aber es geschah nichts.

Von da an ließ ich mir den Speck schmecken. Das war ein weiterer Schritt weg von meiner Familie hin zu einer Zukunft, die mich anzog und mir gleichzeitig Angst machte.

In meinem neuen Leben und bei den Menschen in der Kirchengemeinde wunderte ich mich über so manches. So war ich zum Beispiel richtig schockiert, als ich sah, wie Leute während des Gottesdienstes ihre Bibel auf den Boden legten. In meiner Vorstellung kam das der Missachtung eines heiligen Buches gleich; Muslime hätten nicht im Traum daran gedacht, einen Koran auf den Boden zu legen.

Ich musste mich an viele kulturelle und religiöse Unterschiede gewöhnen, und mir war klar, dass das eine Weile dauern würde.

* * *

Bei jedem Telefonat mit meiner Mutter erging sie sich in einer mit Schuldvorwürfen getränkten Litanei.

»Du machst mich schrecklich krank, weißt du«, wimmerte sie. »Meine Gesundheit ist schwer angeschlagen. Wir vermissen dich alle so sehr. Wann kommst du wieder heim?«

Jedes Mal gab ich die gleiche Antwort: »Mutter, ich komme nicht nach Hause. Du weißt, warum ich nicht heimkomme. Du weißt es ganz genau. Du musst dich damit abfinden. Ich möchte gern mit euch in Kontakt bleiben, aber ich komme nicht mehr nach Hause.«

Niemals ließ sie auch nur ein Wort darüber verlauten, dass sie mich gern hatte oder dass es ihr leid täte. Ich ging weiter meinen Weg, aber meine Mutter gab mir die Schuld an all ihrem Leid. Ich war die Schuldige, der Meinung meines Vaters nach verdiente ich nach wie vor, bestraft zu werden.

Auch mit Skip blieb ich in Verbindung. Ihre neue Wohnung war ein Zufluchtsort für junge Frauen aus unserer Gemeinschaft geworden, denen gewalttätige Ehen drohten oder die zu einer solchen Ehe gezwungen worden waren.

Einmal, als ich Skip besuchte, lernte ich drei Schwestern kennen, die älter waren als ich und schon mehrere Jahre arrangierter Ehen hinter sich hatten.

Alle drei waren nach Pakistan geschickt worden, um dort einen völlig fremden Mann aus einem abgelegenen Dorf zu heiraten. Sie kehrten zusammen mit ihren Ehemännern nach Großbritannien zurück.

Fünf, sechs und sieben Jahre später schien ihr Leben die reine Hölle. Die Schwestern wohnten zusammen mit ihren Männern in einem Haus. Die Männer arbeiteten in Fabriken in der Umgebung. Die Schwestern hatten alle eine Ausbildung als Bürofachkraft gemacht, doch ihre Männer erlaubten ihnen nicht, außer Haus zu arbeiten.

Sie wurden regelmäßig verprügelt und als Haussklavinnen behandelt. Die Männer ließen sich von vorn bis hinten bedienen; alle ihre Wünsche mussten erfüllt werden. Obendrein betranken sie sich oft mit billigem Alkohol und versuchten, die Schwestern zu gemeinsamen sexuellen Aktivitäten zu nötigen.

Schließlich verwehrten die Schwestern ihren Männern den Zutritt ins Schlafzimmer, indem sie die Tür verbarrikadierten. Sie versteckten Messer unter den Kopfkissen, um sich notfalls verteidigen zu können. Dennoch hatten sie Angst, dass sie sich ihre Männer nicht ewig vom Leib halten konnten. Sie konnten ihren Eltern nichts davon sagen, denn das hätte Schande über die Familie gebracht. Dabei fühlten sie sich selbst zutiefst beschämt.

Sie wussten, dass Geschlechtsverkehr ohne beiderseitiges Einverständnis als Vergewaltigung galt und in Großbritannien gegen das Gesetz verstieß. Aber wie konnten sie zur Polizei gehen? Nichts hätte größere Schande über ihre Gemeinschaft gebracht als das. Und sich an den Imam zu wenden wäre mehr als sinnlos gewesen, das wusste ich selbst nur allzu gut.

Skip und ich waren entsetzt. Wir merkten, wie viel Glück wir gehabt hatten, der Zwangsehe zu entkommen, die auch uns gedroht hatte. Aber was sollten wir den Schwestern raten?

Wir konnten sie nur darin bestärken, dass sie ihre Männer verlassen sollten. Doch davor hatten sie zu viel Angst – Angst vor der Schande, der Entehrung, der Ablehnung durch ihre Familie, dem Ausschluss aus der Gemeinschaft.

Mir war klar, dass die Schwestern nichts gegen ihre missliche Lage unternehmen würden. Sie konnten sich nicht dazu durchringen, ihr Leben und die Ehre ihrer Gemeinschaft aufs Spiel zu setzen.

Als ich sah, wie verängstigt und elend die drei waren und in welch schrecklicher Falle sie festsaßen, war ich doppelt froh, dass ich die Flucht geschafft hatte.

* * *

Meine Familie hatte versucht, mich in einem Sarg aus Schande zu begraben. Für mich war meine Abkehr vom Islam die letzte Demonstration meiner Weigerung, mich auf diese Weise einmauern zu lassen. Eines Tages rief ich Billy an und verabredete mich mit ihm in einem Park. Er begrüßte mich breit lächelnd.

Ich fragte ihn, wie es ihm und den anderen ginge.

Er zuckte mit den Schultern.

»Du weißt schon, so wie immer. Mutters Asthma wird immer schlimmer. Alle geben dir die Schuld. Hast du je daran gedacht, wieder heimzukommen?«

»Das will ich nicht, Billy, und das werde ich nicht. Aber ich muss dir etwas Wichtiges sagen: Ich bin Christin geworden.«

Er lachte. »Das ist ja wohl nicht dein Ernst.«

»Doch. Ich bin konvertiert.«

»Das ist alles nur Teil deiner Rebellion«, meinte er. »Ich weiß, dass du eine schwere Zeit durchmachst, aber irgendwann wirst du schon wieder Vernunft annehmen und heimkommen. Du bist Muslimin, Hannan. Muslimin.«

»Billy, du hörst mir nicht zu. Ich bin zum Christentum übergetreten. Ich bin Christin. Glaubst du wirklich, ich würde zu Hause willkommen sein?«

Billy schüttelte verzweifelt den Kopf.

»Du bist als Muslimin auf die Welt gekommen, Hannan, und das wirst du bis an dein Lebensende bleiben. Dieser Glaubenswechsel, das ist doch alles Quatsch.«

»Ich bin Christin, Billy. Ich habe mich entschieden. Früher oder später wirst du das akzeptieren müssen.«

Billy war nicht zornig oder aggressiv, er hielt es einfach nur für ein weiteres Kapitel in der Geschichte der momentanen Auflehnung seiner kleinen Schwester.

Aber ich wusste, dass die Vergangenheit vorbei war und ich ein neues Kapitel in meinem Leben aufschlug. Ich wurde zu einem neuen Menschen, einem Menschen, den ich zu mögen anfing.

20

Zwischen Vergangenheit und Zukunft

Ich wurde grob gepackt und zu einer kleinen Holztür gestoßen. Sie wirkte schrecklich bekannt. Ich versuchte zu schreien, doch ich brachte keinen Laut heraus. Die Hand packte mich an den Haaren und riss meinen Kopf nach hinten. Ich sah die Wut und die Verachtung in den Augen meines Peinigers. Er zerrte mich die unebenen Stufen hinab in die kalte Finsternis. Dunkelheit bemächtigte sich meiner. Ich war wieder in die Hände meines Folterknechts geraten.

Mit einem Ruck wachte ich auf. Stets hatte ich diesen wiederkehrenden Albtraum: ein grauenhafter Rückblick auf die Schrecken des Missbrauchs in dem erstickenden Keller.

Ich verzweifelte zusehends und fühlte mich einsam. Noch immer hatte ich niemandem erzählt, dass ich gut zehn Jahre lang von meinem Vater vergewaltigt worden war. Das konnte so nicht weiter gehen.

Felicity war inzwischen eine Art Ersatzmutter für mich geworden. In mir wuchs die Überzeugung, dass ich erst dann anfangen könnte, gesund zu werden, wenn ich ihr von meiner Vergangenheit erzählte.

Eines Tages blieb ich nach dem Unterricht noch bei Felicity im College. Ich fing an zu reden, doch sobald ich ihr ein paar Dinge erzählt hatte, brach ich zusammen und begann heftig zu weinen. Ich spürte, wie Felicity die Arme um meine Schultern legte, sie fühlten sich warm und beschützend an, während sie mich an sich drückte und festhielt.

»Oh, Hannan, meine arme Kleine. Ich liebe dich. Gott liebt dich. Du wirst diese Geschichte durchstehen, glaub mir.«

Ich bat sie, niemandem etwas zu sagen, doch sie meinte, das sei unmöglich. Als meine Lehrerin und Betreuerin sei es ihre Pflicht, anzuzeigen, was mein Vater mir angetan hatte. Da sie wusste, wie tief verwurzelt solche Missbrauchsgelüste sein können, machte sie sich große Sorgen um die Sicherheit meiner Schwestern. Vielleicht hatte sie recht, manchmal fürchtete auch ich um ihre Sicherheit, vor allem jetzt, wo ich nicht mehr daheim lebte.

»Ich habe Angst davor, zur Polizei zu gehen«, erklärte ich. »Ich glaube nicht, dass ich schon so weit bin, ihnen das alles zu erzählen. Die Vorstellung, Details zu schildern, ist mir unerträglich. Ich will diese grässlichen Erinnerungen nicht wieder hochkommen lassen, vor allem nicht vor Fremden.«

Ich wusste, was mit meiner Familie und meiner Gemeinschaft passieren würde, wenn Vater verhaftet würde. Die Gemeinschaft würde zerbrechen, wenn ihrem Imam vor einem britischen Gericht der Prozess gemacht würde, weil er sein Kind von dessen fünften bis zum fünfzehnten Lebensjahr missbraucht hatte.

Im Übrigen bezweifelte ich, dass die Polizei mir glauben würde. Ich war nur ein junges Mädchen, mein Vater hingegen die Säule unserer Gemeinschaft. Ich wusste noch zu gut, wie Omer, der Sozialarbeiter, Vater sofort mehr Glauben geschenkt hatte als mir. Ich konnte mir einfach nicht vorstellen, dass die Polizei sich meine Vorwürfe anhören und mir glauben würde. Das hätte allem widersprochen, was ich bisher erlebt hatte. All das versuchte ich nun, Felicity zu erklären.

»Ich verstehe deine Befürchtungen«, meinte sie schließlich. »Aber wie wäre es, wenn wir wenigstens mit Barry reden? Vielleicht weiß er, was wir tun sollen. Wärst du damit einverstanden?«

»Okay«, meinte ich. »Ich werde es versuchen.«

Am nächsten Tag traf ich mich mit Barry. Er war so freundlich und hilfsbereit, dass ich einen Teil dessen berichten konnte, was ich im Lauf der Jahre erlebt hatte. Doch Barry arbeitete nicht im Bereich Kinder- und Jugendschutz, er musste mich an eine andere Stelle verweisen.

Eine Sozialarbeiterin aus dem Jugendamt kam auf mich zu. Vicky, so hieß sie, sagte mir, dass ich auf alle Fälle zur Polizei gehen müsse. Da mir offenbar nichts anderes übrig blieb, willigte ich ein.

Vicky fuhr mich zur Wache. Eine Beamtin führte mich in einen Vernehmungsraum. Wir setzten uns an den Tisch, und sie schaltete einen kleinen Kassettenrekorder ein. Vor ihr lag ein Blatt Papier und ein Kuli.

»Also gut, Hannan, schildere mir in deinen eigenen Worten, was passiert ist. Fang mit deinem Namen an und wo du früher gewohnt hast, und dann sehen wir weiter.«

»Mein Name ist … Mein Name ist Hannan Shah. Ich … ich … ich …«

Ich versuchte, die Worte herauszubringen, doch es gelang mir nicht. Meine Kehle schnürte sich zu. Ich begann zu zittern, Tränen stiegen mir in die Augen. Ich hatte schreckliche Angst vor dem, was passieren würde, wenn ich weitersprach. Ich hatte Angst um mich. Allein bei dem Versuch, mich zum Reden zu zwingen – noch dazu vor Fremden –, wurde ich panisch. Und ich wusste, wenn ich weitermachte, würde eine Lawine von Ereignissen losgetreten, die nicht mehr aufzuhalten wäre.

»Ich … ich … ich kann nicht«, stammelte ich schließlich. »Es geht einfach nicht.«

Die Polizistin blieb ganz ruhig.

»Wenn du es jetzt noch nicht schaffst, kommst du einfach

wieder, wenn du dazu bereit bist, okay?«, meinte sie. »Mach dir keine Sorgen, für uns ist das kein Problem. Zu so einem Gespräch muss man einfach bereit sein.«

Diese Versicherung war mir sehr wichtig. Ich beschloss, später noch einmal zu versuchen, den nötigen Mut für eine Aussage aufzubringen.

Vicky, die Frau aus dem Jugendamt, brachte mich wieder heim. Eine Zeit lang fuhren wir stumm durch die Straßen. Dann warf sie aus den Augenwinkeln einen Blick auf mich.

»Tja, Hannan, das hast du wohl vermasselt. Du warst durch und durch nutzlos dort drinnen. Du hast ihnen überhaupt nichts gesagt. Das war die reine Zeitverschwendung für alle Beteiligten!«

Ich fand keine Worte für eine passende Antwort. Ich fing wieder an zu zittern und zu weinen. Den ganzen restlichen Heimweg beschimpfte sie mich weiter. Sobald ich in meiner Wohnung war, rief ich Barry an. Als er hörte, was vorgefallen war, regte er sich sehr auf. Er rief Vickys Vorgesetzten an und reichte eine offizielle Beschwerde ein. Aber der Schaden war angerichtet. Mit dem Jugendschutz wollte ich erst einmal nichts mehr zu tun haben.

Nach ein paar Tagen gingen ein paar Mitarbeiter des Jugendschutzes in die Grundschule, die meine kleine Schwester besuchte, und erkundigten sich, wie es Aliya ging. Wenn sie Anzeichen für einen Missbrauch entdeckt oder die Lehrkräfte sich besorgt geäußert hätten, wäre meine Schwester in eine Kartei gefährdeter Personen aufgenommen worden. Zum Glück war alles in Ordnung. Mir fiel ein Stein vom Herzen.

Ich war zwar nicht davon ausgegangen, dass Vater ihr dasselbe antun würde wie mir, denn meines Wissens hatte er sie nie geschlagen, aber ich war trotzdem sehr erleichtert.

Meine Mutter, meine Schwestern und meine Brüder lagen mir nach wie vor sehr am Herzen. Den Missbrauch anzuzeigen würde den Anfang vom Ende für sie bedeuten. Es würde sie in einen Abgrund des Leids, der Schande und Ehrlosigkeit stürzen. Solange ich davon ausgehen konnte, dass meine Schwestern vor meinem Vater sicher waren, wollte ich ihn nicht anzeigen; denn der Preis einer solchen Anzeige wäre für meine Familie einfach zu hoch gewesen. Ich wollte nicht, dass sie ohne Ehemann und Vater leben mussten.

Egal, wie grausam und böse mein Vater war, in unserer Kultur wäre es ihnen ohne ihn noch schlechter ergangen.

Eines Tages gingen Rachel und ich mit zwei Jungs aus ihrer Jugendgruppe zum Kegeln. Es war fast wie eine doppelte Verabredung. Einer der beiden, Ian, war Felicitys Neffe. Wir begegneten uns ein weiteres Mal am folgenden Sonntagabend in meiner Bibelstunde. Nach der Stunde kam er zu mir.

»Hi, Hannan«, meinte er nervös. »Ich … äh … ich mag dich wirklich sehr.«

Ich lief knallrot an. Was hatte er da gesagt? Ich kam mir noch immer hässlich und wertlos vor. Das hatte meine Familie stets von mir behauptet.

Was in aller Welt sah dieser gut aussehende, große, blauäugige junge Mann in mir? Vielleicht die Person, die im Werden begriffen war?

»Ich gehe am Dienstag mit ein paar Freunden aus«, erklärte er. »Würdest du gern mitkommen? Sollen wir uns verabreden?«

»Ja … ja … sehr gern«, stotterte ich. Ich konnte es kaum fassen.

Am Dienstagabend holte er mich ab, und wir gingen noch einmal zum Kegeln. Auf dem Weg zur Kegelbahn griff er nach meiner Hand. Beinahe hätte ich sie ihm entzogen.

Es fühlte sich äußerst seltsam an, einem Mann so nahe zu sein. Auf der East Street hätte das die anzüglichsten Gerüchte, ja, einen Skandal ausgelöst.

Aber ich befahl mir, mich zu entspannen und den Augenblick zu genießen. Schließlich war absolut nichts Unanständiges daran, und außerdem waren wir zwei wahrhaftig kein Traumpaar.

Ian war ein ausgesprochener Fußballfan, und als ich später einmal die falsche Mannschaft anfeuerte – und er das Mädchen umarmte, das auf der anderen Seite von ihm saß –, war ich froh, dass ich weiterziehen konnte. Es stand mir frei, an einem anderen Jungen Gefallen zu finden oder auch allein zu bleiben, diese Entscheidung war Teil meiner wachsenden Freiheit und lag ausschließlich bei mir.

In all der Zeit zeigte ich den größtmöglichen Eifer für die Schule. Bei der Abschlussprüfung bekam ich in Sozialkunde, Theologie und Englisch ausgezeichnete Noten. Ich war außer mir vor Freude und Stolz. Mein Zeugnis war gut genug, dass ich mich bei der Universität von Lancaster für ein Studium der Sozialwissenschaften einschreiben konnte. Ein Traum ging in Erfüllung.

Mein Leben wurde immer besser. Während ich mich bei einer kirchlich organisierten Reise in Indien um Waisenkinder kümmerte, fand Rachel eine wundervolle Unterkunft für mich. Eine Familie aus der Kirchengemeinde bot mir ein Zimmer in ihrem Haus an. Nachdem ich eine Zeit lang allein gelebt hatte, fand ich es sehr schön, wieder bei einer Familie zu wohnen.

Eines Tages ging ich mit Rachel in eine Kirche, in der sie ein paar gute Freunde hatte. Nach dem Gottesdienst entdeckte ich eine ältere Dame, die mir irgendwie bekannt vorkam. Plötzlich fiel es mir wieder ein: Es war Edith Smith, die Frau, die vor vielen Jahren zu uns gekommen war, um meiner Mutter Englisch beizubringen. Ich ging zu ihr und stellte mich vor.

Sie lächelte. »Ja, ich erinnere mich noch gut an diese Besuche. Und wie geht es Ihrer netten Mutter?«

»Nun – ich habe nicht mehr viel mit ihr zu tun«, erklärte ich. »Ich glaube, es geht ihr ganz gut. Aber da ich Christin bin, muss ich einen gewissen Abstand wahren.«

»Ja, das ist ein außergewöhnlicher Schritt«, meinte sie. »Ich würde gern mehr darüber erfahren. Besuchen Sie mich doch einmal auf eine Tasse Tee!«

Beim Klang ihrer Stimme tauchten viele Erinnerungen auf, und zwar keineswegs nur angenehme. Ich erinnerte mich, wie Mutter und sie im Wohnzimmer gesessen und über Mutters Aussprache gelacht hatten. Aber ich erinnerte mich auch, wie heftig Vater sie geschlagen hatte, wie ich dazwischengetreten war in dem Versuch, sie zu retten, und welch grässliche Dinge danach passiert waren.

Ich erwähnte nichts von dem Trauma und den Problemen, die ihr Englischunterricht bei uns ausgelöst hatte. Ich sagte nicht, dass Mutter von Vater geschlagen worden war und warum Mutter den Unterricht eingestellt hatte. Ich befürchtete, das würde sie nur aufregen. Und selbstverständlich sagte ich auch nichts davon, wie Vater ihre Besuche als Vorwand für seine gewalttätigen Aktionen gegen mich benutzt hatte.

Edith Smith war nicht verantwortlich für das, was passiert war. Der einzige Mensch, der für Vaters Gewalttätigkeit und sein krankhaftes Verhalten verantwortlich war, war er selbst.

Auch während sich mein Leben veränderte und verbesserte, legten sich ständig Schatten aus meiner Vergangenheit über meine Gegenwart.

Ich beschloss, mich vor meinem Übertritt an die Universität taufen zu lassen, um meinen Glaubenswechsel zu feiern und zu bekräftigen. Dieser Schritt bedeutete für mich, dass ich in meinem Glauben wuchs, und ich wollte damit meine freie Wahl als freier Mensch in einer freien Gesellschaft feiern.

Ich beschloss, meine Familie einzuladen. Ich wollte ihnen

zeigen, wie wichtig mir mein neuer Glaube und meine neue Identität waren. Ich wollte, dass sie sahen, welche Freiheit ich genoss, nachdem ich aus meinem kulturellen Getto ausgebrochen war. Während des Gottesdienstes wollte ich darüber sprechen, wie ich entdeckt hatte, wer ich war und was ich alles tun konnte: in der Öffentlichkeit reden, nach Indien reisen, um anderen zu helfen, eifrig lernen und mich für einen Studienplatz qualifizieren, wichtige Freundschaften aufbauen.

Ich hoffte, dass das meiner Familie die Augen öffnen würde. Darüber hinaus wollte ich ihnen aber auch zeigen, dass ich ihnen verziehen hatte. Ich wusste, wie wichtig die Vergebung in meinem neu gefundenen Glauben war, und ich war fest entschlossen, danach zu leben. Indem ich meine Familie zu meiner Taufe einlud, wollte ich ihnen sagen, dass ich ihnen vergeben hatte – allen, bis auf meinen Vater. Ich glaubte nicht, dass ich ihm jemals würde vergeben können.

Natürlich war mir klar, dass es hoffnungslos naiv von mir war, meine Familie einzuladen, und nicht nur naiv, nein, auch töricht, vielleicht sogar gefährlich. Aber ich fand, dass es das Risiko wert sei.

Zu der Zeit wusste ich noch nicht, was »Apostasie« bedeutet. Ich wusste nicht, dass es in den Hadithen – der Überlieferung dessen, was der Prophet Mohammed gesagt, getan, erlaubt und verboten hat – heißt, man solle diejenigen töten, die dem Islam abschwören und sich weigern, zu diesem Glauben zurückzukehren.

Doch vermutlich hätte ich meine Familie eingeladen, selbst wenn ich das gewusst hätte. Die Freude an meinem momentanen Leben war mir wichtiger als irgendwelche alten Texte, die doch ohnehin niemand beim Wort nahm.

Ich rief Billy an. Eine Weile plauderten wir über die Familie, dann brachte ich das Thema Taufe zur Sprache.

»Billy, ich möchte, dass ihr kommt. Es ist etwas, was mir ganz besonders am Herzen liegt. Ich möchte wirklich gern, dass du dabei bist, und Mutter und Raz und alle anderen auch.«

Billy schnaubte nur. Ich redete weiter und nannte ihm Ort und Datum. Nach einem Moment des Schweigens legte mein Bruder Billy einfach auf.

Mir war, als hätte man mir eine Tür vor der Nase zugeschlagen. Ich war aufgewühlt, aber nicht wirklich überrascht.

Na ja, damit habe ich ja wohl die Antwort, dachte ich, sie werden nicht kommen.

Billy war der liberalste meiner Familie; wenn er so reagierte, brauchte ich erst gar nicht auf die anderen zu hoffen. Ich atmete tief durch. Mehr konnte ich nicht tun.

Ein paar Tage später war ich allein zu Hause und lernte. Mitten am Nachmittag vernahm ich von draußen plötzlich Geschrei und Getöse. Ich rannte ans Fenster.

In der Straße vor dem Haus hatte sich ein Mob von etwa vierzig Pakistanern versammelt, bewaffnet mit Hämmern, Stöcken und Messern. Vater stand ganz vorn, sein Gesicht eine einzige Maske aus Hass und Wut. Zu meinem Entsetzen befand sich sogar mein eher liberal eingestellter Onkel Kramat unter ihnen und fuchtelte genauso wüst herum wie all die anderen. Ich entdeckte keinen meiner Brüder und auch keine Frauen aus der East Street, aber ich blieb auch nicht lange genug am Fenster stehen, um die Menge eingehender zu mustern.

Ich rannte in den rückwärtigen Teil des Hauses und versteckte mich. Die Haustür war verschlossen, aber vierzig aufgebrachten Männern würde sie sicher nicht sehr lange standhalten. Ich sah schon den Mob mit gezückten Waffen und von Hass und Blutgier verzerrten Mienen die Stufen hochstürmen.

Selbst im hinteren Teil des Hauses und unter dem Bett, unter das ich mich verkrochen hatte, hörte ich die Schreie.

»Gemeine Verräterin«, brüllte mein Vater. »Verräterin! Verräterin! Du hast deine Familie verraten, du hast deinen Glauben verraten. Verfluchte Verräterin! Wir werden dir die Gurgel herausreißen! Wir werden dich bei lebendigem Leib verbrennen!«

Sie hämmerten gegen die Tür. Zitternd vor Angst kroch ich noch tiefer unter das Bett und betete zu Gott, dass er mich beschützen möge.

Ich hörte, wie sie am Briefkasten zerrten, und dann schrie Vater durch den Briefkastenschlitz: »Du schmutzige, miese Verräterin! Verräterin! Wir werden dich zerhacken, dich verbrennen, dir dein verräterisches Herz aus der Brust reißen. Verräterin! Du wirst in der Hölle verrotten!«

Wenn es ihnen gelang, die Haustür einzutreten, würde mich der Mob erschlagen, dessen war ich mir ganz sicher.

21
Katz und Maus

Ich lebte in einem weißen Arbeiterviertel, in dem mein Vater niemanden kannte, aber irgendwie hatte er es geschafft, mich aufzustöbern. Eine kleine Ewigkeit lang gab das entsetzliche Klopfen der Hämmer und Stöcke an der Haustür den Rhythmus vor für die Schreie, Flüche, Beleidigungen und Todesdrohungen.

Plötzlich kehrte Stille ein. Ich lag unter dem Bett und wagte kaum zu atmen. Waren sie ins Haus eingedrungen und schlichen sich nun an? Waren sie um das Haus herumgegangen, um durch die Hintertür hereinzustürmen?

Schließlich nahm ich all meinen Mut zusammen, kroch unter dem Bett hervor und schlich leise an ein Fenster, das nach vorne hinausging. Ich hörte nichts. Die ganze Straße wirkte wie leer gefegt. So schnell der wütende Mob aufgetaucht war, so schnell war er verschwunden.

Ich fand nur eine Erklärung: Nachbarn mussten sich ihnen entgegengestellt und gedroht haben, die Polizei zu rufen. Vielleicht war mein Vater einmal in seinem Leben gezwungen worden einzusehen, dass er nicht tun und lassen konnte, was er wollte. Die in diesem Viertel lebenden Arbeiter waren hart im Nehmen und würden nicht tatenlos zusehen, wenn ein brüllender Mob von »Pakis« ihre Straßen unsicher machte.

Trotzdem zitterte ich am ganzen Leib. Ich wusste, dass ich

Glück gehabt hatte, noch am Leben zu sein. Mit zitternden Fingern wählte ich Rachels Nummer.

»Rachel, ich bin's, Hannan«, flüsterte ich mit brüchiger Stimme.

»Hannan, was ist denn los? Ist alles in Ordnung?«

»Nein. Ja. Ich meine – etwas Schreckliches ist passiert. Ich habe wahnsinnige Angst. Ich brauche deine Hilfe, Rachel.«

»Wie bitte?« Ich hörte die Angst in ihrer Stimme. »Was ist denn los? Was ist passiert? Sag es mir!«

Ich fürchtete, dass mir Rachel nicht helfen würde, wenn ich ihr mitteilte, welche Gefahr mir von meinem Vater und dem Mob drohte. Ich befürchtete, sie würde aus Angst nicht herkommen. In meiner Panik sagte ich nur das Nötigste, um sie dazu zu bringen, mir zur Hilfe zu eilen.

»Ich kann am Telefon nicht darüber reden. Kannst du vorbeikommen? Ich bin zu Hause. Ich brauche dich, Rachel, ich brauche dich dringend.«

»Natürlich komme ich. Ich mache mich gleich auf den Weg. Mach dir keine Sorgen.«

Ich stopfte meine wenigen Habseligkeiten in eine Tasche. Fünf Minuten später hörte ich ein Auto vorfahren, dann klopfte es an der Tür. Ich spähte nach draußen und stellte zu meiner großen Erleichterung fest, dass es Rachel war. Ich stürmte aus dem Haus und in ihr Auto.

Wir fuhren direkt zu ihr, und ich blieb ein paar Tage dort. Ich sagte ihr nur, dass meine Familie mich bedroht hatte und dass ich eine Weile aus meiner Wohnung wegmüsste.

Nicht eine Sekunde lang hatte ich gedacht, dass Vater mit einer derartig öffentlichen Zurschaustellung extremer Aggression und Gewaltbereitschaft reagieren könnte. Er hatte mich immer heimlich geschlagen und missbraucht. Aber nun war die Gewalt für alle sichtbar – und die Gemeinschaft stand trotzdem ganz selbstverständlich hinter ihm.

Immer wieder tauchten die von Hass entstellten Gesichter meiner Familie, meiner Verwandten, der Männer aus meiner Straße vor mir auf. Jeder dieser Männer kannte mich, und jeder drohte, sich an mir zu rächen und mich zu töten, weil ich es gewagt hatte, mir einzubilden, ich hätte die Freiheit, meinen Glauben selbst zu wählen.

Trotzdem ließ ich mich taufen. Da meine Familie wusste, welche Kirche ich ursprünglich ausgewählt hatte, musste ich mir eine andere suchen. Rachel drängte darauf, die Polizei zu informieren und Vater anzuzeigen, aber ich tat es nicht, und zwar aus denselben Gründen wie vorher: Ich wollte mein Leben weiterleben, und ich wollte mein Gewissen nicht damit belasten, dass meine Familie meinetwegen zerbrach.

Dennoch änderte sich mein Leben von Grund auf. Ich tauchte unter und brach sämtliche Kontakte zu meiner Familie ab.

Einige Wochen später warnte mich Skip, dass meine Familie – und alle anderen aus meiner Straße – nach mir suchten und ich sehr vorsichtig sein müsse. In der Gemeinschaft gärte finstere Wut darüber, dass »eine der Ihren« aus dem Islam ausgetreten war. Alle wussten, dass manche Mädchen vor einer Zwangsehe flohen, aber vom Islam abzufallen war völlig inakzeptabel.

Ich machte mir Sorgen um Skip, doch sie bot meiner Familie die Stirn und schützte mich. Sobald jemand herausfand, wo ich lebte, verbreitete sich die Information wie ein Lauffeuer in unserer Gemeinschaft, und Skip sagte mir Bescheid, dass ich mir einen neuen Unterschlupf suchen müsse.

Meine Familie hatte Skip befohlen, mir auszurichten, dass ich mich von Christentum lossagen solle, und solange ich das nicht täte, würden sie mich unablässig verfolgen. Erst wenn ich zu ihnen, zum Islam und auch zu dem Mann zurückkehrte, den sie für mich ausgesucht hatten, würde die Drohung aufgehoben, mich zu töten. Inzwischen war mir auch klar, dass mein

Verbrechen – die Apostasie – das Schlimmste war, was ich hatte tun können.

Es war eine schreckliche Belastung. Mir blieb nichts anderes übrig, als mich versteckt zu halten, um mein neues Leben zu behalten.

Im darauffolgenden Jahr musste ich etwa alle drei Monate umziehen. Ich wohnte bei Freunden, bei Familien von Freunden oder befristet zur Untermiete in kleinen Zimmern, allzeit bereit weiterzuziehen, wenn ich gewarnt wurde, dass meine Familie mich wieder aufgestöbert hatte. Ich hatte immer nur eine Tasche dabei und ließ mich nirgendwo dauerhaft nieder.

Meinen Namen Hannan änderte ich in Hannah, auch wenn ich mir nicht vormachte, dass ich deshalb schwerer zu finden sein würde. Ich lebte von einem Tag auf den anderen und schaffte es kaum, weiter in die Zukunft zu planen. Mein Traum von einem Universitätsstudium verblasste, während das gefährliche Katz- und Mausspiel weiterging.

Es war mir unmöglich, mich irgendwo sesshaft zu fühlen, zu studieren oder länger an einer Arbeitsstelle zu verweilen. Ich hatte das Gefühl, meinem Vater zwar physisch entkommen zu sein, doch in einem emotionalen Albtraum festzustecken.

Zwei Jahre nach dem Vorfall mit dem Mob fühlte ich mich endlich in der Lage, an der Universität von Lancaster das Studium der Religionswissenschaften aufzunehmen. Meine Bekehrung zum Christentum hatte meine Faszination für andere Glaubensrichtungen nicht geschmälert.

Im Vorlesungsverzeichnis fiel mir ein Seminar besonders ins Auge: »Islamischer Feminismus.« Es braucht wohl kaum erwähnt zu werden, wie spannend ich mir dieses Thema vorstellte.

Was ich nach der Universität machen wollte, wusste ich noch nicht. Vielleicht würde ich an einer Schule unterrichten wie Felicity oder in die Sozialarbeit gehen wie Barry. Das waren die zwei Menschen, zu denen ich am meisten aufsah.

Ich wusste nur, dass ich jungen Frauen helfen wollte, die in derselben Klemme steckten wie ich. Die Medien berichteten immer häufiger von Mädchen, die vor einer Zwangsehe flohen, und auch über sogenannte »Ehrenmorde«, ermöglicht durch ein Netzwerk muslimischer Familienmitglieder und Freunde.

Mein Vater verteilte jeden Freitag in der Moschee an der East Street Fahndungsfotos von mir mit seiner Telefonnummer am unteren Rand. In der ganzen Stadt waren Spione auf mich angesetzt, die versuchten, mich im Auge zu behalten. Wenn mich jemand in einer bestimmten Straße sah, ging mein Vater davon aus, dass ich in der Gegend lebte. Wurde ich dort häufiger gesehen, konnte er die Suche nach meiner Unterkunft eingrenzen.

Ich dachte erst daran, aus Nordengland wegzuziehen, um meiner Familie und ihren Spionen ein für allemal zu entkommen. Aber hier lebten alle meine Freunde, und in Lancaster bekam ich einen Studienplatz für mein Traumstudium. Lancaster war eine Großstadt, in der Menschen aus den unterschiedlichsten Ländern wohnten, gab ich mir zu bedenken. Ich könnte doch bestimmt in die Anonymität der Großstadt untertauchen und müsste nicht mehr an meine Verfolger denken.

Dort wäre ich bestimmt sicher.

22

Ich weiß, dass ich nichts weiß

In den ersten Tagen auf der Universität fühlte ich mich völlig frei. Plötzlich spielte es keine Rolle mehr, was ich trug, wie ich aussah, welche Hautfarbe ich hatte oder woran ich glaubte. Ich war umgeben von Menschen sämtlicher Rassen, unterschiedlichster Hautfarben und jeden vorstellbaren Glaubens.

Gleich zu Anfang beschloss ich, den Koran auf Englisch zu lesen. Nach all den Jahren, in denen mir von heiligen Männern wie meinem Vater befohlen worden war, was ich zu glauben hatte, wollte ich endlich selbst herausfinden, was im Koran stand. Als Kind hatte ich viele Verse auf Arabisch auswendig gelernt, aber ich hatte kaum ein Wort davon verstanden.

Ich besorgte mir eine englische Übersetzung und begann, nach den Vorlesungen und meinen Hausaufgaben den Koran zu studieren. Ich stieß auf manche Stellen, in denen der Grimm und der Zorn zum Ausdruck kamen, die mein Vater an mir ausgelassen hatte, aber es überwogen die freundlichen, menschlichen Verse, darunter auch die, die die Gläubigen ermahnten, den Armen Geld zu geben und sich um Witwen und Waisen zu kümmern. Die Milch der Menschenliebe, wie es Shakespeare formuliert hat, sollte allen Bedürftigen angeboten werden, unabhängig von ihrer Hautfarbe und ihrem Glauben.

Als ich nun den Koran zum ersten Mal las, merkte ich, dass mein Vater vieles von dem, was er mir erzählte, einfach erfunden und andere Ideen zu einem starren Glaubensgebilde von Ausgrenzung und Kontrolle verfremdet hatte.

So fiel mir zum Beispiel auf, dass im Koran nicht vorgeschrieben war, wie und mit welchen Worten man zu beten hätte. Nirgendwo stand, dass man Richtung Mekka gewandt stehen, sich hinknien und die Stirn auf den Boden pressen müsse, und ebenso wenig fand ich dort die Vorschrift, fünfmal täglich zu bestimmten Zeiten zu beten.

Meinem Vater zufolge machten diese fünf täglichen Gebete das Wesen des Islam aus. Die strenge Verrichtung dieser Gebete sei für einen Muslim der sicherste Weg ins Paradies, hatte er stets betont. Das steht so nicht im Koran; allerdings finden sich Hinweise dazu in den Hadithen.

Ich las den Koran einmal von vorn bis hinten und dann gleich noch einmal. Nirgends konnte ich etwas über arrangierte Ehen entdecken, was mich einigermaßen verbitterte.

Vater hatte mir gegenüber stets behauptet, im Koran stünde, dass ein Muslim die Ehe für seine Töchter arrangieren müsse. In Wahrheit steht im Koran, dass ein Vertrag geschlossen werden solle, dem zufolge eine Frau nicht gezwungen werden kann, gegen ihren Willen zu heiraten.

Ich wunderte mich, als ich erfuhr, dass der Prophet Mohammed seine erste Ehefrau Chadidscha aus Liebe geheiratet hatte. Sie war eine vermögende ältere Witwe, und er erledigte Handelsgeschäfte für sie. Im Lauf der Zeit hatten sie sich ineinander verliebt. Chadidscha war nicht mit Mohammed verwandt, sie kamen sogar aus unterschiedlichen Stämmen.

Wie um alles in der Welt war man auf die Idee gekommen, dass junge Musliminnen gezwungen werden sollten, ihre Cousins zu heiraten?

Auch über andere Dinge war ich erstaunt. Im Grunde besteht der Koran aus Allahs Worten, wie er sie seinem Propheten, Mohammed, enthüllt hat. Aber er enthält nichts über Mohammeds

Leben. Der Koran ist ein Buch voll verschiedener Geschichten: von Jesus' (Isas) Geburt, wie der Erzengel Gabriel Maria (Maryam) erschienen ist und ihr erklärt hat, dass Jesus als ein Gesandter Allahs geboren würde; die Geschichte von Isaak und Ismael und die Geschichte von Abrahams (Ibrahims) Frau und ihrer Sklavin; die Geschichten von Moses (Musa), Jakob (Yaqub), Joseph (Yusuf) und Hiob (Ayub).

In einem Kapitel geht es um die Behandlung muslimischer Frauen. Es heißt darin, sowohl Männer als auch Frauen sollen sich züchtig kleiden, und Frauen sollen geehrt und beschützt werden. Einem Mann sei es zwar gestattet, seine ungehorsame Ehefrau körperlich zu bestrafen, aber es heißt dort nicht, dass Frauen sich von Kopf bis Fuß verhüllen, also auch Haare und Gesicht verbergen müssen.

Ich fand allerdings eine Stelle in der Sure 2:223, in der Frauen abwertend beschrieben werden. Dort heißt es, Frauen seien der Acker für die Männer, gepflügtes Land, bereit für die Saat. In der englischen Version des Koran, die ich las, wurde diese Stelle so interpretiert: »Ein Mann kann mit seiner Frau nach seinem Gutdünken sexuelle Beziehungen haben, solange er sich auf die Vagina beschränkt. Analverkehr ist untersagt.«

Als ich den Koran ein zweites Mal las, zählte ich die Stellen, an denen Jesus erwähnt wird. Ich fand fünfundneunzig Stellen, Mohammed hingegen wird nur siebenundzwanzig Mal erwähnt.

Woher hatte sich mein Vater das Recht genommen, mich anzubrüllen, dass ich nie mehr den Namen Jesus in seinem Haus erwähnen solle? Im Koran wird über Jesus als Heiler gesprochen, der Wunder bewirkt hat, und nicht als Paria.

Dieser Koran hatte jedenfalls nicht viel mit dem zu tun, den mein Vater mich gelehrt hatte.

Stundenlang vertiefte ich mich danach in Werke über den Koran und die Hadithen. Besondere Aufmerksamkeit schenkte ich dabei der sogenannten Apostasie, also der Abkehr vom Islam. Es heißt im Koran tatsächlich, dass ein Muslim einen anderen Muslim töten kann, der sich vom Islam abgewandt hat und sich weigert, zu seinem Glauben zurückzukehren.

Aber in Anbetracht seiner vielen anderen, offenkundig falschen Auffassungen glaubte ich nicht, dass mein Vater diese Stelle kannte. Ich war mir sicher, der Wunsch meines Vaters, mich zu töten, und die Blutgier, die er in der Gemeinschaft weckte, hatten eher mit den Traditionen der Ehre und der Schande zu tun, die in unserer Gemeinschaft vorherrschten.

Bevor ich mich eingehend mit dem Koran befasst hatte, war ich davon ausgegangen, dass das, was mein Vater seine Gemeinde lehrte, der Islam sei. Nun wusste ich, dass das nicht stimmte. Kaum etwas von den dogmatischen Glaubenssätzen und blinden Vorurteilen meines Vaters stand im heiligen Buch des Islam. Dass er seine Vorurteile mit den Gesetzen des Korans gleichstellte, machte nur sein atemberaubendes Maß an Unkenntnis, Arroganz und Heuchelei deutlich – ja, nicht nur atemberaubend, sondern frevlerisch.

Natürlich war mein Vater nicht der Einzige; viele andere Imame aus Gemeinschaften ähnlich der, aus der ich stammte, behaupteten vieles, was ganz ähnlich klang. Die Generation meines Vaters stellte Lehren von Älteren oder Lehrern nicht in Frage. Religiöses Lernen basierte auf der mündlichen Überlieferung, die Inhalte wurden mündlich weitergegeben und auswendig gelernt. Dabei bestand natürlich die große Gefahr, Dinge falsch auszulegen und sie jedes Mal noch falscher zu verstehen.

Zum ersten Mal in meinem Leben musste ich mich nicht auf die Islamversion meines Vaters verlassen. Ich konnte dem Glauben schenken, was ich selbst gelesen hatte.

23
Schmerzliche Familienbande

In meinem letzten Jahr an der Universität warnte mich Skip, dass meine Familie herausgefunden hatte, wo ich studierte. Eines Morgens kurz nach Skips Anruf entdeckte ich vom Busfenster aus meinen Bruder Raz. Er stand am Eingang der Universität und wartete offenbar auf mich.

Die Universität von Lancaster war so etwas wie eine heilige Zuflucht für mich gewesen. Jetzt lag auch diese Illusion zerstört am Boden. Ich hatte zwei Jahre lang ein relativ normales Leben geführt, doch nun war mir klar, dass ich sofort umziehen musste.

Wie viel wusste meine Familie über mich?

Ich würde wieder zur Nomadin werden müssen.

Ich drängte mich an den Leuten im Bus vorbei nach hinten und stieg nicht aus. Raz war nicht anzumerken, ob er mich entdeckt hatte. Während der Bus weiterfuhr, hielt ich den Kopf gesenkt, und an der nächsten Haltestelle rief ich eine gute Freundin an und fragte sie, ob ich ein paar Tage bei ihr wohnen könne. Ich musste meine Abschlussprüfungen machen, und die wollte ich mir von meiner Familie nicht ruinieren lassen. Sie durften nicht den Sieg davontragen.

Vorsichtig schlich ich durch einen Hintereingang in die Universität. Ich ging schnurstracks zu meinem Philosophiedozenten, Dr. Law, einem Mann, den ich mochte und dem ich vertraute. Wir hatten schon viele interessante Gespräche über Glauben, ethnische Zugehörigkeit und Identität geführt. Er wusste, dass ich vom islamischen Glauben zum Christentum konvertiert war und die Verbindung zu meiner Familie abgebrochen hatte. Dr. Law benachrichtigte die Verwaltung, keinerlei Informationen über mich weiterzugeben, und auch die Sicherheitsbeamten wussten Bescheid, dass sie besonders aufmerksam sein sollten.

Am nächsten Tag entdeckte ich einen Brief in meinem Fach. Er stammte von Raz. Sie rückten mir immer näher:

Das ist ein Brief von deinem Bruder Raz. Du musst mit uns in Verbindung treten. Wir müssen unbedingt mit dir sprechen. Hier meine Telefonnummer: …

Wie hatten sie mich aufgestöbert? Nach einem Anruf bei Skip war mir alles klar. Jamila, eine Muslimin in meinem Semester, hatte sich mit mir angefreundet. Wir hatten ein paar gemeinsame Interessen – Bollywoodfilme, die Hitparade, bestimmte Fernsehserien. Allerdings hatte sie mir nie erzählt, dass sie in derselben Straße lebte, in der Raz einen Laden hatte. Durch Raz hatte Jamila meine Familie kennengelernt und ihnen gesagt, dass wir ein gemeinsames Seminar an der Universität besuchten.

Ich stellte Jamila in der Mensa zur Rede.

»Ich habe erfahren, dass du meiner Familie gesagt hast, wo ich wohne. Warum hast du das getan?«

Jamila sah mir nicht in die Augen.

»Na ja, ich bin deinem Bruder zufällig in seinem Laden begegnet, mehr nicht. Er kennt meinen Onkel, und ich wusste, dass sie nach dir suchen. Ich hatte eben das Gefühl, dass ich es ihnen sagen sollte. Was ist denn so schlimm daran?«

»Hast du eine Ahnung, was du damit angerichtet hast?«, fiel

ich ihr ins Wort. »Hast du auch nur die geringste Ahnung, wie gefährlich das für mich ist?«

»Warum denn? Das hat doch nichts mit mir zu tun.«

»Es hat nichts mit dir zu tun? Lass dir gesagt sein, jetzt schon: Du hast dich ins Spiel gebracht, indem du ihnen gesagt hast, wo ich wohne.«

Eine Mischung aus Zorn und Angst stieg in mir auf. Ich marschierte davon.

Ich trat mit Raz nie in Verbindung, obwohl er noch einige Male auf dem Universitätsgelände auftauchte. Ich glaube nicht, dass mein Bruder vorhatte, mir etwas zuleide zu tun, aber ich wollte nicht, dass er zum verlängerten Arm des Zorns meines Vaters würde. Der letzte Kontakt mit meiner Familie hatte in der Form eines Lynchmobs stattgefunden, auf eine Wiederholung konnte ich wahrhaftig verzichten.

Meine naiven Hoffnungen auf eine Familienzusammenführung erstarben. Stattdessen betete ich regelmäßig für alle Mitglieder und hoffte, dass sie mich im Lauf der Zeit verstehen würden – mich und sich. Ich betete, dass es meiner Mutter gut gehen möge und dass meine Schwestern froh und glücklich sein mögen. Ich betete, dass sich meine Brüder und ich eines Tages versöhnen mögen.

Ab und zu betete ich sogar um Erlösung für meinen Vater.

In den Semesterferien arbeitete ich für einen christlichen Wohltätigkeitsverein in Griechenland. Dort traf ich eine Familie aus Farnham, einem wohlhabenden Ort in Südengland. Die Gespräche mit ihnen brachten mich auf den entscheidenden Gedanken, wie ich meine Abkehr von der Vergangenheit endgültig bewerkstelligen könnte: Die einzige Möglichkeit, mich ganz von meiner Familie zu lösen, bestand darin, Nordengland zu verlassen. Ich musste an einen Ort ziehen, an dem ich nicht ständig mit Leuten zu tun hatte, die mit meiner Vergangenheit verbunden waren.

In meinem letzten Semester bewarb ich mich für mehrere Stellen in Farnham. Das YMCA machte mir ein recht solides Angebot samt Unterkunft. Ich ergriff die Gelegenheit beim Schopf, packte meine Habseligkeiten zusammen und machte mich auf nach Südengland.

Farnham war der erste Ort, an dem ich lebte, wo es nahezu keine pakistanischen Muslime gab. Ich konnte von einem Ende der Hauptstraße zum anderen gehen, ohne einem orientalischen Gesicht zu begegnen. Niemand achtete besonders auf mich, und zum ersten Mal in meinem Leben hatte ich das Gefühl, dass ich in der Menge einfach untertauchen könnte.

In dieser Anonymität fühlte ich mich sicher. Sechs Jahre lang hatte ich mit dem Gefühl gelebt, verfolgt zu werden. Allmählich verschwanden meine Ängste und meine Unsicherheit.

Meine Arbeit für den YMCA bestand hauptsächlich darin, in Schulen beim Religionsunterricht auszuhelfen. Außerdem kümmerte ich mich um Obdachlose, die beim YMCA einen Unterschlupf suchten, und förderte sie dabei, wieder auf eigenen Füßen zu stehen. Die meisten waren auf der Flucht vor irgendetwas, ich hatte also das Gefühl, dass sich ihre Lage nicht allzu sehr von meiner unterschied.

Doch ich musste nun endlich nicht mehr davonlaufen. Manchmal ertappte ich mich zwar noch bei panischen Gedanken: Ich bin schon zu lange hier! Ich muss in den nächsten Zug steigen und weiterziehen, sonst finden sie mich! Aber dann atmete ich stets tief durch und sagte mir, dass ich wirklich in Sicherheit war.

Ich wusste, dass ich endlich Wurzeln schlagen konnte. Ich schrieb mich in einen Lehrerfortbildungskurs ein. Ich zog zu ein paar Freunden aus meiner neuen Kirchengemeinde. In vieler Hinsicht lebte ich das Leben, von dem ich immer geträumt hatte.

Doch während meine Ängste schwanden, machte sich ein schmerzliches Gefühl des Verlusts bemerkbar. Ich vermisste auf einmal meine kleine Schwester, meinen Bruder Billy und meine Mutter. Ständig überlegte ich, was sie wohl gerade taten. Hier in Farnham, wo die Möglichkeit, einem meiner Familienmitglieder über den Weg zu laufen, verschwindend gering war, merkte ich plötzlich überaus deutlich, wie allein ich eigentlich war.

Als es keine äußeren Gründe mehr gab zu fliehen, wurde mir klar, dass ich auch aufhören musste, vor meinen inneren Dämonen zu fliehen. Ich konnte mich nicht mehr vor dem sexuellen Missbrauch verstecken, den ich erlitten hatte. Es war an der Zeit, mich ihm zu stellen.

Ich wusste, dass ich in die Finsternis gehen und sie ein für allemal vertreiben musste.

24

Die lange Reise zu mir selbst

Ich hatte noch immer Angst davor, mich mit dem sexuellen Missbrauch auseinanderzusetzen, der meine Kindheit und Jugend vergiftet hatte. Das Gefühl, selbst ein gewisses Maß an Schuld daran zu tragen, war mir geblieben. Was hatte ich denn getan, um meinem Vater Einhalt zu gebieten? Ich war nicht weggelaufen. Ich hatte es keinem gesagt.

Diese Scham trug ich noch immer mit mir herum, und sie vergiftete jede andere Beziehung in meinem Leben. Wenn mir jemand sagte, dass er mich gern hatte, dachte ich automatisch: Würdest du das auch sagen, wenn du alles über mich wüsstest?

Die schlimmen Gefühle verschwanden nicht einfach, nachdem der Missbrauch aufgehört hatte. Ich fühlte mich noch immer schmutzig und schuldig. Ich hatte das alles so lange unterdrückt, dass ich meine Scham manchmal kaum aushalten konnte.

In Farnham traf ich ein Mädchen namens Samantha, und bald wurden wir die besten Freundinnen. Samantha war sehr gelassen und gleichzeitig das reinste Energiebündel. Sie hatte eine zierliche Statur, dunkle Haare, geheimnisvolle Augen und, wichtiger noch, ein großes Herz. Ihre Fähigkeit zu geben schien grenzenlos zu sein.

Wir lernten uns in der Kirche kennen, und im Nu hüllte mich Samantha in Liebe ein. Bald wurde ich von ihr und ihrer

Familie in der gleichen Weise aufgenommen, wie es die Jones' schon vorher getan hatten.

Ich zog mit Samantha und ihrem Bruder Chris in ein Haus. Wir lebten wie eine Familie zusammen, kochten uns unsere Leibspeisen und redeten bis tief in die Nacht.

Als ich mich sicherer fühlte, bauten sich meine mentalen und emotionalen Barrieren allmählich ab. Plötzlich hatte ich wieder Albträume, und tief vergrabene Erinnerungen an die düstersten Stunden des Missbrauchs stellten sich ein.

Samantha setzte sich dann an mein Bett und blieb zusammen mit mir wach, wenn ich zu viel Angst vor dem Einschlafen hatte. Nach und nach enthüllte ich ihr das volle Grauen meiner Vergangenheit. Stundenlang drückte Samantha mich ganz fest an sich, als wolle sie mir mit ihrer Kraft all den Schmerz und das Leid nehmen.

Zum ersten Mal in meinem Leben vertraute ich einem anderen Menschen alles über mich an. Gott sei es gedankt – Samantha reagierte darauf mit reiner Liebe.

Eines Tages ging ich ins Stadtzentrum zum Einkaufen. Plötzlich stellte ich fest, dass ich mich in einer Gegend befand, in der ich vorher nie gewesen war. Ich hatte mich verlaufen. Verwirrt und verängstigt rief ich Samantha an. Als ich ihr die Gebäude um mich herum beschrieb, glaubte sie zu wissen, wo ich steckte.

»Bleib einfach dort«, sagte sie. »Ich komme und hole dich ab.«

Ich hatte keinerlei Erinnerung an die letzten drei Stunden. Das war erschreckend, aber ich schob es einfach auf meine Erschöpfung. Doch in der darauffolgenden Zeit passierte so etwas immer häufiger.

Der Arzt, den ich deshalb aufsuchte, stellte eine Depression fest und verschrieb mir Medikamente. Aber ich wollte diese Pillen nicht nehmen. Wenn ich depressiv war, dann hatte das einen

Grund, und mit den Pillen würden vielleicht die Symptome kuriert, nicht aber die Ursache.

Stattdessen wandte ich mich an eine kirchliche Beratungsstelle. Die Therapeuten sprachen mit mir über meine Vergangenheit, meine Albträume und meine Schlaflosigkeit, und auch über meine manchmal stundenlang andauernden Filmrisse.

Allmählich schaffte ich es, mich den schlimmsten Aspekten meines Missbrauchs zu stellen, und schließlich sprach ich mit ihnen sogar über das, was im Keller passiert war.

»Hannah, meiner Meinung nach leiden Sie wahrscheinlich an PTBS, einer posttraumatischen Belastungsstörung«, meinte meine Therapeutin.

Wir sprachen bereits seit mehreren Monaten miteinander, und inzwischen schenkte ich ihr mein uneingeschränktes Vertrauen.

Sie erklärte mir, dass jeder, der ein schweres Trauma erlitten hat, später eine solche Störung erfahren könne. Soldaten, die schreckliche Dinge erlebt haben, leiden oft darunter, aber auch Polizisten, Feuerwehrleute und Opfer von Gewaltverbrechen.

Auch der Pfarrer in meiner Kirche hatte Erfahrungen mit Betroffenen, vor allem mit britischen Soldaten. Er war mir eine große Hilfe.

Jemand, der unter einer solchen Störung leidet, kann nur geheilt werden, wenn er über das erlittene Trauma spricht. Ich beschloss zu ergründen, was ich erlitten hatte, und es entsprechend zu bewältigen. Im Lauf der Zeit stellte ich mir einen eigenen Behandlungsplan zusammen.

Ich entdeckte Harn Hill, ein Behandlungszentrum in den Cotswolds, einem Ort tiefen Friedens inmitten grüner Hügel und Wiesen, auf denen Schafe und Kühen weiden. Auch dieses Zentrum wird von der Kirche geleitet. Die Menschen sprechen dort mit Therapeuten ausführlich über ihr Trauma und beten und meditieren zusammen.

Meine erste Woche in Harn Hill wirkte Wunder. Ich begann, wann immer möglich, ein paar Tage dort zu verbringen, denn dort fand ich Frieden und einen Raum, um meine Vergangenheit zu bewältigen.

Indem ich offen über das sprach, was mir passiert war, konnte ich allmählich den Schmerz und das Leid loslassen. Ich spürte, wie ich langsam, aber sicher, gesund wurde.

Schließlich erreichte ich eine Stufe, auf der ich das Gefühl hatte, das Schlimmste ein für allemal hinter mir gelassen zu haben.

Ich war bereit, meinem Vater zu verzeihen.

25

Liebe ist Leben

Weihnachten 2006 feierte ich in St. Bride's in Farnham, einer traditionellen anglikanischen Kirche mit Buntglasfenstern und prächtigen steinernen Säulen.

In dieser Nacht erfüllten die Kerzen in den Fenstern den ganzen Raum mit einem wundervollen warmen Schein. Der große Weihnachtsbaum war herrlich geschmückt, und in der Luft hing der Duft nach Weihnachtsgebäck. Alle Anwesenden freuten sich darüber, gemeinsam Jesu Geburt zu feiern.

Es war die Mitternachtsmesse, und ich gehörte zu denen, die ausgewählt worden waren, eine Lesung zu halten. Der Gottesdienst war schon fast vorbei, als ein junger Mann sich umdrehte und mich anstarrte. Einen Moment lang trafen sich unsere Blicke, doch dann sah ich rasch weg. Warum gaffte er so?

Er schien gar nicht mehr damit aufhören zu können. Ich fand es lästig und unhöflich. Nach dem Gottesdienst eilte er nach draußen und sprach mit einer gemeinsamen Freundin.

»Wer ist dieses hübsche Mädchen?«, wollte er von Jenny wissen, wie sie mir später berichtete.

»Welches hübsche Mädchen?«, fragte Jenny. »Heute Nacht sind eine ganze Menge hübscher Mädchen hier, ist dir das nicht aufgefallen?«

»Die da!«, erwiderte er und deutete auf mich. Dass Jenny ihn aufgezogen hatte, war ihm offenbar völlig entgangen. »Die, die gelesen hat. Die mit den großen braunen Augen und den wundervollen Haaren und …«

»Okay, okay«, unterbrach ihn Jenny. »Ich weiß, wen du meinst. Das ist Hannah. Komm mit, ich stelle sie dir vor.«

Jenny stellte mir Tom vor, wobei sie irgendeinen Quatsch erzählte, dass sie fände, Tom und ich sollten uns kennenlernen, weil ich vom Islam zum Christentum konvertiert war und Tom vom Islam fasziniert sei.

Tom fing sofort an, von diesem und jenem zu reden, und es dauerte nicht lange, da fragte er mich nach meiner Telefonnummer. Noch nie war mir jemand begegnet, der es so eilig hatte wie dieser junge Mann.

Ich sagte ihm, ich würde ihm meine Nummer nicht geben, weil ich es ziemlich unverfroren fände, so rasch danach zu fragen. Doch offenkundig hatte ihn meine Lesung so in den Bann geschlagen, dass er beschloss, mich einfach besser kennenlernen zu müssen, egal, wie desinteressiert ich mich zeigte.

Eines musste man ihm lassen – er hatte wirklich wundervolle blaue Augen. Aber trotzdem …

Tom ließ sich von meiner lauwarmen Reaktion nicht abschrecken. Stattdessen überredete er Jenny, ihm meine Telefonnummer zu geben.

Am nächsten Tag rief er mich an.

»Hi, hier ist Tom. Erinnerst du dich an mich? Aus der Kirche …«

»Na ja, so mehr oder weniger«, erwiderte ich zögernd. »Woher hast du meine Nummer? Wenn ich mich recht entsinne, nicht von mir.«

»Ich sage dir, wie ich sie bekommen habe, wenn ich später bei dir vorbeikommen darf. Abgemacht?«

Die Bestnote für Beharrlichkeit war ihm jedenfalls sicher. Da Samantha und Chris auch zu Hause waren, wollte ich ihm diesen Wunsch nicht abschlagen. Und außerdem fühlte ich auch meine Neugier ein bisschen herausgekitzelt. Wer war dieser Bursche?

»Gut, dann komm heute Nachmittag auf eine Tasse Tee oder so vorbei.«

Ein paar Stunden später tauchte Tom auf. Er setzte sich aufs Sofa und fing sofort an, über Gott und die Welt zu plaudern. Von ihm ging ein wahrer Wirbelwind von Worten und Energie aus, er stellte mir eine Frage nach der anderen, ohne eine Antwort abzuwarten, und schien kaum davon Notiz zu nehmen, dass Samantha und Chris ebenfalls im Zimmer saßen.

Was für ein komischer Kauz, dachte ich; es bleibt mir wohl nichts anderes übrig als zu hoffen, dass er mir nicht mehr über den Weg läuft.

Am Abend rief Jenny an.

»Und? Wie findest du Tom?«

»Wenn du's genau wissen willst: Ich finde, er ist ein ziemlicher Schwachkopf. Danke, Jen, aber versuch bitte ab sofort, ihn von mir fernzuhalten, okay?«

Jenny bog sich vor Lachen.

»Na komm schon, sei nicht so streng. Der arme Tom. So schlimm ist er auch wieder nicht. Er hat tolle Augen.«

Als Nächstes versuchte es Tom mit einer SMS:

Komm bitte nach Southampton. Die Gemeinde. Brauchen dich. Viele Muslime hier. Tom.

Was, um Himmels willen, sollte das denn? Ich schrieb zurück:

OK. Komme, wenn ich Zeit habe.

Mit anderen Worten: nie.

Ich hatte alle Hände voll zu tun und fand kaum die Zeit, Lebensmittel einzukaufen, geschweige denn, mich mit Tom in Southampton herumzutreiben.

Ich leitete eine Reihe von Seminaren über den Islam und interkulturelle Themen bei *Crossways,* einem Verein, der Menschen mit unterschiedlichen kulturellen Hintergründen hilft, den Islam – das Glaubenssystem und die Kultur, die oft damit einhergeht – besser zu verstehen.

Außerdem konzentrierte ich mich darauf, muslimischen Mädchen zu helfen, mit ihren Eltern über Themen wie arrangierte Ehen zu reden und mit ihnen in einen Dialog zu treten, bevor falsche Vorstellungen von Schande und Ehre ihre schmutzige Arbeit verrichteten.

Zu einem dieser Arbeitskreise spazierte Tom herein, etwa eine Stunde vor Beginn, und sagte mir, wie sehr ihn die Thematik interessiere. Er sei gekommen, um zuzuhören und zu lernen, und ob er mir nicht bei den Vorbereitungen helfen könne? Er hatte zwei linke Hände, und am Ende meines Vortrags meinte er, er wolle noch ein bisschen bleiben.

»Tom, du musst jetzt wirklich gehen«, erklärte ich schließlich. »Ich muss für diesen Raum Miete zahlen, und zwar stundenweise. Du hast eine Minute, um dich zu verdünnisieren, ansonsten zahlst du!«

Ich bot ihm an, ihn zum Bahnhof zu fahren, nur um ihn loszuwerden. Mein Chef bei *Crossways* merkte allerdings sofort, was gespielt wurde. Er sagte mir auf den Kopf zu, Tom habe ein Auge auf mich geworfen.

»Das glaube ich nicht«, erwiderte ich. »Er ist nur vom Islam fasziniert. Außerdem hoffe ich, dass das nicht der Fall ist. Irgendwie landen bei mir immer die schrägen Vögel.«

Beim nächsten Vortrag war Tom wieder da. Es ging darin um die Kleidung, und ich trug einen *salwar kamiz.*

Tom musterte mich und lächelte schüchtern.

»Du siehst so … heiter und gelassen darin aus«, meinte er verträumt. »Richtig nett.«

Ich war mir nicht sicher, was er damit meinte. Aber ich

lächelte höflich. Immerhin war mein *salwar kamiz* nicht kanariengelb.

An der hinteren Wand des Raums stand ein Klavier. Tom setzte sich daran und öffnete den Deckel. Sobald seine Hände über die Tasten glitten, konnte ich den Blick nicht mehr von ihm wenden.

Er spielte wie ein Engel! Die Musik, die er diesem Instrument entlockte, war zauberhaft.

Als die letzte Note noch in der Luft hing, wich der Bann, aber kurz war eine andere Seite von Tom aufgeblitzt, eine Seite, die ich möglicherweise … gern haben könnte.

Unaufgefordert drängte sich ein Gedanke in meinen Kopf: Vielleicht sollte ich diesem Typ eine Chance geben?

Als Tom Klavier spielte – und dabei nicht quasselte –, war mir aufgefallen, dass er eigentlich richtig gut aussah.

Vielleicht spürte er, dass sein Klavierspiel etwas in mir verändert hatte; jedenfalls lud er mich noch einmal ein, ihn in Southampton zu besuchen. Ich nahm die Einladung an, und wir verlebten einen wundervollen Tag. Sobald er sich ein wenig entspannte, war er wirklich ein toller Begleiter.

»Vielleicht möchtest du einmal meine Kirchengemeinde mit mir besuchen?«, fragte er mich schüchtern. »Ich würde dich gern meinen Freunden vorstellen. Ich bin mir sicher, sie würden sehr gern etwas über dein Leben erfahren.«

»Okay«, erwiderte ich lächelnd. »Warum nicht?«

Ich hatte nur eingewilligt, weil ich Tom wiedersehen wollte.

»Und – äh – möchtest du heute mit mir zu Abend essen?«, fügte er rasch hinzu.

»Na klar. Klingt gut. Sehr gern.«

Auf dem Weg zum Restaurant fing Tom wieder an zu plappern, doch im Restaurant dämmerte mir allmählich, warum er das tat. Er hatte wohl die ganze Zeit versucht, den Mut zu finden, um mir zu sagen, was er für mich empfand. Er wirkte so nervös, dass ich schon Angst hatte, er würde einen Rückzieher machen.

Das Essen war so versalzen, dass wir es beide kaum herunterbrachten, und sein Gesicht wurde immer röter, während er gar nicht mehr aufhören konnte, mir von seinem besten Freund vorzuschwärmen und wie toll der doch sei. Ich fragte mich, warum wir uns über seinen Freund unterhielten, wo wir doch hier waren, um über uns zu reden. Wollte er mich etwa mit seinem Freund verkuppeln? Doch dann kam es.

»Hannah, ich finde dich wirklich toll«, platzte es auf einmal aus ihm heraus. »Du siehst fantastisch aus. Ich würde wahnsinnig gern mit dir gehen.«

Ich lächelte, fast musste ich lachen.

»Na gut, wir können es ja mal versuchen. Aber vielleicht sollten wir es langsam angehen lassen.«

Das war im Mai.

Ein paar Monate später waren wir unzertrennlich, wir verliebten uns immer heftiger ineinander. Ich konnte die Wochenenden kaum erwarten, an denen wir uns sahen.

Mit Tom konnte ich über alles reden, über das Leben, den Glauben und den Umgang mit Schmerz und schmerzhaften Situationen. In mir herrschte ein Kampf – vermutlich herrscht dieser Kampf in vielen Menschen –, wie ich mit Schmerz und Leid umgehen sollte. Manche Leute werden verbittert und werfen mit Schuldzuweisungen um sich, andere erheben sich darüber und gehen das Risiko ein, sich der Schönheit und dem Unvorhergesehenen zuzuwenden, dem betörenden Aufruhr des Lebens.

Man kann das Risiko eingehen und sich vom Leben alles Mögliche bescheren lassen, immer mit dem Wissen, dass auch Schmerz und Leid darunter sein können. Aber gleichzeitig weiß man, dass das Leben einem auch mit Liebe und Freude und der Mannigfaltigkeit menschlicher Erfahrungen aufwartet.

Ich war entschlossen, dieses Risiko einzugehen, vor allem in meiner Beziehung zu Tom.

In meinem Zimmer hing ein Gedicht an der Wand, das aus dem Band *Die Einladung* von Oriah Mountain Dreamer stammte. Ihre Worte kamen mir sehr treffend vor, gerade für mein eigenes Leben; sie brachten vieles von dem zum Ausdruck, was ich mir über die menschliche Existenz zusammenphilosophiert hatte.

Es interessiert mich nicht, womit du deinen Lebensunterhalt verdienst.

Ich möchte wissen, wonach du innerlich schreist und ob du zu träumen wagst, der Sehnsucht deines Herzens zu begegnen.

Es interessiert mich nicht, wie alt du bist.

Ich möchte wissen, ob du es riskierst, als Narr dazustehen, um deiner Liebe willen, um deiner Träume willen und für das Abenteuer des Lebendigseins.

Es interessiert mich nicht, welche Planeten im Quadrat zu deinem Mond stehen.

Ich möchte wissen, ob du den Kern deines Leids erfasst hast, ob du geöffnet worden bist von all dem Verrat, oder ob du hart und verschlossen bist aus Angst vor weiterer Qual.

Die letzten Zeilen gingen mir ausgesprochen nah, sie fassten in Worte, was ich sehr oft empfand.

Ich möchte wissen, ob du allein sein kannst und in den leeren Momenten wirklich gern bei dir selbst bist.

Nach den ersten sechzehn Jahren meines düsteren, von Missbrauch geprägten Lebens trat ich erst jetzt in eine Phase ein, in der ich mit mir allein sein konnte und die Person mochte, die ich in den »leeren Momenten« war.

Ich hoffte, dass es Tom genauso ging.

Eines Tages stand er sehr lange vor dem Gedicht. Schließlich drehte er sich zu mir um und meinte: »Wow! Du bist wirklich tiefgründig.«

»Das hoffe ich«, meinte ich, ohne seinem Blick auszuweichen. »Ich habe zu viel erlebt, um seicht zu sein.«

Kurz darauf fing ich an, Tom von dem zu erzählen, was mir als Kind widerfahren war. Natürlich hatte ich Angst, dass er weglaufen könnte, aber ich wollte nicht, dass unsere Beziehung auf einer Lüge gründete. Wenn Tom mir sagte, dass er mich liebte, wollte ich mir sicher sein, dass er tatsächlich mein wahres Ich meinte.

Tom musste es einfach erfahren. Wenn er mich wirklich liebte, würde er sich nicht von mir abwenden. Er würde mich so nehmen, wie ich war, mit all meinen Beschädigungen und Verletzungen. Und wenn er das tat, war er der Richtige für mich.

Am Weihnachtsabend 2007 wollten wir die Mitternachtsmesse wieder in St. Bride's feiern. Tom bat mich, ihn um halb acht vor der Kirche zu treffen, mehr sagte er mir nicht. Während ich mich für ein weiteres wundervolles Weihnachten festlich anzog, schwirrten mir Schmetterlinge im Bauch herum, und ich fragte mich, was Tom wohl vorhatte.

Ich kam Punkt halb acht vor der Kirche an, aber Tom war noch nicht da, und ich fing an zu frieren. Plötzlich tauchte er hinter mir auf, nahm mich an der Hand und führte mich in die Kirche. Wir gingen nach hinten zur Wendeltreppe, auf die er Rosen gelegt hatte.

Den Jugendraum im Obergeschoss hatte er mit den Dingen dekoriert, die ich liebte, mit Rosen und Lavendel. Der Tisch, auf dem eine lilafarbene Decke lag, war für ein romantisches Essen bei Kerzenschein gedeckt. Der Duft von Curry, meiner Leibspeise, stieg mir in die Nase, und Tom wollte mir die Füße waschen. Mit einem Blick auf meine Füße stellten wir beide fest, dass ich Strumpfhosen trug, und lachten.

Er konnte nicht mehr länger warten. Er kniete sich vor mich, bot mir einen Ring dar und fragte mich, ob ich ihn heiraten wolle.

Ich zögerte nur ganz kurz, dann meinte ich: »Ja! Das will ich.«

Später verkündete der Pfarrer in der Messe die frohe Botschaft, dass wir uns verlobt hatten, und alle klatschten und wünschten uns Glück. Die meisten Leute kannten mich, weil ich seit acht Jahren in diese Kirche ging. Ich lächelte leise.

Nun hatte ich also wirklich Tom, dem komischen Kauz, mein Jawort gegeben. Lustig, so wie er die Geschichte erzählt, tritt er darin als Ritter in schimmernder Rüstung auf.

Vielleicht kann ein Mensch auch beides sein.

26

Erfüllte Lavendelträume

Die Liebe verlieh mir die Kraft, ein weiteres Mal zu versuchen, mit meiner Familie in Verbindung zu treten.

Keiner meiner Verwandten hatte sich je entschuldigt oder auch nur das geringste Zeichen von Reue gezeigt für das, was sie mir angetan hatten. Es war stets nur darum gegangen, was ich ihnen angetan hatte: Ich hatte meinen Vater entehrt, ich hatte den Familiennamen beschmutzt.

Trotzdem war es meine Familie, eine andere würde ich nicht bekommen.

Schließlich kontaktierte ich meine jüngste Schwester Aliya. Wir hatten uns immer sehr gut verstanden, und im Gegensatz zu Sabina war sie auch nie die perfekte muslimische Tochter gewesen. Wir tauschten ein paar hölzerne Floskeln aus, bis ich endlich mein Anliegen zur Sprache brachte.

»Ich könnte euch einmal besuchen«, schlug ich vor. »Ich würde mit meiner Mitbewohnerin kommen. Samantha ist wirklich sehr nett, sie gefällt dir bestimmt.«

»Das kannst du Mutter und Vater nicht antun«, erwiderte Aliya sofort empört. »Nach allem, was du getan hast, willst du jetzt auch noch eine schmutzige Ungläubige in unser Haus schleppen?«

»Ich bin genauso eine schmutzige Ungläubige«, konterte ich entschlossen. »Was sollen wir tun?«

»Tja, wahrscheinlich bist du das. Du bist unrein, genau wie all die anderen. Ich glaube nicht, dass ich jemals mit dir in einem Raum sein möchte.«

Damit war unser Gespräch wohl beendet. Erschrocken über die Veränderung, die in meiner kleinen Schwester vorgegangen war, legte ich den Hörer auf. Offenkundig kreisten die blinden Vorurteile und der Hass meines Vaters nun auch in ihren Adern.

Kurz darauf erhielt ich eine SMS von meinem Bruder Raz:

Kehr sofort zum Islam zurück. Wenn du das nicht tust, bist du eine Abtrünnige. Dann kann ich für mein Tun keine Verantwortung mehr übernehmen.

Ich konnte es kaum fassen, dass mein Bruder Raz so etwas sagte. Mein sanfter Bruder Raz, der mich vor vielen Jahren in die Schule begleitet hatte, damit ich meine Englisch-Auszeichnung entgegennehmen konnte. Mein Vater hatte es also geschafft, selbst Raz nach seinem Vorbild umzumodeln.

Es gab keinen Weg zurück zu meiner Familie. Ich war tief erschüttert. Es fühlte sich fast an, als würde ich sie noch einmal verlieren. Stets hatte ich ein Flämmchen der Hoffnung in mir genährt, dass wir uns eines Tages vielleicht versöhnen könnten. Nun war dieses Flämmchen erloschen.

Ich hatte den schlimmsten Verrat begangen, die Apostasie. Doch ich war dadurch ein besserer Mensch geworden, der fast alles dieser Entscheidung zu verdanken hatte. Meine Familie weigerte sich, aus dem dunklen Keller ihrer Vorurteile zu steigen, um die tüchtige junge Frau zu sehen, zu der ihre Tochter herangewachsen war. Ich hingegen war nicht gewillt, meinen Platz an der Sonne je wieder aufzugeben.

Meine Hochzeit war ein Traum in Lavendel. Tom und ich hatten uns in St. Bride's getroffen, wir hatten uns dort verlobt, und nun wollten wir dort auch heiraten.

Die Kirche, die Einladungskarten, die Blumen strahlten in Lavendelblau, selbst die Servietten und die Tischtücher beim Empfang waren mit lavendelfarbenen Schmetterlingen verziert. Die Seiten des Mittelgangs in der hellen, luftigen Kirche waren mit lavendelfarbenen Luftballons geschmückt, die ebenfalls mit Schmetterlingen verziert waren und auf denen unserer Namen standen – Hannah und Tom.

Ich trug ein klassisches weißes, schulterfreies Kleid, einen kleinen, mit einem Diamanten besetzten Nasenstecker und ein Diadem.

Tom, seine Trauzeugen und seine Freunde kamen in Zylinder und Frack, mit einer weißen Rose im Knopfloch. Tom sah fantastisch aus in dem schwarzen Frack, der anthrazitfarbenen Hose, einem schmucken weißen Hemd und einer lavendelfarbenen Krawatte. Ich merkte wieder einmal, was für einen extrem attraktiven Mann ich mir geangelt hatte.

Rachel und Samantha, meine Trauzeuginnen, steckten in lavendelfarbenen Kleidern. Und auch Felicity und James waren zu meinem großen Tag aus Bemford gekommen.

Samanthas Eltern brachten mich zur Kirche, wo ich von Rachel und Samantha in Empfang genommen wurde. Während die Musik für meinen Einzug erklang, warf ich einen Blick auf die versammelten Zeugen und lächelte selig.

Samanthas Vater geleitete mich zum Altar, vor dem Tom auf mich wartete. Ich sah von dem langen weißen Pfad aus Blütenblättern und Seide hoch zu dem Mann, den ich aus ganzem Herzen liebte.

In der Kirche drängten sich Verwandte und Freunde. Alle hatten mitgeholfen, die Kirche zu schmücken, das Essen zu kochen, Fotos zu knipsen, Filme zu drehen und alles mögliche andere zu erledigen, was ihnen sonst eingefallen war, um die Kosten niedrig zu halten.

Ich hatte nicht den geringsten Zweifel an meiner Entscheidung. Ich sah Tom in die Augen und sagte mit fester Stimme: »Ja, ich will.« Dann durfte Tom die Braut küssen. Die Gemeinde brach in lauten Jubel aus, als Tom mich begeistert umarmte und schier endlos küsste. Bei manchen Sachen ist Tom sehr gründlich.

Beim Empfang sang dann Jenny, die ja eigentlich die größte Verantwortung dafür trug, dass Tom und ich uns gefunden hatten, das Lied *Summertime* für uns.

Während wir auf dem Treppenabsatz standen und unsere Freunde und Verwandten willkommen hießen, schickte mir Jennys rauchige, schokoladensamtene Stimme eine Gänsehaut über den Rücken:

So hush, little baby
Don't you cry.
One of these mornings
You're gonna rise up singing
Then you'll spread your wings
And you'll take to the sky.

Sei still, mein Kind,
und weine nicht.
Eines Morgens
wirst du mit einem Lied auf den Lippen erwachen,
deine Flügel ausbreiten und
hinauf in die Lüfte steigen.

Das war der Sommer meines Lebens. Hand in Hand mit meinem Geliebten betrat ich die verschwenderische Schönheit der Lavendelfelder meiner Träume, die sich nun endlich erfüllten.

27

Tödliches Schweigen

Auf jede junge britische Muslimin, der wie mir die Flucht gelungen ist, kommen zahllose andere, die es nicht schaffen. Viele stecken in Zwangsehen und gewalttätigen Beziehungen fest und fristen ein Dasein, das an Sklaverei grenzt. Durch die Verbände, mit denen ich arbeite, habe ich viele solcher Frauen getroffen. In den letzten Jahren gab es kaum einen Fortschritt bei der Verbesserung ihrer Situation.

Ich lernte eine Familie aus Bangladesch kennen, deren Mitglieder alle vom Islam zum Christentum konvertiert waren: die Mutter, der Vater, vier Töchter und der zehnjährige Sohn. Nachdem ihre Gemeinschaft enormen Druck auf sie ausgeübt hatte, zum Islam zurückzukehren, fügten sich die Eltern und nahmen ihre beiden jüngsten Kinder mit. Aber die älteren drei Töchter – einundzwanzig, achtzehn und sechzehn – waren entschlossen, am christlichen Glauben festzuhalten.

Diese drei Mädchen schwebten in höchster Gefahr, und ihre Geschichte ist kein Einzelfall. Es besteht ein dringender Bedarf an Zufluchtsorten für solche Menschen.

Situationen, in denen es um Leben oder Tod geht, wie die, die ich in meiner Jugend und in meinem frühen Erwachsenenleben durchlitten habe, sind kein gutes Umfeld für Kinder und Jugendliche, egal, welcher Religion sie anhängen.

Die Gefahren, denen Frauen ausgesetzt sind, die sich vom

Islam lossagen oder aus einer Zwangsehe fliehen, wachsen ständig weiter an.

Ein junges muslimisches Mädchen wurde von ihrem Onkel und ihrem Bruder gezwungen, Bleiche zu trinken, bevor sie erstochen wurde, weil sie sich geweigert hatte, eine arrangierte Ehe einzugehen. Ihre Mutter sah zu und schwieg.

Nur wenige Frauen sind bereit, über die Dinge, die ihnen widerfahren sind, in der Öffentlichkeit zu sprechen. Die Medien haben keinen Zugriff auf solche Geschichten. Auf politischer Ebene findet wenig oder gar keine Debatte darüber statt. Die meisten Organisationen, die in diesem Bereich arbeiten, sind gezwungen, Stillschweigen zu wahren, um den Zugang zu diesen hilflosen Frauen nicht zu verlieren.

Solange die Verschwörung des Schweigens anhält, wird sich nichts ändern.

Wo bleibt der Aufschrei? Wo bleiben die Verteidiger der Menschenrechte, der Frauenrechte, des Rechts auf freie Religionsausübung, und fordern Gerechtigkeit? Stattdessen höre ich immer wieder von Mädchen, die dasselbe Schicksal erlitten haben, dem auch ich nur mit knapper Not entronnen bin. Ich erfahre von Mädchen, die sich das Leben genommen haben.

Doch das, was mir zu Ohren kommt, ist nur die Spitze des Eisbergs. Auf jeden der seltenen Fälle, die es vor ein Gericht oder in die Medien schaffen, kommen sehr viele, die vertuscht und stillschweigend übergangen werden.

Wie leicht wäre es für meinen Vater gewesen, mich in aller Stille nach Pakistan zu schaffen! Wer hätte sich für mich stark gemacht? Wie einfach wäre es für ihn gewesen, meine Weigerung, ihn zu begleiten, zu vertuschen – notfalls mit einem Mord. Wie schnell hätte die Gemeinschaft die Reihen geschlossen und ihn geschützt, wie schnell hätten alle einen Mantel des Schweigens über das Verschwinden seiner Tochter gebreitet.

Ich entkam aus einem pakistanisch-muslimischen Getto.

Nicht alles an der Kultur, dem Glaubenssystem und der Gemeinschaft, die ich verlassen habe, ist schlecht. Manches ist wirklich von großem Wert: der Zusammenhalt der Gemeinschaft, der Respekt vor den Älteren, das starke Identitätsgefühl, die Pflege von Werten, die zu einem bescheidenen Leben und richtigem Verhalten anregen.

Die Gemeinschaft und die Familie, die ich verlassen habe, weist manches auf, was ich in meinem heutigen Leben vermisse.

Dennoch gibt es vieles dort, was unbedingt abgeschafft, verändert und völlig neu gedacht werden muss.

28

Tu den Mund auf für die Stummen

Eines Tages erhielt ich einen Anruf von einer der Organisationen, mit denen ich zusammenarbeite. Man erklärte mir, dass Channel 4, einer der größten britischen Sender, eine Fernsehdokumentation über arrangierte Ehen plane. Ob ich mich interviewen lassen würde?

Die Produzentin versicherte mir, ich könne mich jederzeit aus der Sache zurückziehen, wenn ich mich unwohl fühlen sollte. Sie hatte einen Vertrag aufgesetzt, in dem mir garantiert wurde, meine Identität nicht preiszugeben. Mein Gesicht sollte nicht auf dem Bildschirm erscheinen, und es würden auch sonst alle Dinge unterlassen werden, die Rückschlüsse auf meine Identität zuließen.

Die Dreharbeiten für das Interview dauerten einen ganzen Tag. Ich wurde nur von hinten aufgenommen, die Kamera konzentrierte sich auf meine Füße und meine Hände, also auf Körperteile, aus denen nicht hervorging, wer ich wirklich war.

Der Interviewer fragte mich, warum ich von zu Hause weggelaufen sei. Ich berichtete, dass ich vor einer drohenden Zwangsverheiratung geflohen sei, dass ich zum Christentum konvertiert sei und damit das »Verbrechen« der Apostasie begangen hätte. Ich erzählte, wie ich gezwungen gewesen war, unterzutauchen und ständig umzuziehen. Ich erzählte von dem Mob vor meiner Tür und den Todesdrohungen.

»Gibt es andere Mädchen in einer solchen Lage?«, wollte der Interviewer wissen.

»Ja, natürlich«, erwiderte ich. »Viele junge Musliminnen leiden genauso, wie ich es getan habe.«

»Was kann man tun, um ihnen zu helfen?«

»Man muss dazu unbedingt die Herausforderungen verstehen, die die islamische Kultur in sich birgt«, entgegnete ich. »Wir müssen diesen Mädchen Fluchtmöglichkeiten bieten, denn sie stecken in einer schrecklichen Falle. Und wir müssen anfangen, über ihre Situation zu reden. Wir müssen eine Debatte anzetteln und an die Öffentlichkeit gehen. Schweigen hilft nicht, es macht die Sache nur noch schlimmer.«

Die Dokumentation lief ein paar Wochen nach der Aufnahme im Fernsehen. Ich sah sie mir zusammen mit Samantha und Chris an. Beide freuten sich für mich und waren stolz, dass ich den Mut gehabt hatte, mich zu äußern.

Nach der Sendung kamen weitere Interviewanfragen. Ich erzählte allen meine Geschichte, ich sprach über die Vorstellung der Apostasie und darüber, dass den Abtrünnigen oft mit dem Tod gedroht wird. Alle meine Gesprächspartner waren sichtlich schockiert. Wie können solche Dinge zu Beginn des 21. Jahrhunderts auf den Straßen Großbritanniens passieren?, wurde ich immer wieder gefragt.

Ja, das ist wirklich die Frage.

Einmal wurde ich bei der BBC von einer Frau Mitte fünfzig für eine Radiosendung interviewt. Gegen Ende der Sendung beugte sie sich zu mir und fragte: »Was erhoffen Sie sich eigentlich davon, dass Sie sich so freimütig äußern? Sie verursachen damit doch bestimmt nur noch mehr Probleme.«

Selten hatte ich eine derart dumme Frage gehört.

Was sollte es den jungen Mädchen und Frauen bringen, die in Situationen steckten ähnlich der, der ich entkommen war, wenn man nicht darüber sprach?

Diese Frage war ein Teil eines großen Irrglaubens, der in der westlichen Zivilisation herrscht: Dass ein Problem, das wir unter den Teppich kehren, von selbst verschwindet, solange wir nur keinen Ärger deswegen machen.

Ich weiß eines ganz sicher: Die Probleme, die die ersten sechzehn Jahre meines Lebens verdüstert haben, werden nie von selbst verschwinden. Wir, die wir Meinungsfreiheit, Wahlrecht und Glaubensfreiheit hochhalten, müssen Stellung beziehen. Wir müssen handeln.

Den Mund halten, um Ärger zu vermeiden? Nein, ich wollte Ärger verursachen!

Am nächsten Tag setzte ich mich an meinen Schreibtisch und begann zu schreiben:

Aus meiner Kindheit weiß ich nicht mehr viel. Die Bilder sind verschwommen, schemenhaft, ab und zu taucht inmitten der Dunkelheit ein Farbklecks auf. Nur an eines erinnere ich mich noch deutlich: an meine Straße, die East Street …

Nachwort

Das ist meine Geschichte, und ich habe sie so genau erzählt, wie es mir mein Gedächtnis erlaubt hat. Manchmal erinnern sich Menschen unterschiedlich an bestimmte Ereignisse, falls mir also hier und da ein Fehler unterlaufen ist, bitte ich dafür um Entschuldigung.

So, wie ich diese Geschichte sehe, geht es in meinem Leben nicht um Leid, sondern um die Liebe. Sophokles hat einmal gesagt: »Ein Wort befreit uns von all der Last und dem Leid des Lebens: Liebe.« Daran glaube ich ganz fest.

Ich war ein Schmetterling in einer Voliere. Aber ich bin davongeflogen, ich bin dem entkommen, was man als gettoisierte muslimische Gemeinde bezeichnen könnte. Ich bezeichne es allerdings lieber als die Falle des »bildungsfernen« Islam. Ich habe mir meine Freiheit genommen – die Freiheit, mich zu entscheiden, woran ich glauben wollte; die Freiheit, über meinen Glauben zu sprechen; die Freiheit, ein Leben zu führen, das ich für richtig halte, selbst wenn andere nicht meiner Meinung sind. Ich bin eine freie Frau in einer Welt, in der viele Frauen in einer Voliere gefangen sind.

Ich bin nicht die einzige Frau, die sich ihre Freiheit auf diese Weise genommen hat. Es gibt auch andere, die beschlossen haben, sich vom Islam loszusagen, und die durch ihre Entscheidung zu einem *murtadd,* einem Apostaten, geworden sind. Ihnen möchte ich meine Geschichte widmen.

Jesus sagte: »In der Welt seid ihr in Bedrängnis; aber habt

Mut: Ich habe die Welt besiegt.« (Johannes 16:33). Und weiter: »Meinen Frieden gebe ich euch; nicht einen Frieden, wie die Welt ihn gibt, gebe ich euch.« (Johannes 14:27).

Jeder kann frei sein. Er muss nur den ersten und schwierigsten Schritt tun.

In meinem Leben verspürte ich oft große Angst, die mich am Leben hinderte. Aber ich glaube, wir können alle ein Leben ohne Angst führen, ein Leben, in dem wir mit uns und den anderen Frieden geschlossen haben.

Wenn ich die Welt betrachte, sehe ich diese Angst immer wieder: die aus der politischen Korrektheit geborene Angst, Muslime zu beleidigen; die Angst vor dem islamischen Terrorismus; die Angst der Muslime, dass sie alle als Terroristen stigmatisiert werden.

Wir müssen den zerstörerischen, bösen Kreislauf der Angst überwinden, der von der Angst lebt. Und der erste Schritt besteht darin, das Schweigen zu brechen.

Die aus Somalia stammende Islamkritikerin Ayaan Hirsi Ali schreibt in ihrer Autobiografie *Mein Leben, meine Freiheit:* »Ich werde immer wieder gefragt, ob ich denn eine Art Todessehnsucht habe, weil ich nicht aufhöre, mich zu meinem Anliegen zu äußern. Die Antwort lautet: Nein. Ich würde gern leben. Trotzdem müssen manche Dinge gesagt werden, denn manchmal wird das Schweigen zum Komplizen der Ungerechtigkeit.«

Auch ich kann nicht schweigen zu dem, was mir zugestoßen ist und was noch immer zahllosen anderen jungen Mädchen und Frauen zustößt. Ich mache mir Sorgen um die Zukunft der muslimischen Gemeinschaften in dem demokratischen Land, in dem ich lebe, und auch in den anderen demokratischen Ländern auf der ganzen Welt.

Ich mache mir Sorgen um muslimische Frauen, die wie ich gern ein freies Leben in Großbritannien, in anderen Teilen Europas, den USA oder anderswo führen wollen. Doch sie können es nicht, weil sie in der Zwangsjacke aus Ehre und Schande stecken, die ihr Leben kontrolliert, nicht zu vergessen die unbeugsame Haltung, die in vielen der Gemeinschaften herrscht, in denen sie leben.

Der Glaube ist eine ganz persönliche Angelegenheit. Die Freiheit zu glauben, was jeder einzelne für richtig hält, und auch die Freiheit, nicht zu glauben, ist ein bestimmendes Merkmal von Zivilisation. Wenn wir nicht mehr die Bereitschaft oder die Kraft aufbringen, die Freiheit der Menschen zu verteidigen, ihren Glauben frei zu wählen, verspielen wir die Grundlage unserer Zivilisation und machen Intoleranz und Totalitarismus stark.

Seit ich dieses Buch geschrieben habe, habe ich mich häufig zu meiner Geschichte und den darin aufgeworfenen Themen geäußert. In Großbritannien, den USA und anderswo habe ich manchmal vor gut fünftausend Leuten gesprochen. Anfangs war diese Aussicht beängstigend, aber ich tue es, weil ich zu Ungerechtigkeit nicht schweigen kann. Und ich werde es weiter tun, weil ich das Leben und meine Mitmenschen liebe.

»Frieden hinterlasse ich euch, meinen Frieden gebe ich euch … Euer Herz beunruhige sich nicht und verzage nicht.«

Johannes 14:27

Anmerkungen

Alle Koranzitate und Kommentare dieses Buches stammen aus: *Interpretations of the Meanings of the Noble Quran, with Commentary*, ins Englische übersetzt von Dr. Mohammad Taqi-ud-Din Al-Hilali und Dr. Muhammad Muhsin Khan. (Für die deutsche Übersetzung wurde herangezogen: »Der Koran«, übersetzt von Rudi Paret, Kohlhammer Verlag, Stuttgart 2001.)

Die folgenden Zitate wurden in diesem Buch verwendet:

– Und stürzt euch nicht ins Verderben. Sure 2:195

– Tötet nicht euch selber. Sure 4:29.

– Die Menstruation sei eine »Plage«, und ein Mann soll seiner menstruierenden Frau nicht zu nahe kommen, bis sie »wieder rein« ist (Sure 2:222).

– Männer dürfen ihre Ehefrauen »schlagen«, wenn sie fürchten, dass diese »sich auflehnen« (Sure 4:34).

– Die Ehefrau ist ein »Saatfeld« für ihren Mann (Sure 2:223).

– Jesus der Heiler, Sure 3:49.

Die Übersetzung der Bibelzitate wurde übernommen aus: »Die Bibel. Altes und Neues Testament«, Einheitsübersetzung, Katholische Bibelanstalt GmbH, Stuttgart 1980.

Danksagung

Besonderer Dank gilt meinen Literaturagenten in Großbritannien und den USA. Danke für Euren Glauben und Euer Vertrauen, dass meine Geschichte es wert ist, erzählt zu werden.

Ganz besonders danken möchte ich Josephine Tait, einer Kämpferin für die Religionsfreiheit, deren Rat, Freundschaft und Hilfe mir sehr wertvoll waren.

Danke, Tom! Du bist ein erstaunlicher Ehemann und Lebenspartner.

Dank an Lizzy und Mike und ihre Familie, die mir eine Zuflucht boten, wo ich wachsen und heilen konnte.

Danke Felicity und James! Ihr habt mir einen Fluchtweg und ein Tor in die Zukunft eröffnet.

Glossar

Die im laufenden Text kursiv geschriebenen Begriffe stammen aus dem Hindi, dem Punjabi, dem Urdu, dem Farsi oder dem Arabischen. Für fast alle Begriffe lassen sich unterschiedliche, lautmalerische Schreibweisen finden, da nur die Schrift der Ursprungssprache das Wort eindeutig wiedergibt.

basamala = Eröffnungsformel von 113 der 114 Suren des Koran
billi = Katze
burka = Ganzkörperverhüllung mit integrierter Kopfbedeckung und Gesichtsschleier; ursprünglich aus Afghanistan stammend
chapati = runder, dünner Brotfladen; ohne Fett auf einer heißen Eisenplatte oder einer flachen Pfanne gebacken
gora = hell(häutig); im übertragenen Sinn: schön, anziehend; weißer Mann, Weißer – häufig auch abwertend gebraucht
gori = weiße Frau, siehe auch *gora*
hafiz = muslimischer Mann, der den Koran auswendig aufsagen kann und zu bestimmten Gelegenheiten in ritualisierter Weise daraus vorträgt
halal = rein, erlaubt; Dinge und Taten, die den Vorschriften des Islam entsprechen
halawa = Süßspeise mit Ursprung in Zentralasien und Indien aus den Grundzutaten Sesam, Zucker, Honig und Pflanzenöl; weit verbreitet auch im Nahen Osten, in Südosteuropa und Vorderasien; Rezepte und Namen variieren

haram = verboten, tabu; Dinge und Taten, die nicht den Rechtsvorschriften des Islam entsprechen

hijab = muslimische Kopf- und/oder Körperbedeckung in Form eines Tuchs oder Umhangs

jelaba = langes, weites Übergewand mit langen Ärmel; wird traditionell in Nordafrika und weiten Teilen der muslimischen Welt getragen

kiswa = schwarzes Brokattuch mit in Gold- und Silberfaden aufgestickten Koransuren, das die Kaaba in Mekka (Saudi-Arabien) bedeckt; wird jährlich ausgetauscht

murtadd = Muslim, der sich von seinem Glauben abgewandt hat (Apostat)

paisa = indische Münze; Untereinheit der Rupie (100 paise = 1 Rs)

pakora = kleingeschnittenes Gemüse oder Fleisch, in Teig aus Kichererbsenmehl gewälzt und in schwimmendem Öl gebacken

paratha = Teigfladen mit Butterschmalz, oft dünn gefüllt mit Gemüse, Kartoffeln oder Linsen

pir = eigentl. persisch für »alter Mann«; hier: Bezeichnung für einen weisen Mann, Führer und Lehrer in der Sufi-Tradition

qawwali = in Norden Indiens und in Pakistan verbreitete Musikform, deren Wurzel über 700 Jahre zurück und bis nach Persien reichen; Bestandteil des Sufismus, des mystischen Islam

salwar kamiz = lose fallendes, wadenlanges Oberteil mit dazu passender Hose

samosa = dreieckige, mit Gemüse oder Fleisch gefüllte Teigtaschen

tasbih = islamische Gebetskette, meist aus 33 oder 99 Perlen bestehend

tava = flache, randlose Pfanne mit Stiel

taviz = Medaillon mit Koranvers

tika = eigentl. religiöses Stirnzeichen, das die Hindus als »drittes Auge« tragen, oft in Form eines roten Punktes oder senkrechter oder waagrechter Striche; wurde als Bezeichnung für den ebenfalls aus Indien stammenden Stirnschmuck ins Urdu übernommen

tonga = zweirädriger Karren aus einfachen Holzbrettern

topi = Kappe, Abdeckung; weißes Käppchen der Muslime aus dem Punjab, oft gehäkelt

umma = Kurzform für *al-umma al-islamiya*, Bezeichnung für die religiöse Gemeinschaft aller Muslime

wudhu = rituelle Waschung vor dem Gebet

zakat = Verpflichtung zur Abgabe eines Teils des Einkommens für soziale und wohltätige Zwecke innerhalb der muslimischen Gemeinschaft